化学工程与工艺应用型本科建设系列教材

化工原理实验

俞俊　叶静　陈桂娥　主编

化学工业出版社

·北京·

内容简介

《化工原理实验》共七章，内容包括：化工原理实验基础知识，实验数据误差分析与处理，化工原理实验常用测量仪器仪表，化工原理实验常用的管件和阀门，化工原理实验数据处理软件使用介绍，以及15个基础实验和8个仿真实验。本书注重培养学生综合素质，通过实验使学生巩固化工单元操作的基本原理，掌握化工生产的操作技能，提高分析和解决工程实际问题的能力。

《化工原理实验》用作应用型本科化学工程、应用化学、材料工程等相关专业的实验教材，也可作为高等职业教育本科/化工技术类专业的实验教材，还可供化工行业从事科研、设计与生产的技术人员参考阅读。

图书在版编目（CIP）数据

化工原理实验 / 俞俊，叶静，陈桂娥主编. -- 北京 ：化学工业出版社，2024. 7

化学工程与工艺应用型本科建设系列教材

ISBN 978-7-122-45609-0

Ⅰ. ①化… Ⅱ. ①俞… ②叶… ③陈… Ⅲ. ①化工原理-实验-高等学校-教材 Ⅳ. ①TQ02-33

中国国家版本馆CIP数据核字（2024）第092084号

责任编辑：汪　靓　刘俊之　　文字编辑：孙倩倩　葛文文
责任校对：王鹏飞　　装帧设计：韩　飞

出版发行：化学工业出版社
（北京市东城区青年湖南街13号　邮政编码100011）
印　　装：北京天宇星印刷厂
787mm×1092mm　1/16　印张11½　字数282千字
2025年8月北京第1版第1次印刷

购书咨询：010-64518888　　售后服务：010-64518899
网　　址：http://www.cip.com.cn
凡购买本书，如有缺损质量问题，本社销售中心负责调换。

定　　价：39.00元　

前　言

化工原理实验是化工原理系列课程教学中的一个重要环节，是化工、制药、环境等理工科专业学生必修的一门专业技术课程。化工原理实验属于工程实验范畴，不同于一般基础理论课程的实验，实验中所涉及的研究对象均是复杂的化工过程实际问题，因而在处理问题的方法上具有鲜明的工程特点。学生通过对化工原理实验课程的学习，可加深对化工原理理论课程所学基本原理的理解，同时还可培养学生分析和解决工程实际问题的能力。

近年来，随着化工原理实践教学的不断深入，实验装置不断更新，教学手段不断提高，计算机在实验数据处理方面得到了广泛应用，虚拟仿真实验软件也越来越受到青睐。为适应当前应用型人才培养的需要，我们编写了本书。

本书对化工原理实验的基础知识进行了深入浅出的讲解，对化工原理实验中实验数据误差分析与处理、常用测量仪器仪表、常用管件和阀门以及化工原理实验数据的处理软件进行了详细的论述，着重介绍了基础实验部分和虚拟仿真实验部分，最后摘录了化工原理实验中可能用到的物性参数。本书基本涵盖了化工原理实验教学所需内容。

本书由俞俊、叶静、陈桂娥主编。上海应用技术大学化工原理教研室的教师参与了讨论并提出了宝贵意见。在此，对本书在编写过程中给予热心帮助和支持的教师表示衷心感谢。本书在编写过程中参考了国内出版的同类教学用书，在此也一并表示感谢和敬意。

由于编者自身学识水平有限，书中不妥之处在所难免，恳请读者批评指正，以助今后修订改进。

编者

2024 年 3 月

目　录

第1章

化工原理实验基础知识

1.1 化工原理实验的特点和教学目的

1.1.1 化工原理实验的主要特点

化工原理实验主要围绕与工业生产及工程实际密切相关的问题，运用化工原理的基本理论，开设验证型和综合型实验，具有因素多、变量多、综合性强的特点，是一门多学科知识交叉综合的实验教学课程。实验者通过对装置的操控可以认识基本的化工过程和化工生产规律，通过有序的实验操作和数据分析可以掌握实验研究方法，并培养独立发现问题、分析问题和解决问题的能力。完成实验除了需要具备化工原理的基本理论知识，还需要一定的物理指导以及化工测量仪表、机械设备及电工电子等方面的基本知识。该课程有以下显著特点：

（1）化工原理实验是化工原理课程教学过程中的重要环节，不同于一般的化学实验，它以化工生产过程中的实际单元操作为研究对象，以实际装置为基础。每个实验项目都相当于化工生产中独立的单元操作，同时，在实验过程中会遇到一定量的工程实际问题。对于理工科学生来说，通过实验可以更有效地理解工程实验原理，学会工程问题的研究处理方法，即实验研究方法和数学模型方法。所以，在实验过程中，学生的思维方式和动手能力等都能得到培养和提高，为以后的工作打下坚实的基础。

（2）由于实验场地和规模的局限，化工原理实验的流程简单，装置和设备小巧，将实际化工生产中的单元操作过程简化成一个最小的初级操作单元进行实验教学，方便学生掌握实验过程中的基本原理和方法。但是，化工原理实验的装置和设备已经脱离了基础化学实验中利用微型玻璃器皿进行单一反应过程的限制，它模拟的是实际化工生产的装置设备，实验所得结论对化工单元操作设备的设计及过程操作条件的确定具有一定的指导价值。实验装置采用自动控制系统和计算机在线数据采集系统，运用先进的测试手段和数据处理方法，帮助学生了解现代化工生产技术的基本概念。

（3）化工原理实验与化工原理理论教学、化工原理课程设计、生产实习等环节紧密相连，构成一个有机的整体。化工原理实验通过观察基本化工过程中的某些现象（如液泛、流态化等），测定某些物理量（如温度、压力、流量等），找出化工过程中的重要规律（如流体在管内的流动规律、流体通过颗粒床层的规律等），确定化工设备的性能（如离心泵的特性曲线、过滤器的过滤常数、换热器的传热系数、精馏塔的塔板效率、吸收塔的传质单元数等），建立化工单元操作的控制规律（如精馏过程中回流比的调控规律、萃取过程中分配系数与萃取效果的关系等）。因此，化工原理实验学习可以有效巩固化工单元操作的理论知识，同时也是学习与之相关的其他新知识的重要途径。

（4）部分实验的分析报告可要求学生采用小论文形式撰写，锻炼学生的文献检索能力、科技论文的写作能力、综合应用知识的能力和科研能力，可为工程设计、毕业设计（论文）及今后科研工作打下基础。

1.1.2 化工原理实验的教学目的

化工原理实验与化工原理的理论教学相辅相成，是以化工原理理论为基础的一门工程实验课程，具有显著的工程特点。与基础化学实验的区别在于，化工原理实验面对的是复杂的实际工程问题，所以实验研究方法也截然不同。通过化工原理实验教学，加深学生对化工原理理论知识的理解，重在训练学生的实验技能，培养学生独立思考、设计、完成实验的能力以及严谨的实验态度，提高学生综合运用理论知识分析和解决实际问题的能力，使其建立一定的工程概念，为将来从事科学研究与解决工程实际问题奠定良好基础。以上是课堂教学等理论学习无法替代的，化工原理实验教学应达到以下目的：

（1）通过实验验证化工过程的基本理论，并运用理论知识分析实验过程，用实验巩固理论，用理论解释实验。

（2）熟悉化工单元操作流程，认识一些基本化工设备的结构，掌握其工作原理、操作方法。

（3）掌握基本化工数据的测试技术以及相关测量仪表的使用方法，例如操作参数（压力、流量、温度等）、过程参数（摩擦系数、传热系数等）和设备特性参数（泵特性曲线）的测定方法。

（4）增强工程概念，掌握化工原理实验的研究方法，培养学生组织实验以及综合运用理论知识解决实际问题的能力。

（5）提高数据处理与分析能力，利用计算机处理实验数据，学会用数学表达式或图表来表述实验结果，并进行必要的讨论，独立撰写完整的实验报告。

（6）培养学生严肃认真的学习态度和实事求是的科学态度。

1.2 化工原理实验的教学方法和内容

1.2.1 实验教学方法

化工原理实验工程实践性强，许多问题需事先考虑、分析，因此必须在实验前做好预习和仿真实验，为现场实验做好充足的准备。化工原理实验室一般为开放式管理，学生可预约实验时间，并在实验前进入实验室熟悉实验装置与设备。实验一般分组（每组 2～4 人）进行，在规定的时间内完成实验操作后组员分享实验数据，每人独立完成实验报告。另外，实验室一般长期开放，学生可反复进行实验操作，加深对实验基本原理和实验研究方法的掌握。

化工原理实验教学一般采用学生为主体、教师为主导的教学模式，学生根据实验目的及要求，结合现有装置设计实验方案，在教师保障实验过程安全的条件下进行实验装置的操作，观察实验现象，记录实验数据。教师在整个过程中给予必要的指导和答疑辅导。

1.2.2　实验教学内容

化工原理实验教学内容包括实验基础理论教学、单元操作实验和计算机仿真实验三部分。实验基础理论教学主要讲述化工原理实验教学的目的、要求和方法；化工原理实验的特点，化工原理实验的研究方法；实验数据的误差分析，实验数据的处理方法；化工原理实验常用测量仪器仪表及管件阀门；与化工原理实验有关的计算机数据采集与控制基本知识等。单元操作实验内容包括流体流动阻力测定、离心泵特性曲线测定、对流传热系数测定、恒压过滤常数测定、填料吸收塔传质系数测定、板式精馏塔操作及性能评价、干燥速率曲线测定、液液萃取、多功能膜分离、流态化及流化干燥等基本单元项目。计算机仿真实验包括仿真实训（离心泵单元、换热器单元、精馏塔单元等）、数据处理和实验测评等内容。

1.3　化工原理实验的教学要求

化工原理实验应包括实验预习、实验操作、实验数据测定与记录、数据整理及实验报告撰写等步骤。化工原理实验主要运用工程装置进行实验，学生接触机会相对较少，因此往往会有陌生感。同时，化工原理实验相对比较复杂，每个实验耗时较长，因此一般组织多人一组进行。为保证实验的教学效果，对实验过程中各个步骤提出如下说明和要求。

1.3.1　实验预习

（1）认真阅读实验教材，明确本次实验的内容和要求。根据实验目的明确实验任务，掌握实验原理。

（2）根据本次实验的具体任务，了解实验装置结构和操作方法，明确实验操作流程，提前了解实验应测取哪些数据，并分析这些数据有可能的变化规律。

（3）结合多媒体仿真软件，预先对本次实验进行计算机模拟实验，观看相关实验素材的多媒体演示。

（4）学生实验课前应写好预习报告，充分预习是实验顺利进行的保证，贸然实验往往会导致实验失败，甚至可能发生意外事故。一份合格的预习报告内容上至少要包括以下四个方面：

① 实验目的及原理。

② 按照实验任务及要求，用文字和符号绘制简明扼要的实验流程图。

③ 指出实验操作中应注意的事项。这些事项直接关系到实验能否顺利进行，若不提前注意，可能导致安全事故。

④ 绘制原始数据记录表格。

（5）提前进入实验室，参照实验装置实物，结合实验指导书观察设备构造，了解仪表的安装部位，摸索实验流程，巩固测量原理和实验方法，并进一步明确实验方案和操作步骤。

1.3.2 实验操作

实验操作是实验教学的核心环节，只有通过实验操作，学生才能熟悉操作装置、设备，领会实验流程，了解如何优化过程，分析非正常现象产生的原因，并研究可采用的操控措施。化工原理实验一般以 3～4 名学生为一组进行实验，操作时应明确各组员的职责（包括操作控制、数据读取、数据记录、计算机软件操作等），重复操作时可轮换岗位，协同完成实验。

实验操作中应该注意以下几点：

（1）进入实验室前应接受实验室安全教育，注意实验安全，进入实验室后要严格按照规程进行操作。实验开始前指导教师也会以提问的方式检查学生的预习情况。

（2）实验前指导教师应讲解实验原理、目的、流程以及注意事项。学生应提前计划好测量的范围，测量点的数目、布局、疏密等，并安排好实验时间。如果对操作环节有不清楚的地方应及时向指导教师提问，不要带着疑问开始实验。

（3）开始实验前，仔细检查实验装置和仪表是否完好；检查电动机、风机、泵等设备是否运转正常；检查设备、管道上各个阀门的开、关状态是否符合流程要求。准备完毕后，方可进行操作。

（4）实验过程中，操作要认真、细心，仔细观察并记录实验现象。实验过程中切忌只顾埋头操作和读数，忽略过程中所发生的现象。实验过程中认真测量实验数据，测量时应密切关注仪表变化，及时调节，使整个过程在规定的条件下进行。测量数据应及时记录到相应表格中，并判断数据的合理性。必要时，可以将采集的实验数据输入计算机进行处理，检验实验是否正确，如果有错可进行重复实验。

（5）实验操作中如出现异常现象或数据产生明显错误时，应如实在记录表中注明。对不符合规律的变化，小组成员可与教师一起讨论，及时分析其原因，不要轻易放过。整个实验过程中要有严谨的科学态度，对问题的处理应了解全过程，这是学习分析问题、处理问题的极好机会。

（6）实验结束后，实验记录应请指导教师检查。将有关水源、电源、气源、热源、测试仪表的连通阀门关闭，然后切断主设备电源，调整各阀门应处的开或关的位置状态。最后打扫卫生，经教师允许后离开实验室。

1.3.3 实验报告

实验报告是按照规定格式和要求，表述实验过程和结果的书面材料，是实验工作不可缺少的一个环节。实验报告本身是评价实验工作的主要依据，也是制订研究计划和书写科技论文的重要参考资料。撰写实验报告需要处理测取的数据，分析实验现象，并找出客观规律和内在联系。认真编写实验报告是锻炼学生科研能力的重要手段，也可认为是一种对科技论文写作的训练。化工原理实验课通过规范完成实验报告的要求，可以有效增强学生对科技论文的写作意识，训练学生综合分析、说明问题的能力。

根据科技论文的写作要求，实验报告的数据应真实完整，结论应简明扼要，分析得出的公式或图表要有明确的使用条件。编写实验报告的能力需通过严格及反复的训练才能提高，实验报告内容是实验者本人对实验过程的描述和实验结果的分析。实验报告应具备以下内容。

（1）实验名称。又称标题，列于报告的最前面。实验名称应鲜明、简洁、准确，用尽量少的字数准确恰当地反映实验内容，如“流体流动阻力测定”“干燥速率曲线测定”等。

（2）实验目的。即简明扼要说明本实验要达到的学习要求或主要要解决的问题。

（3）实验原理。简要说明实验所依据的基本原理，包括实验的基本概念、主要定律以及主要公式等。要求书写准确、充分，同时又要简洁。

（4）实验装置及流程说明。要简单地画出实验装置，用标号标出设备、仪器仪表及调节阀等，并在流程图的下方写出与符号对应的设备仪器名称。通过实验流程图的绘制，掌握实验过程中物料的流向，强化实验操作顺序。

（5）实验步骤。根据实际操作程序，按时间的先后顺序写出实验步骤，以使条理更为清晰。实验步骤的划分一般以改变某一组因素（参数）作为根据。

（6）数据记录。实验数据是实验过程中从测量仪表上读取的数值。实验数据一般都是先记在原始数据记录表中，但当数据较多时，此表格宜作为附录放在报告的后面。确定要测定哪些实验数据：凡是影响实验结果或是整理数据时必需的参数都应测取，包括大气条件、设备有关几何尺寸、流体物理性质、操作条件等数据；凡可以根据某一数据导出或从手册中查得的就不必直接测定，例如水的密度、黏度、定压比热容等物理性质，一般只要测出水温后即可从资料手册中查出，因此不必直接测定这些性质，只需测定水的温度就可以了。原始数据的测量应齐全，不得遗漏。实验数据的记录应仔细认真、整齐清楚。学生应注意培养自己严谨的科学作风，养成良好的习惯。

（7）数据整理及处理过程。这部分是实验报告的重点内容之一，要求把实验数据整理、加工成图表的形式列出。原始数据只可进行整理，绝不可修改。同一实验点的几个有波动的数据可先取其平均值，然后进行整理。数据整理时应根据有效数字的运算规则进行，一般将主要的中间计算值和最后计算结果列在数据整理表格中，经判断确系过失误差所造成的不正确数据可以注明后不计入结果。实验结果尽可能用表、曲线、图形或回归方程式的形式表达。采用列表法整理数据简洁明了，易于显示数据变化规律及各参数的相关性。

（8）实验结果的分析与讨论。此部分为实验报告的另一重点，是实验报告中的点睛之笔，也是对实验方法和结果进行的综合分析研究。本部分内容要求学生根据整理得到的实验数据，列出实验结论，结论应中肯、层次清晰，若所得结论与现有理论有出入，应分析误差的大小和可能的原因，并对实验设计和操作提出改进意见。

实验报告必须书写工整、语句通顺、数据完整、结论明确，图形和图表的绘制必须使用直尺或曲线板。一般建议实验报告采用学校统一印制的实验报告纸编写整理或用计算机编辑整理，并向指导教师递交电子稿和打印稿件。

1.4　实验安全与环保注意事项

实验安全应当是实验教学中最受重视的问题。化工原理实验与基础化学实验课程不同，它是一门实践性很强的基础课程，每一个实验相当于一个小型单元生产流程，电器、仪表和机械传动设备等组合为一体，而且在实验过程不免要接触易燃、易爆、腐蚀性和毒性或放射性等物质，同时还会遇到在高压、高温或低温、高真空条件下的操作。此外，还要涉及用电和仪表操作等方面的问题，故要想有效地达到实验目的就必须掌握一定的安全知识。

1.4.1 实验室安全消防知识

（1）所有人员不准在实验室吸烟，不准携带引火物进入实验室；实验使用的药品不随意乱倒，应集中回收处理；剩余的易燃药品必须保管好，不得随意乱放。

（2）化工原理实验室的火灾隐患除易燃化学药品外，还有电气设备和电路等，因此，实验前要检查电气设备的安全情况。

（3）用电进行高温加热的实验，操作过程中必须有人坚守操作岗位，以防发生意外火灾。

（4）实验中若发现异味及不正常响声应及时对正在使用的仪器、设备及实验过程和周围环境进行检查，发现问题及时处理。

（5）熟悉消防器材的使用方法，一旦发生火情，应冷静判断并采取有效措施灭火。

（6）电气设备或带电系统着火，应用四氯化碳灭火器灭火，不能用水或二氧化碳泡沫灭火。因为后者导电，这样会造成触电事故。使用时要站在上风侧，以防四氯化碳中毒。室内灭火后应打开门窗通风。

（7）易燃液体（密度小于水），如汽油、苯、丙酮等着火，应该用泡沫灭火剂来灭火，因为泡沫比易燃液体的密度小且比空气的密度大，可覆盖在液体上面隔绝空气。

（8）其他地方着火，可用水来灭火。

1.4.2 实验室安全用电知识

（1）实验之前，必须了解室内总电闸与分电闸的位置，便于出现用电事故时及时切断电源。

（2）接触或操作电气设备时，手必须干燥。所有的电气设备在带电时不能用湿布擦拭，更不能有水落于其上。不能用试电笔去试高压电。

（3）电气设备维修时必须停电作业。如接保险丝时，一定要先拉下电闸后再进行操作。

（4）启动电动机，合闸前先用手转动一下电动机的轴，合上电闸后，立即查看电动机是否已转动。若不转动，应立即拉闸，否则电动机很容易被烧毁。若电源开关是三相刀闸，合闸时一定要快速地猛合到底，否则易发生“跑单相”，即三相中有一相实际上未接通，这样电动机极易被烧毁。

（5）电源或电气设备上的保护熔断丝或保险管都应按规定电流标准使用，不能任意加大，更不允许用铜丝或铝丝代替。

（6）若用电设备是电热器，在通电之前，一定要搞清楚进行电加热所需要的前提条件是否已经具备。比如在精馏塔实验中，在接通塔釜电加热器之前，必须搞清釜内液面是否符合要求，塔顶冷凝器的冷却水是否已经打开。干燥实验中，在接通空气预热器的电热器之前，必须先打开空气鼓风机，之后才能给预热器通电。另外电热设备不能直接放在木制实验台上使用，必须垫隔热材料，以防引起火灾。

（7）所有电气设备的金属外壳应接地线，并定期检查是否连接良好。

（8）导线的接头应紧密牢固，裸露的部分必须用绝缘胶布包好，或者用塑料绝缘管套好。

(9) 在电源开关与用电器之间若设有电压调节器或电流调节器（其作用是调节用电设备的用电情况），这种情况下，在接通电源开关之前，一定要先检查电压调节器或电流调节器当前所处的状态，并将它置于“零位”状态。否则，在接通电源开关时，用电设备会在较大功率下运行，有可能造成用电设备的损坏。

(10) 在实验过程中，如果发生停电现象，必须切断电闸，以防操作人员离开现场后，因突然供电而导致电气设备在无人监视下运行。

1.4.3　危险品安全使用知识

化工原理实验所接触的化学药品虽不如基础化学实验多，但在使用化学药品之前要了解该药品的性能，如毒性、易燃性和易爆性等，并弄清使用方法。

在化工原理实验中，往往被人们所忽视的毒物是压差计中的汞，汞的毒性大，而且是积累性毒物，进入人体后不易排出，如果汞冲洒出来没有及时处理掉，实验者每天吸入少量的汞蒸气和汞尘埃，时间久了就会中毒，所以对洒出的汞一定要认真并尽可能地将其收集起来，实在无法收集的也要用硫黄或氯化铁溶液覆盖，不要扫帚一扫了之或随便排入地沟，擦过汞的滤纸或布块必须放在有水的陶瓷缸内，统一处理。

对有毒或易燃、易爆气体的系统一定要达到严密不漏，并注意室内通风。

1.4.4　高压钢瓶安全使用知识

化工实验中所用的气体种类较多，一类是具有刺激性气味的气体，如氨气，这类气体的泄漏一般容易被发觉；另一类是无色无味，但有毒性或易燃、易爆的气体，如氢气，室温下在空气中的爆炸范围为4%～75.2%（体积分数）。因此使用有毒或易燃、易爆气体时，系统一定要达到严密不漏，尾气要导出室外，并注意室内通风。

高压钢瓶是一种贮存各种压缩气体或液化气体的高压容器，钢瓶容积一般为40～60L。气体钢瓶是由碳素钢或合金钢制成的，适用于介质压力在10MPa以下的气体。钢瓶主要由筒体和瓶阀构成，其他附件有保护瓶阀的安全帽、开启瓶阀的手轮、在运输过程中防止震动的橡胶圈。另外，高压钢瓶在使用时瓶阀出口还要连接减压阀和压力表。

标准高压钢瓶是按国家标准制造的，并经有关部门严格检验。各种钢瓶在使用过程中，还必须定期送有关部门进行水压试验。经过检验合格的钢瓶，在瓶肩处用钢印打上下列资料：制造厂家、制造日期、钢瓶型号和编号、钢瓶质量、钢瓶容积、工作压力、水压试验压力、水压试验日期和下次试验日期。

各类钢瓶的表面都应涂上一定颜色的油漆，其目的不仅是防锈，主要是能从颜色上迅速辨别钢瓶中所贮存气体的种类，以免混淆。

使用气体的主要危险是钢瓶可能爆炸和漏气，已充气的钢瓶爆炸的主要原因是气体受热膨胀，压力超过钢瓶的最大负荷，或是瓶颈螺纹损坏，当内部压力升高时，气体冲脱瓶颈，在这种情况下钢瓶会向放出气体的相反方向高速飞行。另外，如果钢瓶坠落或撞击坚硬物时就会发生爆炸，这些均可造成很大的破坏和伤亡事故。使用时须注意以下几点：

(1) 钢瓶应存放在阴凉、干燥、远离热源（如阳光、炉火等）的地方。高压钢瓶不能受日光直晒或靠近热源，以免瓶内气体受热膨胀而引起钢瓶爆炸。

(2) 应尽可能避免可燃性气体钢瓶和氧气钢瓶在同一房间使用（如氢气钢瓶和氧气钢

瓶），以防因为两种钢瓶同时漏气而引起着火和爆炸。

（3）按规定远离明火，可燃性气体钢瓶与明火距离须在10m以上。

（4）搬运钢瓶时要轻放，要把瓶帽旋上，橡胶防震圈要牢固。钢瓶使用时必须牢固地靠定墙壁或实验台旁。

（5）使用前必须安装减压阀及压力表，各种压力表不得混用。一般可燃性气体的钢瓶气门螺纹是反旋的（如H_2），不燃性或助燃性气体的钢瓶气门螺纹是正旋的（如N_2、O_2）。使用钢瓶时必须连接减压阀或高压调节阀，不经这些部件而让系统直接与钢瓶连接是十分危险的。

（6）绝不允许其他易燃有机物黏附在钢瓶上，也不可用麻、棉等物堵漏，以防燃烧。

（7）开钢瓶阀门及调压时，人不要站在气体出口的前方，头不要在瓶口之上，而应在钢瓶侧面，以防钢瓶的总阀门或气压表冲出伤人。

（8）当钢瓶使用到瓶内压力为0.5MPa时，应停止使用，压力过低会给充气带来不安全因素，当钢瓶内压力与外界压力相同时，会造成空气的进入。

（9）用气时应注意钢瓶颜色（常用气体钢瓶的颜色是固定的），不要用错。

（10）瓶阀发生故障时，不要擅自拆卸瓶阀或瓶阀上的零件。钢瓶必须严格按期检验。

第2章

实验数据误差分析与处理

通过实验测得原始数据后需要进行计算，并将最终的实验结果归纳成经验公式或以图表的形式表示，以便与理论结果比较分析。因此由实验获取的数据必须经过正确的分析和处理，下面介绍这方面的基本知识。

2.1 有效数字与运算规律

2.1.1 有效数字

在测量和实验中，经常遇到两类数字：一类是无单位的数字，例如圆周率 π 等，其有效数字位数可多可少，根据需要来确定有效数字位数；另一类是用来表示测量结果、有单位的数字，例如温度、压强、流量等，这类数字不仅有单位，且它们的最后一位数字往往是根据仪表精度而估计的，例如精度为 1/10℃的温度计，读得 21.75℃，则其最后一位是估计的，所以记录测量数据时有效数字通常保留至仪表最小刻度后一位。

在科学与工程中为了能清楚地表达数值的准确度与精度和方便运算，在第一位有效数字后加小数点，而数值的数量级则用 10 的幂表示。这种用 10 的幂来记数的方法称为科学记数法。例如 185.2mmHg，可记为 1.852×10^2 mmHg。

2.1.2 有效数字的运算规律

(1) 在加减运算中，计算结果保留的小数点后的位数应与其中小数点后的位数最少的相同，例如 $12.56+0.082+1.832=14.47$。

(2) 在乘除运算中，计算结果保留的位数以各数有效数字位数最少的为准，例如 $0.0135\times17.53\times2.45824=0.581$。

(3) 乘方及开方运算的结果比原数据多保留一位有效数字，例如 $12^2=144$，$\sqrt{5.6}=2.37$。

（4）对数运算中，取对数前后的有效数字位数相等，例如 lg2.584＝0.4123，lg2.5847＝0.41241。

2.2 实验数据的误差分析

测得的实验值与真值之差称为测定值的误差，测定误差的估算与分析对实验结果的准确性具有重要意义。

2.2.1 真值与平均值

任何一个被测量的物理量总存在一定的客观真实值，即真值。由于测量的仪器、方法等会引起误差，真值一般不能直接测得，若在实验中测量无限多次时，根据误差分布定律，正、负误差出现的概率相等，将各个测量值相加并加以平均，在无系统误差的情况下，可能获得近似于真值的数值，因此实验科学给真值定义为无限多次测量值的平均值。但实际测量的次数是有限的，故用有限测量次数求出的平均值，只能是近似真值，称为最佳值。在实验测量中通常使用高精度级标准仪器所测得的值或最佳值代替真值。

常用的平均值有下列几种：

（1）算术平均值

$$\overline{x}=\frac{x_1+x_2+\cdots+x_n}{n}=\frac{1}{n}\sum_{i=1}^{n}x_i \tag{2-1}$$

（2）几何平均值

$$\overline{x}_{几}=\sqrt[n]{x_1x_2\cdots x_n} \tag{2-2}$$

（3）均方根

$$\overline{x}_{均}=\sqrt{\frac{x_1^2+x_2^2+\cdots+x_n^2}{n}}=\sqrt{\frac{1}{n}\sum_{i=1}^{n}x_i^2} \tag{2-3}$$

（4）对数平均值

$$\overline{x}_{对}=\frac{x_1-x_2}{\ln\dfrac{x_1}{x_2}} \tag{2-4}$$

式中　x_1，x_2，…，x_i——各次测量值；

n——测量的次数。

2.2.2 误差的性质及分类

根据误差的性质和产生的原因，一般分为三类。

2.2.2.1 系统误差

在一定条件下，对同一物理量进行多次测量时，误差的数值大小和符号始终保持不变，或按某一规律变化出现的误差，称为系统误差。使用刻度不准、零点未校准的测量仪器，实验状态、环境的改变（如外界的温度、压力、湿度的变化），实验操作人员的习惯与偏向等因素都会引起系统误差。这类误差往往经过精确的校正可以消除。

2.2.2.2　随机误差（偶然误差）

在相同条件下，测量同一物理量时误差的绝对值时大时小，符号时正时负，没有一定的规律且无法预测，这种误差称为随机误差或偶然误差。这种误差完全服从统计规律，对于同一物理量做多次测量，随着测量次数的增加，随机误差的算术平均值趋近于零，因此多次测量值的算术平均值将接近于真值。

2.2.2.3　过失误差

由操作错误或人为失误产生的误差称为过失误差，这类误差往往表现为与正常值相差很大，在数据整理时应予以剔除。

2.2.3　误差的表示方法

2.2.3.1　绝对误差 Δx

某测量值与真值之差称为绝对误差，在实际的测量中常以最佳值代替真值，其表达式为

$$\Delta x = x_i - x \approx x_i - \overline{x} \tag{2-5}$$

式中　Δx——绝对误差；

x_i——第 i 次测量值；

x——真值；

$\overline{x}$——算术平均值。

2.2.3.2　相对误差 δ

绝对误差与真值之比称为相对误差，即

$$\delta = \frac{\Delta x}{x} \tag{2-6}$$

2.2.3.3　引用误差

仪表量程内最大绝对误差与满量程示值之比的百分数称为引用误差，即

$$\text{引用误差} = \frac{\text{最大绝对误差}}{\text{满量程示值(满刻度值)}} \times 100\% \tag{2-7}$$

引用误差常用于表示仪表的精度，按引用误差的大小分成几个等级，把引用误差的百分数去掉剩下的数值就称为仪表的精度等级。测量仪表的精度等级是由国家统一规定的。电工仪表的精度等级分别有 0.1、0.2、0.5、1.0、1.5、2.5 和 5.0 七级。

例如某压力表注明精度为 1.5 级，即表明该仪表最大绝对误差为其最大量程的 1.5%，若

最大量程为 0.4MPa，该压力表最大误差为 (0.4×1.5%)MPa=0.006MPa=6×10^3Pa。

2.2.4 精确度与精密度

精确度（又称准确度）与误差的概念是相辅相成的，精确度高误差就小，误差大精确度就低，它反映了系统误差和随机误差综合影响的程度。

测量中所得到的数据重复性的程度称为精密度，它反映了随机误差的大小。

以打靶为例说明精确度与精密度的区别，如图 2-1 所示。图 2-1(a) 表示弹着点密集而离靶心（真值）甚远，说明精密度高而精确度低，随机误差小，但系统误差大；图 2-1(b) 表示精密度低而精确度较高，即随机误差大，但系统误差较小；图 2-1(c) 的系统误差与随机误差均小，精确度和精密度均高。

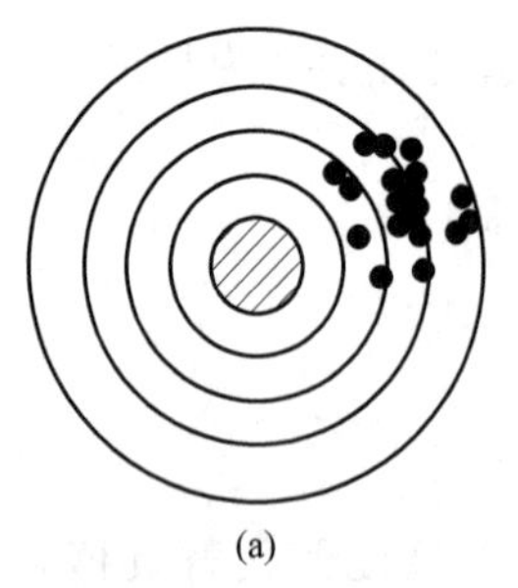
(a)

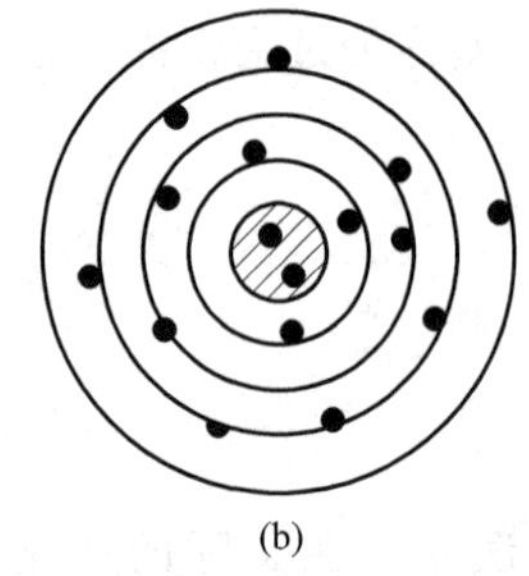
(b)

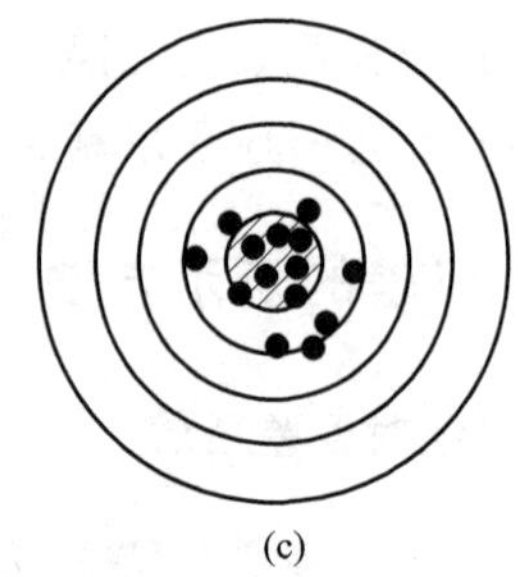
(c)

图 2-1 精密度与精确度示意图

2.3 实验数据处理

实验数据处理就是将实验测得的一系列数据经过计算整理后用最适宜的方式表示出来，使我们清楚地观察到各变量之间的定量关系，以便进一步分析实验现象，得出规律或提出新的研究方案，指导生产与设计。在化工原理实验中常用列表法、图示法和方程表示法三种形式表示。

2.3.1 列表法

将实验数据按自变量与因变量的对应关系列出数据表格的形式即为列表法，列表法具有制表容易、简单、紧凑、数据便于比较的优点，是标绘曲线和整理成方程的基础。

实验数据表可分为实验原始数据记录表和实验数据处理表两类。

实验原始数据记录表是根据实验待测数据设计的，如流体直管阻力测定实验的原始数据记录表格见表 2-1。

表 2-1 流体直管阻力实验原始数据记录表

实验日期：______ 管子材料：______ 直管长度：______ 直管内径：______

序号	流量 V_s/(m^3/h)	温度 t/℃	压差 Δp/kPa
1			
⋮			

实验数据整理表是实验数据经计算整理间接得出的表格，表达主要变量之间的关系和实验的结论，见表 2-2。

表 2-2　流体直管阻力实验数据处理表

序号	实验原始数据记录部分			实验数据处理部分	
	流量 $V_s/(m^3/h)$	温度 $t/℃$	压差 $\Delta p/kPa$	雷诺数 Re	摩擦系数 λ
1					
⋮					

根据实验内容设计表格时应注意以下几个问题：

① 表格设计要力求简明扼要、一目了然，便于阅读和使用。记录、计算项目满足实验要求。

② 表头应列出变量名称、符号、单位。同时要层次清晰、顺序合理。

③ 表中的数据必须与仪表的精度相匹配，应注意有效数字的位数。

④ 数字较大或较小时应采用科学记数法，例如 $Re=25000$ 可采用科学记数法记作 $Re=2.5\times10^4$，在名称栏中记为 $Re(\times10^{-4})$，数据表中则可记为 2.5。

⑤ 数据整理时尽可能利用常数归纳法（即转化因子），减少不必要的烦琐计算。如计算同一管路中不同流量下的雷诺数 Re 时，$Re=du\rho/\mu=4\rho V_s/(\pi d\mu)$，其中若水温不变或变化很小可忽略时，$d$、$\rho$、$\mu$ 为定值，于是可归纳为 $Re=kV_s$。

⑥ 在数据整理表格下边，要求附上以某一组数据进行计算的示例，表明各项之间的关系，以便阅读或进行校核。

2.3.2　图示法

列表法一般难见数据的规律性，为了便于比较和直观地显示结果的规律性或变化趋势，常常需要将实验结果用图形表示出来。以下是化工原理实验中正确作图的一些基本原则。

2.3.2.1　坐标纸的选择

化工原理实验中常用的坐标有普通直角坐标、双对数坐标和半对数坐标。普通直角坐标纸的两个轴都是分度均匀的普通坐标轴，双对数坐标纸的两个轴都是分度不均匀的对数坐标轴，而半对数坐标纸的一个轴是分度均匀的普通坐标轴，另一个轴是分度不均匀的对数坐标轴（见图 2-2）。

对数坐标轴的特点是：坐标轴上某点与原点的距离为该点表示量的对数值，但是该点标出的量是其本身的数值（如图 2-3 所示）。例如对数坐标轴上标着 5 的一点至原点的距离是 $\lg5=0.7$。

图 2-3 中上面一条线为 x 的对数刻度，而下面一条线为 $\lg x$ 的线性（均匀）刻度。对数坐标上 1、10、100、1000 之间的实际距离是相同的，因为各数相应的对数值为 0、1、2、3，这在线性（均匀）坐标上的距离相同。

作图时应根据变量间的函数关系选择合适的坐标纸。坐标纸的选择方法如下：

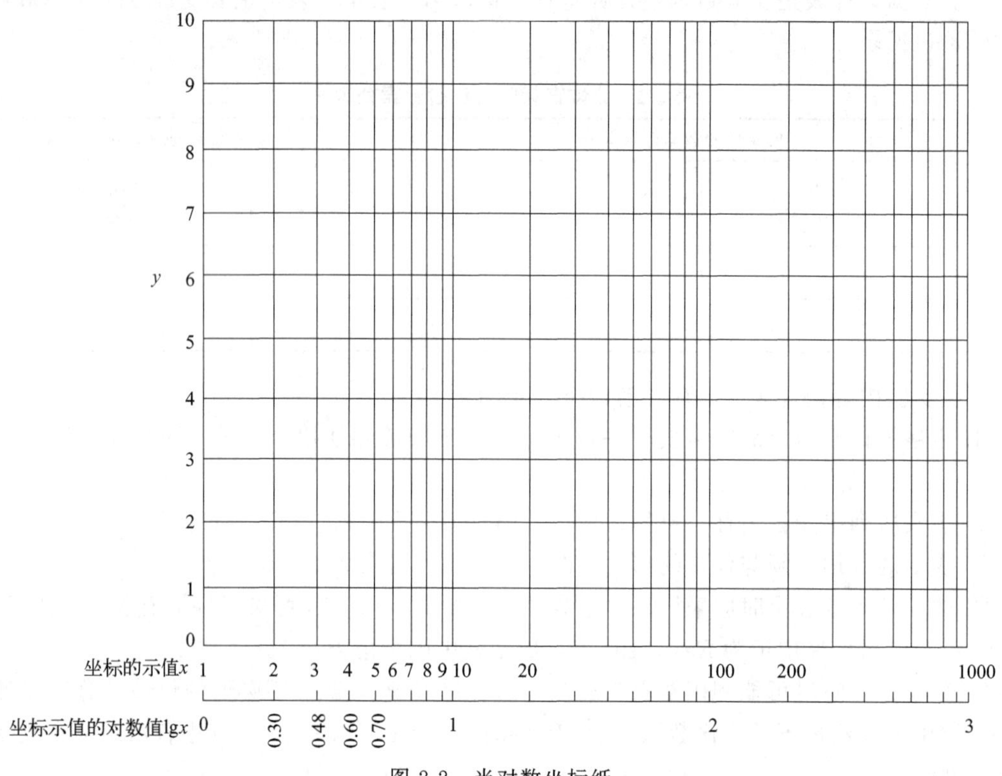

图 2-2 半对数坐标纸

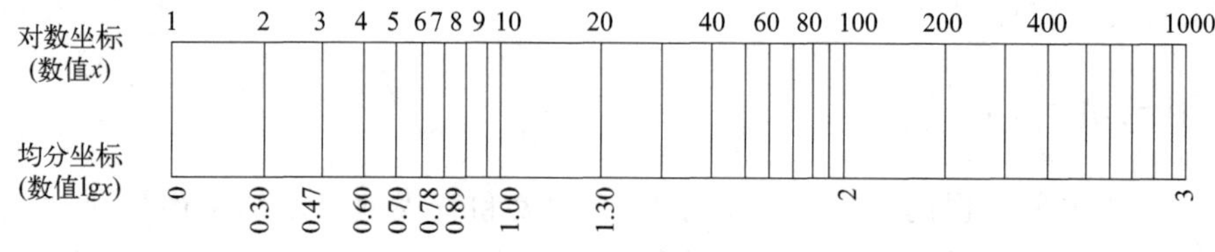

图 2-3 对数坐标的特点

（1）直线关系 $y=a+bx$，选用普通直角坐标纸。

（2）幂函数关系 $y=ax^n$，经两边取对数后可变形为 $\lg y=\lg a+n\lg x$，非线性关系变换成线性关系，因此选用双对数坐标纸。

（3）若研究的函数 y 和自变量 x 在数值上均变化了几个数量级，可选用双对数坐标纸。例如，已知 x 和 y 的数据为：

x=10，20，40，60，80，100，1000，2000，3000，4000

y=2，14，40，60，80，100，177，181，188，200

在直角坐标纸上作图几乎不可能描出在 x 等于 10、20、40、60、80 时曲线开始部分的点（见图 2-4），但是采用双对数坐标纸则可以得到比较清楚的曲线（见图 2-5）。

（4）下列情况下可考虑用半对数坐标纸：①变量之一在所研究的范围内发生几个数量级的变化；②在自变量由零开始逐渐增大的初始阶段，当自变量的少许变化引起因变量极大变化时，此时采用半对数坐标纸，曲线最大变化范围可伸长，使图形轮廓清晰；③指数函数关系 $y=ak^{bx}$，经两边取对数有 $\lg y=\lg a+bx\lg k$，即 $\lg y$ 与 x 呈直线关系。

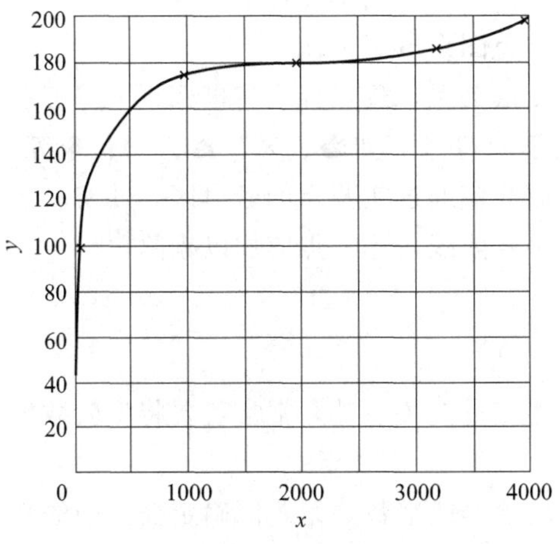

图 2-4　用直角坐标纸做的图

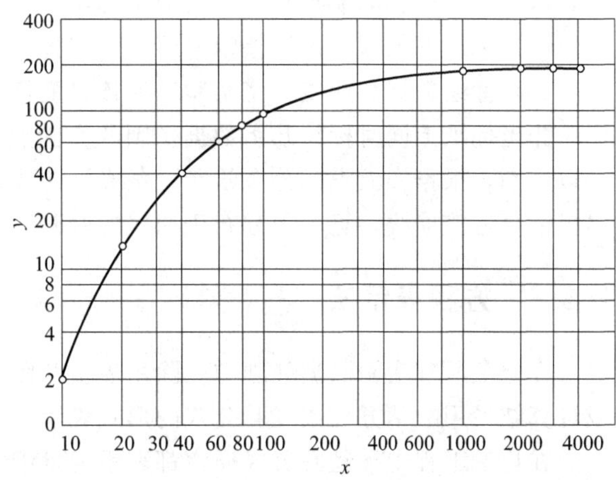

图 2-5　用双对数坐标纸做的图

2.3.2.2　坐标的分度

坐标的分度指每条坐标轴所代表的数值大小，即选择适当的比例尺。

为了得到理想的图形，在已知量 x 和 y 的误差 Δx 与 Δy 的情况下，比例尺的取法应使实验“点”的边长为 $2\Delta x$、$2\Delta y$，并且使 $2\Delta x=2\Delta y=1\sim2\text{mm}$，则

x 轴的比例尺 M_x 为

$$M_x=\frac{2}{2\Delta x}=\frac{1}{\Delta x} \tag{2-8}$$

y 轴的比例尺 M_y 为

$$M_y=\frac{2}{2\Delta y}=\frac{1}{\Delta y} \tag{2-9}$$

如已知温度误差 $\Delta T=0.05℃$，则

$$M_T=\frac{1}{0.05}=20 \tag{2-10}$$

温度的坐标分度为 20mm，若感觉太大，可取 $2\Delta x=2\Delta y=1\text{mm}$，此时的坐标分度为 10mm。

2.3.2.3　坐标纸的使用及实验数据的标绘

(1) 按照使用习惯取横轴为自变量，纵轴为因变量，并标明各轴代表的名称、符号和单位。

(2) 根据标绘数据的大小对坐标轴进行分度，所谓坐标轴分度就是选择坐标每刻度代表的数值大小。坐标轴的最小刻度要反映出实验数据的有效数字位数，同时在刻度线上加注便于阅读的数字。

(3) 坐标原点的选择：在一般情况下，对于普通直角坐标，原点不一定从零开始，应视标绘数据的范围而定，可以选取最小数据将原点移到适当位置；对于对数坐标，坐标轴刻度是按 1，2，…，10 的对数值大小划分的，每刻度为真数值，当用坐标表示不同大小的数据时，其分度要遵循对数坐标规律，只可将各值乘以 10^n 倍（n 取正负整数），而不能任意划

分，因此，坐标轴的原点只能取对数坐标轴上规定的值作原点，而不能任意确定。

（4）标绘的图形应占满整幅坐标纸，匀称居中，避免图形偏于一侧。

（5）标绘数据和曲线：将实验结果依自变量和因变量关系，逐点标绘在坐标纸上。若在同一张坐标纸上同时标绘几组数据，则各实验点要用不同符号（如●、×、▲、○、◆等）加以区别，根据实验点的分布绘制一条光滑曲线，该曲线应通过实验点的密集区，使实验点尽可能接近该曲线，且均匀分布于曲线的两侧，个别偏离曲线较远的点应加以剔除。

2.3.3 方程表示法

在化工原理实验数据处理中，除用表格和图形描述变量的关系外，常常需要将实验数据或计算结果用数学方程或经验公式的形式表示出来。

在化学工程中，经验公式通常都表示成量纲为 1 的数群或准数关系式。确定公式中的常数和待定系数是方程表示法的关键。经验公式或准数关系式中的常数和待定系数的求法很多，下面介绍最常用的图解法、选点法、平均值法和最小二乘法。

2.3.3.1 图解法

图解法仅限于具有线性关系或非线性关系通过转换成线性关系的函数式常数的求解。首先选定坐标系，将实验数据在图上标绘成直线，求解直线的斜率和截距，从而确定线性方程的各常数。

（1）一元线性方程的图解

设一组实验数据变量间存在线性关系 $y=a+bx$。通过图解法确定方程的斜率 b 和截距 a，如图 2-6 所示。在图中选取适宜距离的两点 $a_1(x_1,y_1)$、$a_2(x_2,y_2)$，直线的斜率为 $b=\dfrac{y_2-y_1}{x_2-x_1}$。若 x 坐标轴的原点为 0，可以在 y 轴上直接读取直线的截距（因为 $x=0$，$y=a$）。或可用外推法，使直线延长交于 y 轴于一点 c，c 则为直线的截距。否则，由下式计算：

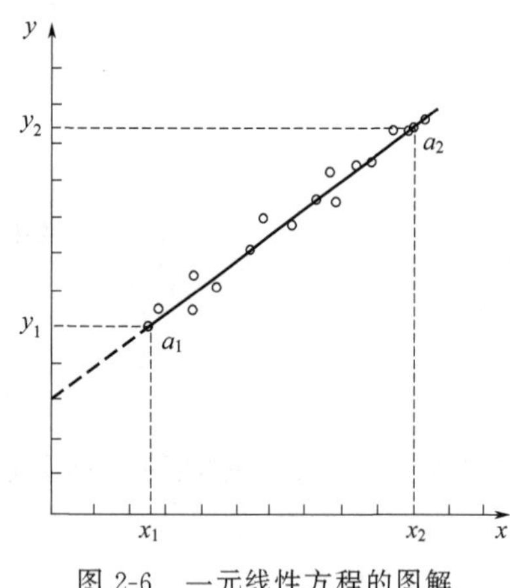

图 2-6 一元线性方程的图解

$$a=\frac{y_1x_2-y_2x_1}{x_2-x_1} \tag{2-11}$$

为了获得最大准确度，尽可能选取直线上具有整数值的点，a_1、a_2 两点距离以大为宜。

若在双对数坐标上用图解法求斜率时请注意斜率的正确求法，此时斜率

$$b=\frac{\lg y_2-\lg y_1}{\lg x_2-\lg x_1} \tag{2-12}$$

（2）二元线性方程的图解

若实验研究中，所研究对象的物理量即因变量与两个变量呈线性关系，可采用函数式(2-13) 表示。

$$y=a+bx_1+cx_2 \tag{2-13}$$

上面的方程为二元线性方程函数式。可用图解法确定式中常数 a、b、c。首先令其中一变量恒定不变，如使 x_1 恒定不变，令 $a+bx_1=d$（常数），则上式可改写成

$$y=d+cx_2 \tag{2-14}$$

由 y 与 x_2 的数据可在直角坐标中标绘出一直线，如图 2-7(a) 所示。采用图解法可确定 x_2 的系数 c。

在图 2-7(a) 中直线上任取两点 $e_1(x_{21},y_1)$、$e_2(x_{22},y_2)$，则有

$$c=\frac{y_2-y_1}{x_{22}-x_{21}} \tag{2-15}$$

当 c 求得后，将其代入原式中并将原式重新改写成

$$y-cx_2=a+bx_1 \tag{2-16}$$

令 $y'=y-cx_2$，可得新的线性方程

$$y'=a+bx_1 \tag{2-17}$$

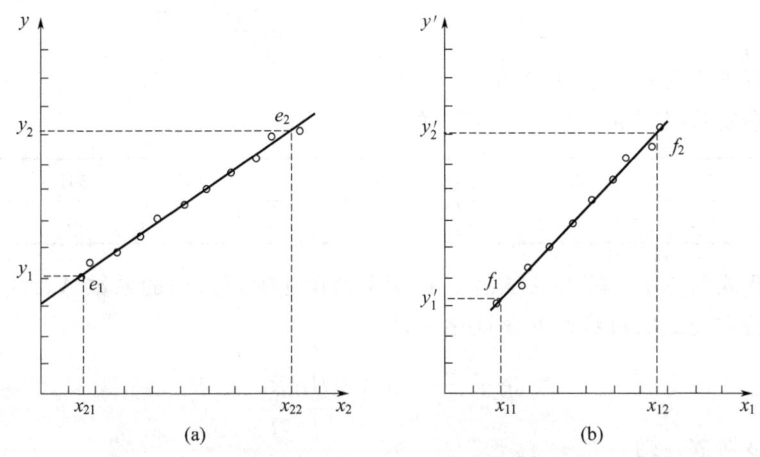

图 2-7　二元线性方程的图解

由实验数据 y、x_2 和 c 计算得 y'，由 y'与 x_1 在图 2-7(b) 中标绘其直线，并在该直线上任取 $f_1(x_{11},y'_1)$、$f_2(x_{12},y'_2)$ 两点。由 f_1、f_2 两点即可确定 a、b 两个常数。

$$b=\frac{y'_2-y'_1}{x_{12}-x_{11}} \tag{2-18}$$

$$a=\frac{y'_1x_{12}-y'_1x_{11}}{x_{12}-x_{11}} \tag{2-19}$$

在确定 b、a 时，其自变量 x_1、x_2 应同时改变，才使其结果覆盖整个实验范围。

2.3.3.2　选点法

选点法亦称联立方程法，此法适用于实验数据精度很高的条件，否则所得函数将毫无意义。具体步骤是：

(1) 选择适宜经验方程式 $y=f(x)$。

(2) 建立待定常数方程组，若选定经验方程式为 $y=a+bx$，则从实验数据中选出两个实验数据点 (x_1,y_1)、(x_2,y_2)，代入上式中得

$$a+bx_1=y_1 \tag{2-20}$$

$$a+bx_2=y_2 \tag{2-21}$$

(3) 联立求解以上方程，即可解得常数 a、b。

选点法也可与图解法结合起来。先将实验数据标绘在坐标纸上，在实验数据点之间用直尺画出一条能代表所有数据的直线，该直线两侧的实验点均匀分布且接近直线，在该直线两端选取两点，将其代入经验公式，解联立方程即可求出常数。

2.3.3.3 平均值法

当函数式是线性的或者可线性化的，则该函数适合 $Y=A+BX$。列出条件方程 $Y_i=A+BX_i$，使条件方程的数目 n 等于已知的实验个数，然后按照偶数相等，或奇数近似相等的原则，将条件方程相加，得出下列两个方程：

$$\sum_{1}^{m} Y_i = mA + B\sum_{1}^{m} X_i \tag{2-22}$$

$$\sum_{m+1}^{n} Y_i = (n-m)A + B\sum_{m+1}^{n} X_i \tag{2-23}$$

解之，即可求得系数 A 和 B 的值。

例：由传热实验得到 Re 与 $Nu/Pr^{0.4}$ 的一组数据。

Re	4.25×10^4	3.72×10^4	3.45×10^4	3.18×10^4	2.56×10^4	2.14×10^4
$Nu/Pr^{0.4}$	86.7	82.1	78.0	70.0	61.2	53.9

其经验方程式为 $Nu/Pr^{0.4}=ARe^B$，试用平均值法确定其中的系数 A、B。

解：对经验方程式取对数使其线性化，得

$$\lg\frac{Nu}{Pr^{0.4}}=\lg A+B\lg Re \tag{2-24}$$

上述数据取对数，则

$\lg Re$	4.6284	4.5705	4.5378	4.5024	4.4082	4.3304
$\lg(Nu/Pr^{0.4})$	1.9380	1.9143	1.8921	1.8451	1.7868	1.7316

将上述数据分成相等两组，然后再相加，得

$1.9380=\lg A+4.6284B$ $1.9143=\lg A+4.5705B$ $1.8921=\lg A+4.5378B$	$1.8451=\lg A+4.5024B$ $1.7868=\lg A+4.4082B$ $1.7316=\lg A+4.3304B$
$5.7444=3\lg A+13.7367B$	$5.3635=3\lg A+13.2410B$

解此方程组

$$\begin{cases}5.7444=3\lg A+13.7367B\\5.3635=3\lg A+13.2410B\end{cases} \tag{2-25}$$

得 $B=0.77$，$A=0.024$。

所以所求的准数方程式为

$$\frac{Nu}{Pr^{0.4}}=0.024Re^{0.77} \tag{2-26}$$

2.3.3.4 最小二乘法

在图解时，坐标纸上标点会有误差，且根据点的分布确定直线位置时，具有人为性。因此用图解法确定直线斜率及截距常常不够准确。较准确的方法是最小二乘法，它的原理是：最佳的直线就是能使各数据点同回归线方程求出值的偏差的平方和为最小，也就是落在该直线一定范围的数据点其概率为最大。下面具体推导其数学表达式。

(1) 一元线性回归

已知 n 个实验数据点 $(x_1,y_1),(x_2,y_2),\cdots,(x_n,y_n)$。设最佳线性函数关系式为 $y=b_0+b_1x$，则根据此式 n 组 x 值可计算出各组对应的 y' 值：

$$\begin{cases} y_1'=b_0+b_1x_1 \\ y_2'=b_0+b_1x_2 \\ \cdots \\ y_n'=b_0+b_1x_n \end{cases} \tag{2-27}$$

而实测时，每个 x 值所对应的值为 $y_1,y_2,\cdots,y_n$，所以每组实验值与对应计算值 y' 的偏差 δ 应为

$$\begin{cases} \delta_1=y_1-y_1'=y_1-(b_0+b_1x_1) \\ \delta_2=y_2-y_2'=y_2-(b_0+b_1x_2) \\ \cdots \\ \delta_n=y_n-y_n'=y_n-(b_0+b_1x_n) \end{cases} \tag{2-28}$$

按照最小二乘法的原理，测量值与真值之间的偏差平方和为最小。$\sum_{i=1}^{n}\delta_i^2$ 最小的必要条件为

$$\begin{cases} \dfrac{\partial(\sum_{i=1}^{n}\delta_i^2)}{\partial b_0}=0 \\ \dfrac{\partial(\sum_{i=1}^{n}\delta_i^2)}{\partial b_1}=0 \end{cases} \tag{2-29}$$

展开可得

$$\begin{cases} \dfrac{\partial(\sum_{i=1}^{n}\delta_i^2)}{\partial b_0}=-2[y_1-(b_0+b_1x_1)]-2[y_2-(b_0+b_1x_2)]-\cdots \\ \qquad -2[y_n-(b_0+b_1x_n)]=0 \\ \dfrac{\partial(\sum_{i=1}^{n}\delta_i^2)}{\partial b_1}=-2x_1[y_1-(b_0+b_1x_1)]-2x_2[y_2-(b_0+b_1x_2)]-\cdots \\ \qquad -2x_n[y_n-(b_0+b_1x_n)]=0 \end{cases} \tag{2-30}$$

写成和式得

$$\begin{cases}\sum_{i=1}^{n}y_i-nb_0-b_1\sum_{i=1}^{n}x_i=0\\ \sum_{i=1}^{n}x_iy_i-b_0\sum_{i=1}^{n}x_i-b_1\sum_{i=1}^{n}x_i^2=0\end{cases} \tag{2-31}$$

联立解得

$$\begin{cases}b_0=\dfrac{\sum_{i=1}^{n}x_iy_i\sum_{i=1}^{n}x_i-\sum_{i=1}^{n}y_i\sum_{i=1}^{n}x_i^2}{(\sum_{i=1}^{n}x_i)^2-n\sum_{i=1}^{n}x_i^2}\\ b_1=\dfrac{\sum_{i=1}^{n}x_i\sum_{i=1}^{n}y_i-n\sum_{i=1}^{n}x_iy_i}{(\sum_{i=1}^{n}x_i)^2-n\sum_{i=1}^{n}x_i^2}\end{cases} \tag{2-32}$$

由此求得的截距为 b_0、斜率为 b_1 的直线方程，就是关联各实验点最佳的直线。

(2) 线性关系的显著检验——相关系数

在解决如何回归直线问题以后，还存在检验回归直线有无意义的问题，我们引进一个叫相关系数 r 的统计量，用来判断两个变量之间的线性相关程度，其定义为

$$r=\frac{\sum_{i=1}^{n}(x_i-\overline{x})(y_i-\overline{y})}{\sqrt{\sum_{i=1}^{n}(x_i-\overline{x})^2\sum_{i=1}^{n}(y_i-\overline{y})^2}} \tag{2-33}$$

式中

$$\overline{x}=\frac{1}{n}\sum_{i=1}^{n}x_i \tag{2-34}$$

$$\overline{y}=\frac{1}{n}\sum_{i=1}^{n}y_i \tag{2-35}$$

在概率中可以证明，任意两个随机变量的相关系数的绝对值不大于 1，即 $|r|\leqslant 1$。

相关系数 r 的物理意义是表示两个随机变量 x 和 y 的线性相关程度，现分几种情况加以说明。

当 $r=\pm 1$ 时，即 n 组实验值 (x_i, y_i) 全部落在直线 $y=b_0+b_1x$ 上，此时称为完全相关。

当 $|r|$ 越接近 1 时，即 n 组实验值 (x_i, y_i) 越靠近直线 $y=b_0+b_1x$，变量 y 与 x 之间的关系越近于线性关系。

当 $r=0$ 时，变量之间就完全没有线性关系了。但是应该指出，当 r 很小时，变量之间不是线性关系，但不等于就不存在其他关系。

第3章

化工原理实验常用测量仪器仪表

3.1 概述

流体的压力、流量、温度等物理量是化工生产和实验的重要参数，控制这些物理量是控制化工生产和实验研究的重要手段，因此必须进行测量。用来测量这些参数的仪表统称为化工测量仪表。不论是选用还是自行设计，要做到合理使用测量仪表，就必须对测量仪表有个初步的了解。化工测量仪表的种类很多，本章主要介绍化工实验室常用测量仪表的工作原理、选用及安装使用的一些基本知识，更多内容可参阅相关专业书籍和手册。

化工测量仪表一般由检测（包括变送）、传送、显示等三个基本部分组成。检测部分通常与被测介质直接接触，并依据不同的原理和方式将被测介质的压力、流量或温度信号转变为易于传送的物理量，如机械力、电信号等；传送部分一般只起信号能量的传递作用；显示部分则将传送来的物理量信号转换为可读信号，常见的显示形式有指示、记录、声光报警等。根据不同的需要，检测、传送、显示这三个基本部分可集成在一台仪表内，如弹簧管式压力表，也可分散为几台仪表，如仪表室对现场设备进行操作时，检测部分在现场，显示部分在仪表室，而传送部分则在两者之间。

使用者在选用测量仪表时必须考虑所选仪表的测量范围与精度，避免过大的测量误差。

3.2 流体压力（差）的测量

化工生产和实验中经常会遇到流体静压力的测量，如流体流动阻力实验中压差的测量、泵特性曲线测定实验中泵进出口压力的测量、精馏实验中塔顶塔釜压力的测量。

常见的流体静压力的测量方法有三种：

① 液柱式测压法，将被测压力转变为液柱高度差；

② 弹性式测压法，将被测压力转变为弹性元件形变的位移；

③ 电气式测压法，将被测压力转变为某种电量（如电容或电压）的变化。

一般而言，由上述方法测得的压力均为表压值，即以外界物理大气压为基准的压力值。表压值加外界物理大气压值即为被测对象的绝对压力值。

3.2.1 液柱式压差计

液柱式压差计是利用液柱高度产生的压力和被测介质压力相平衡的原理制成的测压仪表。这种测压仪表具有结构简单、使用方便、精度较高、价格低廉的特点，既可用于测量流体的压力，又可用于测量流体管道两截面间的压力差。液柱式压差计既有定型产品又可自制，在工业生产和实验室中广泛应用于测量低压或真空度。液柱式压差计的常见类型有以下几种。

3.2.1.1 U形管压差计

U形管压差计的结构如图3-1所示。

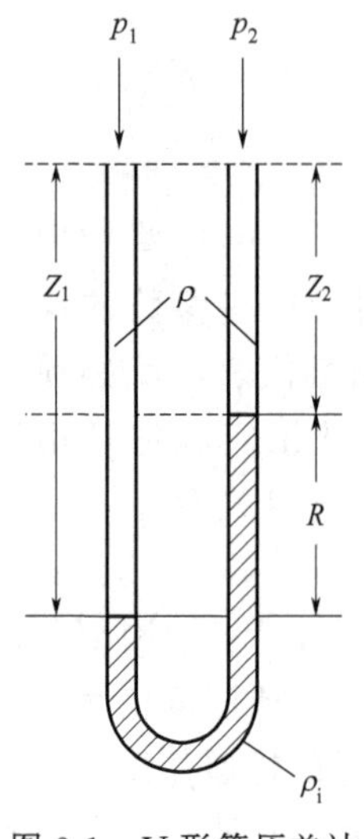

图3-1 U形管压差计

U形管压差计是将一根内径为6～10mm的粗细均匀的玻璃管弯成U形，然后将其垂直固定在平板上，U形管中间装有刻度标尺，管子内充灌水、水银或其他工作指示液。测量时需读出两管中液面的高度差R。

如果用U形管压差计测量管道液体流经两截面的压力差时，根据流体静力学基本方程式有

$$(p_1+Z_1\rho g)-(p_2+Z_2\rho g)=R\rho_i g \tag{3-1}$$

式中 p_1，p_2——被测截面压力，Pa；

Z_1，Z_2——被测截面位置高度，m；

R——U形管压差计液柱高度差读数，m；

ρ_i——U形管压差计指示液的密度，kg/m^3；

ρ——被测流体的密度，kg/m^3；

g——重力加速度，9.81m/s^2。

若管道水平，则有

$$p_1-p_2=R(\rho_i-\rho)g \tag{3-2}$$

3.2.1.2 单管压差计

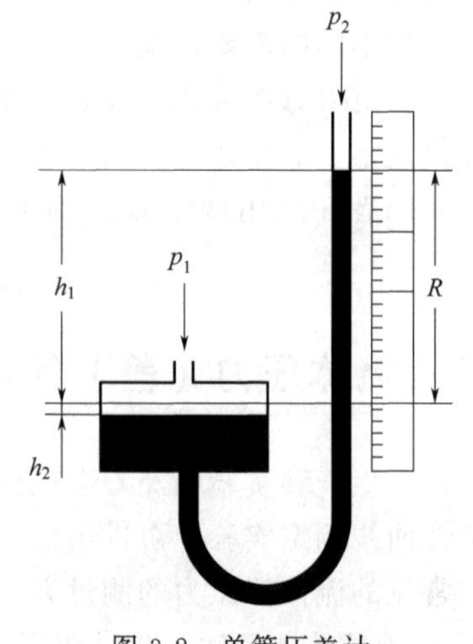

图3-2 单管压差计

单管压差计是U形管压差计的一种变形，即用一只杯形物代替U形管压差计中的一根管子，如图3-2所示。

由于杯形物的截面远大于玻璃管的截面（一般二者的比值须大于或等于200），所以在其两端作用不同压力时，细管一边的液柱从平衡位置升高h_1，杯形物一边下降h_2。根据等体积原理，h_1远大于h_2，故h_2可忽略不计。因此，在读数时只要读取h_1即可。

3.2.1.3 倾斜式压差计

倾斜式压差计是把单管压差计或U形管压差计的玻璃管与水平方向作 α 角度的倾斜，如图3-3所示。倾斜角的大小可根据需要调节。它使读数放大了 $1/\sin\alpha$ 倍，即

$$R'=\frac{R}{\sin\alpha} \tag{3-3}$$

可用于测量流体的小压差，且提高了读数精度。

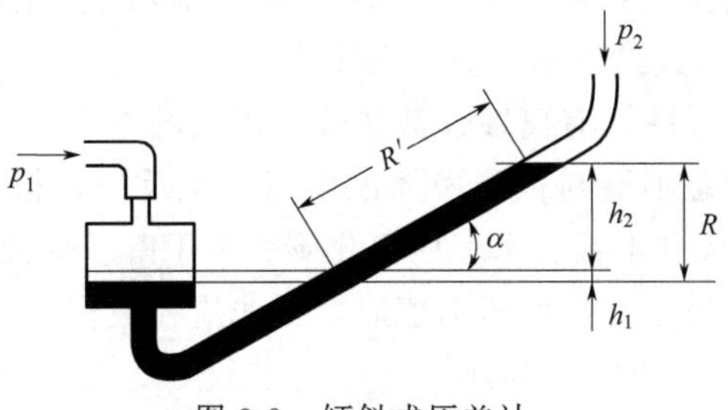

图3-3　倾斜式压差计

3.2.1.4 倒U形管压差计

倒U形管压差计如图3-4所示。指示介质为空气，一般用于测量液体压差小的场合。由于工作液体在两个测量点上的压力不同，故在倒U形的两根支管中上升的液柱高度也不同，且因液体密度远大于气体密度，则有

$$p_1-p_2=R(\rho-\rho_{空气})g\approx R\rho g \tag{3-4}$$

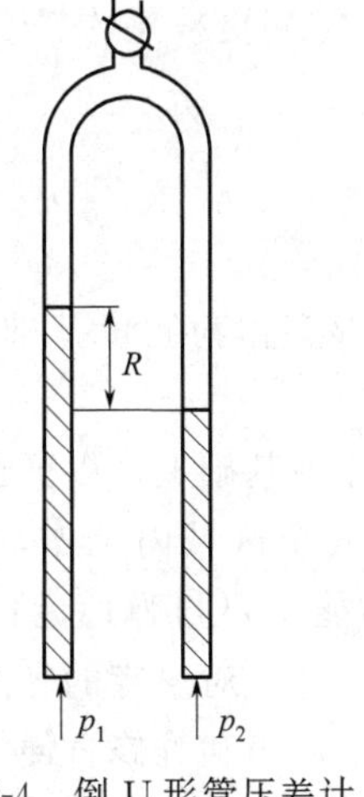

图3-4　倒U形管压差计

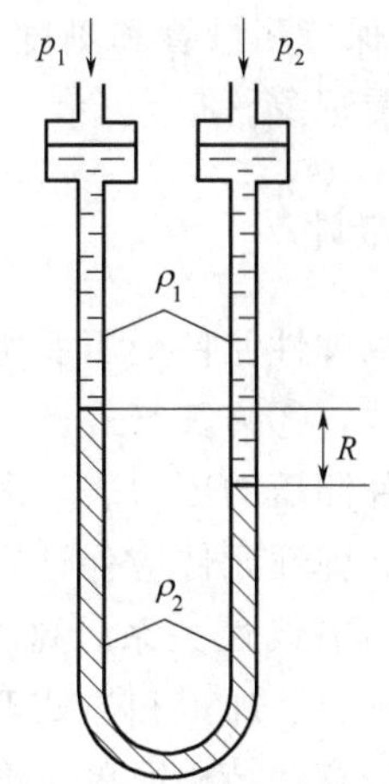

图3-5　双液柱微差压差计

3.2.1.5 双液柱微差压差计

双液柱微差压差计的结构如图3-5所示，一般用于测量气体压差的场合。ρ_1、ρ_2 分别代

表两种指示液的密度。由流体静力学原理知

$$p_1 - p_2 = R(\rho_2 - \rho_1)g \tag{3-5}$$

当压差很小时，为了扩大读数 R，减小相对读数误差，可以通过减小（$\rho_2 - \rho_1$）来实现。（$\rho_2 - \rho_1$）愈小，R 就愈大，但两种指示液必须有清晰的界面。工业实际应用时常以石蜡油和工业酒精为指示液。实验室中常以苯甲醇和氯化钙溶液为指示液。氯化钙溶液的密度可以用不同的浓度来调节。

双液柱微差压差计虽然构造简单、使用方便、测量准确度高，但耐压程度差、结构不牢固、容易破碎、测量范围小、示值与工作液体密度有关，因此在使用中必须注意以下几点：

① 被测压力不能超过仪表测量范围。有时因被测对象突然增压或操作不当造成压力增大，会使指示液被冲走，在实验操作中要特别注意。

② 避免安装在过热、过冷、有腐蚀性液体或有震动的地方。

③ 选择指示液时要注意不能与被测液体混溶或发生反应，根据所测的压力大小，选择合适的指示液，常用指示液有水银、水、四氯化碳、苯甲醇、煤油、甘油等。

④ 由于液体的毛细现象，在读取压力值时，视线应在液柱面上，观察水时应看凹面处，观察水银面时应看凸面处，如图 3-6 所示。

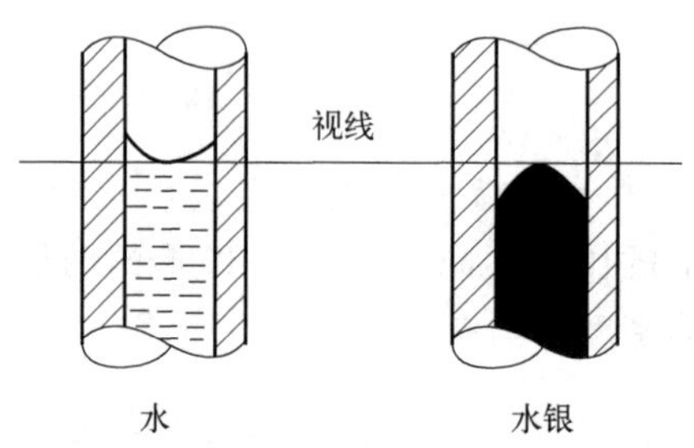

图 3-6　水和水银在玻璃管中的毛细现象

⑤ 在使用过程中保持测量管和刻度标尺的清晰，定期更换工作液。经常检查仪表本身和连接管间是否有泄漏现象。

3.2.2　弹性式压力计

弹性式压力计是以弹性元件受压后所产生的弹性形变作为测量基础的。一般分为三类：①薄膜式，②波纹管式，③弹簧管式。

利用各种弹性元件测压的压力表，多是在力平衡原理基础上，以弹性形变的机械位移作为转换后的输出信号。弹性元件应保证在弹性形变的安全区域内工作，这时被测压力 p 与输出位移 x 之间一般具有线性关系。这类压力表的性能主要与弹性元件的特性有关。各种弹性元件的特性则与材料、加工和热处理的质量有关，并且对温度的敏感性较强。但是弹性压力表由于测压范围较宽、结构简单、价格便宜、现场使用和维修方便，在实验室乃至化工和炼油生产中仍然获得广泛的应用。

常用的弹性元件有：波纹膜片和波纹管，多作微压和低压测量；单圈弹簧管（又称波登管）和多圈弹簧管，可作高、中、低压甚至真空度的测量。几种弹性元件的结构及其特性如表 3-1 所示。

表 3-1　弹性元件的结构和特性

类别	名称	示意图	测量范围/(kgf/cm²)①		输出特性	动态性质	
			最小	最大		时间常数/s	自振频率/Hz
薄膜式	平薄膜	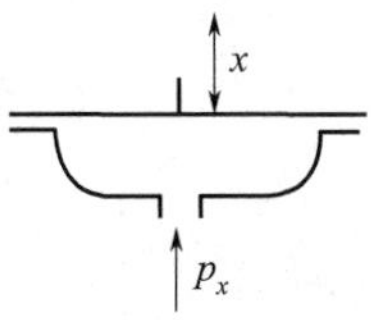	$0\sim10^{-1}$	$0\sim10^{3}$	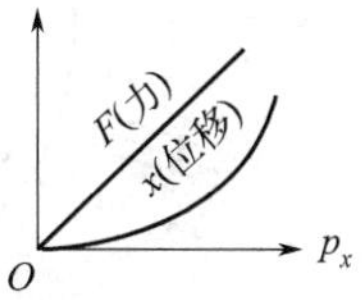	$10^{-5}\sim10^{-2}$	$10\sim10^{4}$
	波纹膜	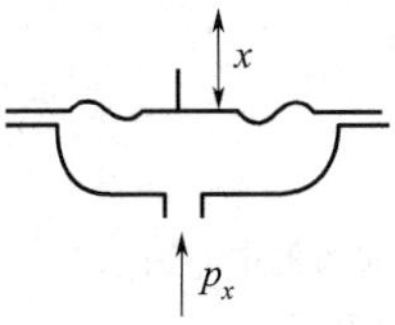	$0\sim10^{-5}$	$0\sim10$	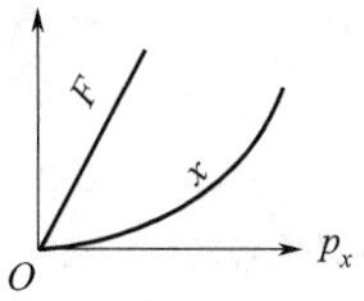	$10^{-2}\sim10^{-1}$	$10\sim100$
	挠性膜	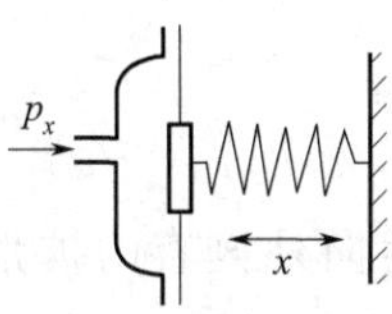	$0\sim10^{-7}$	$0\sim1$	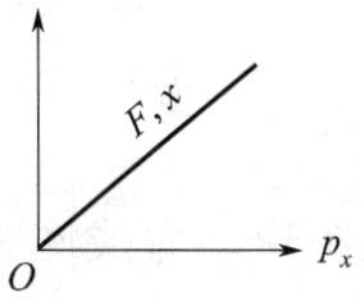	$10^{-2}\sim1$	$1\sim100$
波纹管式	波纹管	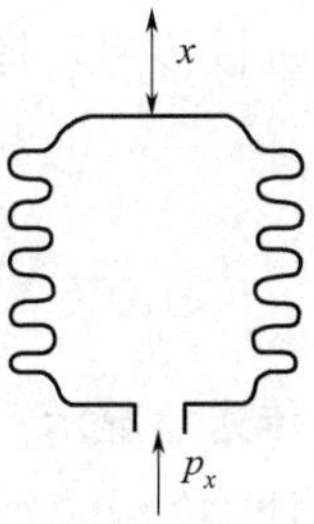	$0\sim10^{-5}$	$0\sim10$	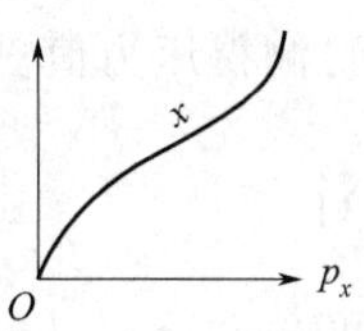	$10^{-2}\sim10^{-1}$	$10\sim100$
弹簧管式	单圈弹簧管	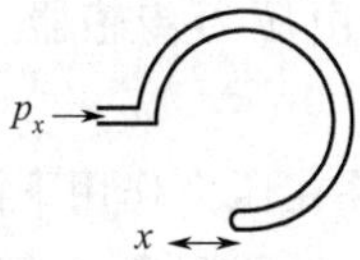	$0\sim10^{-3}$	$0\sim10^{4}$	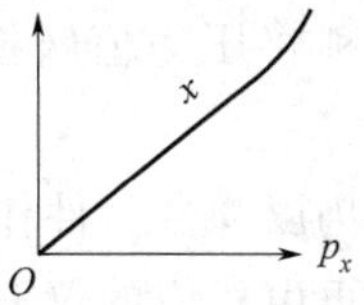	—	$100\sim1000$
	多圈弹簧管	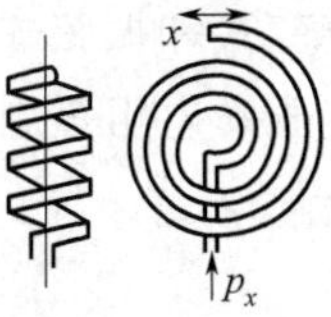	$0\sim10^{-4}$	$0\sim10^{3}$	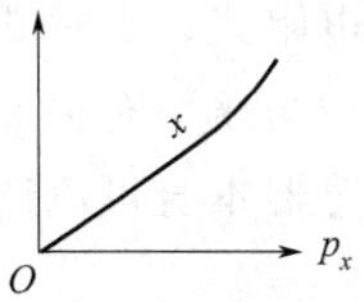	—	$10\sim100$

①$1kgf/cm^2=98.1kPa$。

现以最常见的单圈弹簧管式压力计为例，说明弹性式压力计的工作原理。单圈弹簧管是弯成圆弧形的空心管子，如图 3-7 所示。它的截面呈扁圆形或椭圆形，圆的长轴 a 与图面垂直的弹簧管中心轴 O 相平行。管子封闭的一端为自由端，即位移输出端。管子的另一端则是固定的，作为被测压力的输入端。

作为压力-位移转换元件的弹簧管，当它的固定端 A 通入被测压力 p 后，椭圆形截面在

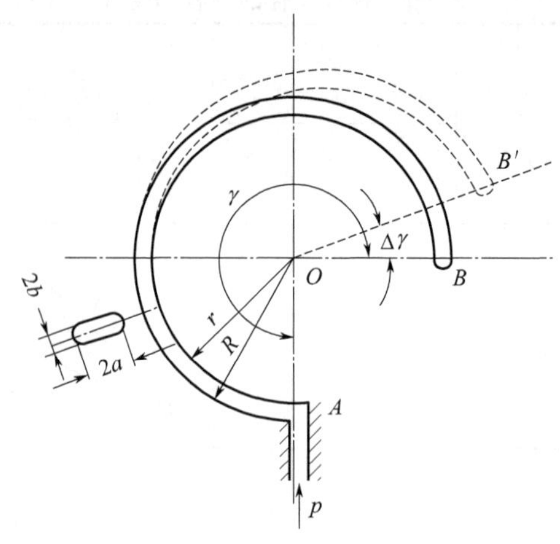

图 3-7　单圈弹簧管式压力计

A —弹簧管的固定端；B —弹簧管的自由端；O —弹簧管的中心轴；
γ —弹簧管中心角的初始值；$\Delta\gamma$ —中心角的变化量；
R，r —弹簧管弯曲圆弧的外径和内径；
a，b —弹簧管椭圆截面的长半轴和短半轴

压力 p 的作用下将趋向圆形，弯成圆弧形的弹簧管随之产生向外挺直的扩张形变，其自由端就由 B 移到 B'，如图 3-7 上虚线所示，弹簧管的中心角随即减小 $\Delta\gamma$。根据弹性形变原理可知，中心角的相对变化值 $\Delta\gamma/\gamma$ 与被测压力 p 成比例。通过机械传递，将中心角的相对变化转变为指针变化，即可测得压力值。

3.2.3　电气式压力计

为了适应现代化工业生产过程对压力测量信号进行远距离传送、显示、报警、检测与自动调节以及便于应用计算机技术等需要，常常采用电气式压力计。

电气式压力计是一种将压力值转换成电量的仪表。一般由压力传感器、测量电路和指示、记录装置组成。

压力传感器大多数仍以弹性元件作为感压元件。弹性元件在压力作用下的位移通过电气装置转变为某一电量，再由相应的仪表（称二次仪表）将这一电量测出，并以压力值表示出来。这类压力传感器有电阻式、电感式、电容式、霍尔式、应变式和振弦式等。还有一类是利用某些物体的物理性质与压力有关而制成的，如压电晶体、压敏电阻等制成的压力传感器就属于此类，该压力传感器本身可以产生远传的电信号。

3.2.4　测压仪表的选用

压力计的选用应根据使用要求，针对具体情况作具体分析。在符合工艺生产过程所提出的技术要求条件下，本着节约原则，合理地选择种类、型号、量程和精度等级，有时还需要考虑是否带有报警、远传变送等附加装置。

选用的依据主要有：①工艺生产过程对压力测量的要求。例如压力测量精度、被测压力的高低、测量范围以及对附加装置的要求等。②被测介质的性质。例如被测介质温

度高低、黏度大小、腐蚀性、脏污程度、是否易燃易爆等。③现场环境条件。例如高温、腐蚀、潮湿、震动等。除此以外，对于弹性式压力计，为了保证弹性元件能在弹性形变的安全范围内可靠地工作，在选择压力计量程时必须留有足够的余地。一般在被测压力较稳定的情况下，最大压力值应不超过满量程的 3/4；在被测压力波动较大的情况下，最大压力值应不超过满量程的 2/3。为保证测量精度，被测压力最小值以不低于全量程的 1/3 为宜。

测压仪表的种类、特点和应用范围可参阅表 3-2。

表 3-2　测压仪表的种类、特点和应用范围

类别	名称	特点	测量范围	精度等级	应用范围
液柱式压差表	U 形管压差计	结构简单，制作方便，但易破损	0～20000Pa 0～2000mmHg①	1.5	测量气体的压力及压差，也可用作差压流量计、气动单元组合仪表的校验
	杯形压差计		单管 3000～15000Pa 多管 2500～6300Pa		
	倾斜式压差计		400Pa,1000Pa,1250Pa ±250Pa,±500Pa	1	测量气体微压、炉膛微压及压差
	补偿式微压计		0～1500Pa	0.5	
普通弹簧管式压力表	普通弹簧管压力表	结构简单，成本低廉，使用维护方便	−0.1～60MPa	1.5，2.5	测量非腐蚀性、无结晶的液体、气体的压力和真空度，适用于防爆场合，电接点压力表应选防爆型
	电接点压力表				
	双针双管压力表		0～2500kPa	1.5	测量无腐蚀性介质的两点压力
	双面压力表		0～2.5MPa		两面显示同一测量点的压力
	标准压力表（精密压力表）	精度高	−0.1～250MPa	0.25，0.4	校验普通弹簧管压力表，以及精确测量无腐蚀性介质的压力和真空度
专用弹簧管式压力表	氨用压力表	弹簧管的材料为不锈钢	−0.1～60MPa	1.5，2.5	适用于液氨、氨气及其混合物和对不锈钢不起腐蚀作用的介质
	氧气压力表	严格禁油			测量氧气的压力
	氢气压力表		0～60MPa		测量氢气的压力
	乙炔压力表		0～2.5MPa	2.5	测量乙炔的压力
	耐硫压力表		0～40MPa	1.5	测量硫化氢的压力
膜片式压力表	膜片压力表	膜片材料为 1Cr18Ni9Ti 不锈钢和含钼不锈钢	−0.1～2.5MPa	2.5	测量腐蚀性、易结晶、易凝固、黏性较大的介质压力和真空度
	隔膜式耐蚀压力表		0～6MPa	1.5/2.5	
	隔膜式压力表		0～6MPa	2.5	

① 1mmHg＝133.3224Pa。

3.2.5 测压仪表的安装

为使压力计发挥应有的作用，不仅要正确地选用，还需正确地安装。安装时一般有五点要求。

① 测压点。除正确选定设备上的具体测压位置外，在安装时应使插入设备中的取压管内端面与设备连接处的内壁保持平齐，不应有凸出物或毛刺，且测压孔不宜太大，以保证正确地测得静压力。同时，在测压点的上、下游应有一段直管稳定段，以避免流体流动对测量的影响。

② 安装地点应力求避免震动和高温的影响。弹性压力计在高温情况下，指示值将偏高，因此一般应在低于50℃的环境下工作，或采取必要的防高温防热措施。

③ 测量蒸气压力时，应加装凝液管，以防止高温蒸气与测压元件直接接触；对于腐蚀性介质，应加装充有中性介质的隔离罐。总之，针对被测介质的不同性质（高温、低温、腐蚀、脏污、结晶、沉淀、黏稠等），要采取相应的防温、防腐、防冻、防堵等措施。

④ 取压口到压力计之间应装有切断阀门，以备检修压力计时使用。切断阀应装设在靠近取压口的地方。需要进行现场校验和经常冲洗引压导管的场合，切断阀可改用三通开关。

⑤ 引压导管不宜过长，以减少压力指示的迟缓。

3.3 流体流量的测量

流量是指单位时间内流体流过管道截面的量。若流过的量以体积计量，则称为体积流量，以 q_v 表示；若以质量计量，则称为质量流量，以 q_m 表示。两者关系是

$$q_m = \rho q_v \tag{3-6}$$

式中，ρ 是被测流体的密度，它随流体的状态而变。因此，以体积流量表示时，必须同时指明被测流体的压力和温度。一般以体积流量描述的流量计，其指示刻度都是以水或空气为介质，在标准状态下进行标定的。若实际使用条件和生产厂家标定条件不符时，需对指示流量计进行校正或现场重新标定。

测量流量的方法大致可分为三类：

① 速度式测量方法，以流体在通道中的流速为测量依据。这类仪表种类繁多，常见的有节流式流量计、转子流量计、涡轮流量计、靶式流量计等。

② 容积式测量方法，以单位时间内排出流体的固定容积为测量依据。这类仪表常见的有湿式气体流量计、皂膜流量计、椭圆齿轮流量计等。

③ 质量式测量方法，以流过的流体质量为测量依据。这类仪表目前常见的主要有直接式和补偿式两种。

3.3.1 速度式测量方法

3.3.1.1 节流式流量计

节流式流量计中较为典型的有孔板流量计和喷嘴流量计，它们都是基于流体的动能和静压能相互转化的原理设计的。其基本结构如图3-8和图3-9所示。流体通过孔板或喷嘴时流速增加，从而在孔板或喷嘴的前后产生静压能差，这一静压能差可以经引压管在压差计或差

压变送器上显示出来。

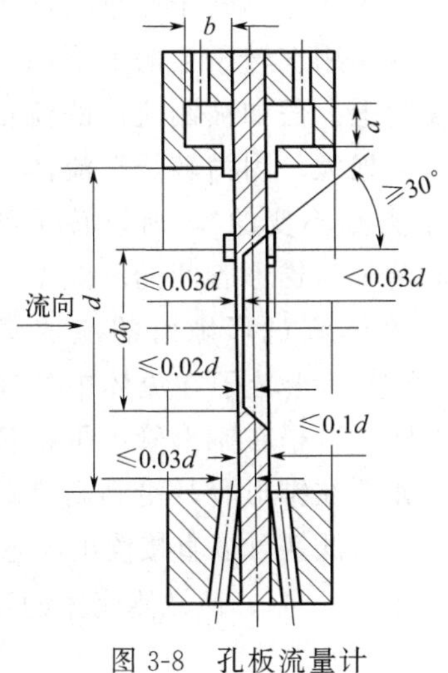

图 3-8　孔板流量计

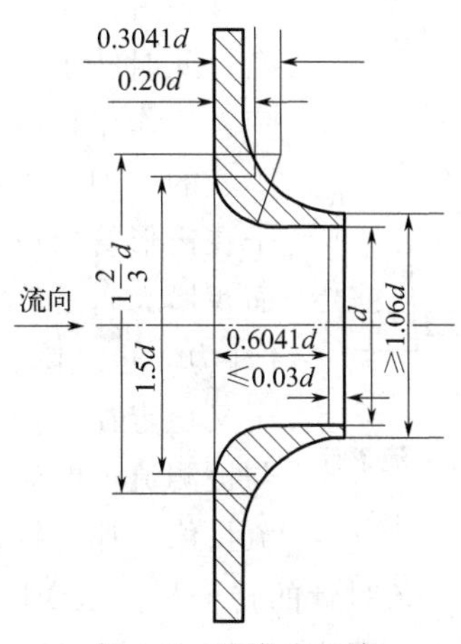

图 3-9　喷嘴流量计

对于标准的孔板和喷嘴，其结构尺寸、加工精度、取压方式、安装要求、管道的粗糙度等均有严格的规定，只有满足这些规定条件及制造厂提供的流量系数时，才能保证测量的精度。

非标准孔板和喷嘴是指不符合标准规范的，如自己设计制造的孔板或喷嘴。对于这类孔板和喷嘴，在使用前必须进行校正，取得流量系数或流量校核曲线后才能投入使用。在设计制造孔板时，孔径的选择要按流量大小、压差计的量程和允许的能耗综合考虑。为了使流体的能耗控制在一定范围内并保证检测的灵敏度，推荐孔板孔径和管径之比为 0.45～0.50。

孔板和喷嘴的安装，一般要求保持上游有 30～50 倍管径、下游有不小于 5 倍管径的直管稳定段。孔口的中心线应与管轴线相重合。对于标准孔板或是已确定了流量系数的孔板，在使用时不能反装，否则会引起较大的测量误差。正确的安装是孔口的扩大口正对着流体的前进方向。孔板或喷嘴的取压方式不同会直接影响其流量系数的值，标准孔板采用角接取压或法兰取压，标准喷嘴采用角接取压，使用时须按要求连接。自制孔板除采用标准孔板的取压方式外，尚可采用径距取压，即上游取压口距孔板端面 1 倍管径，下游取压口距孔板端面 0.5 倍管径。

孔板流量计结构简单，使用方便，可用于高温、高压场合，但流体流经孔板能量损耗较大。若不允许能量消耗过大的场合，可采用文丘里流量计。其基本原理与孔板类同，不再赘述。按照文丘里流量计的结构设计制成的玻璃毛细管流量计能测量小流量，已在实验中获得广泛使用。

3.3.1.2　转子流量计

转子流量计又称浮子流量计，是实验室最常见的流量仪表之一，其结构如图 3-10 所示。其特点是量程比大，可达 10∶1，直观，能量损失较小，适合小流量的测量。

转子流量计由一个由下往上逐渐扩大的锥形管（通常用玻璃制成，锥度为 40′～3°）和一个放在锥形管内可自由运动的转子构成。工作时，被测流体（气体或液体）由锥形管下部进入，沿着锥形管向上运动，流过转子与锥形管之间的环隙，再从锥形管上部流出。当流体

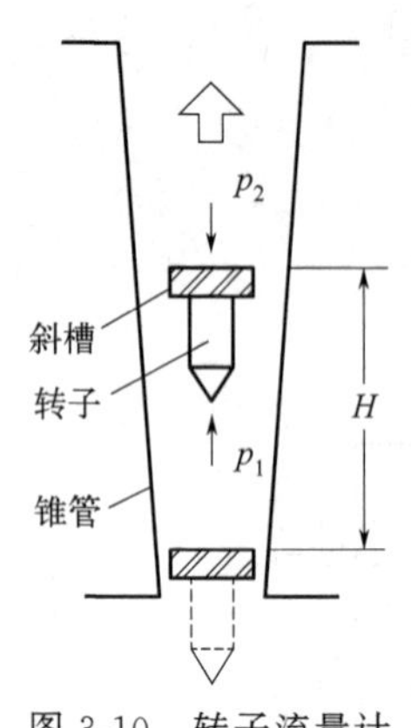

图 3-10　转子流量计

流过锥形管时，位于锥形管中的转子受到一个向上的“冲力”，使转子浮起。当这个力正好等于浸没在流体里的转子净重（即等于转子重力减去流体对转子的浮力）时，则作用在转子上的上下两个力达到平衡，此时转子就停浮在一定的高度上。假如被测流体的流量突然由小变大，作用在转子上的“冲力”就加大。因为转子在流体中的重力是不变的（即作用在转子上的向下力是不变的），所以转子就上升。转子在锥形管中位置的升高，造成转子与锥形管间的环隙增大（即流通面积增大），随着环隙的增大，流体流过环隙时的流速降低，因而“冲力”也就降低，当“冲力”再次等于转子在流体中的净重时，转子又稳定在一个新的高度上。这样，转子在锥形管中平衡位置的高低与被测流体的流量大小相对应。如果在锥形管外沿其高度刻上对应的流量值，那么根据转子平衡位置的高低就可以直接读出流量的大小。

若将转子流量计的转子与差压变送器的可动铁芯连接成一体，使被测流体的流量值转换成电信号输出，可实现远传显示的目的。

转子流量计测的是体积流量，出厂前是在标准状态下标定的。因此，若实际使用条件和标准状态条件不符时，需按式(3-7)、式(3-8) 进行修正或现场重新标定。

对于液体

$$q=q_{\mathrm{N}}\sqrt{\frac{\rho_0(\rho_{\mathrm{f}}-\rho)}{\rho(\rho_{\mathrm{f}}-\rho_0)}} \tag{3-7}$$

式中　q——实际流量值，L/h；

q_{N}——刻度流量值，L/h；

ρ_0——20℃时水的密度值，$\mathrm{kg/m^3}$；

ρ——被测流体的密度，$\mathrm{kg/m^3}$；

ρ_{f}——转子密度，$\mathrm{kg/m^3}$。

对于气体

$$q=q_{\mathrm{N}}\sqrt{\frac{\rho_0}{\rho}} \tag{3-8}$$

式中　ρ_0——标定介质（空气）在标准状态下的密度，$\mathrm{kg/m^3}$；

ρ——被测介质在实际操作状态下的密度，$\mathrm{kg/m^3}$。

转子流量计安装时要特别注意垂直度，不允许有明显的倾斜（倾角要小于 20°），否则会带来测量误差。为了检修方便，在转子流量计上游应设置调节阀。

3.3.1.3　涡轮流量计

涡轮流量计是一种精度较高的速度式流量测量仪表，其精度为 0.5 级。它由涡轮流量变送器（见图 3-11）和显示仪表组成。当流体通过时，冲击由导磁材料制成的涡轮叶片，使涡轮发生旋转。变送器壳体上的检测线圈产生一个稳定的电磁场。在一定流量范围和流体黏度下，涡轮的转速和流体流量成正比。涡轮转动时，涡轮叶片切割电磁场。叶片的磁阻与叶片间隙间流体的磁阻相差很大，因而使通过线圈的磁通量发生周期性变化，线圈内便产生了感应电流脉冲信号。根据脉冲信号频率（脉冲数/s），并根据涡轮流量计的流量系数（脉冲数/L），便可求得体积流量（L/s）。

涡轮流量计应水平安装，管道中流体的流动方向应与变送器标牌上箭头的方向一致，进、出口前后的直管段应不小于 15 倍管径和 5 倍管径，调节流量的阀门应在后直管段 5 倍管径以外处。为避免流体中的杂质如颗粒、纤维、铁磁物等堵塞涡轮叶片和减少轴承磨损，安装时应在变送器前的直管段前部安装 20～60 目的过滤器，过滤器在使用一段时间后，根据具体情况定期拆下清洗。涡轮流量变送器与显示仪表都应有良好的接地，连接电缆应采用屏蔽电缆。

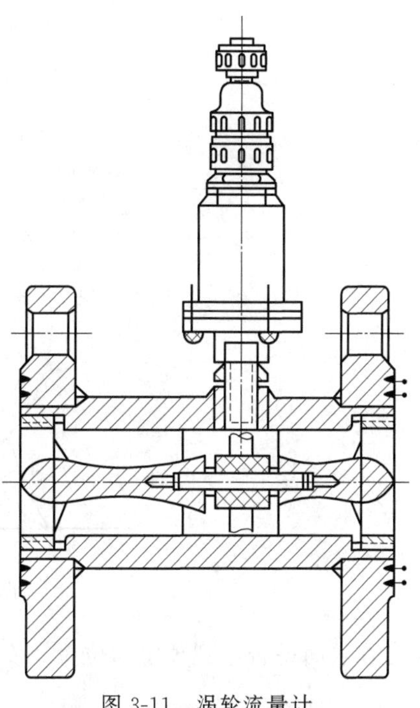

图 3-11　涡轮流量计

3.3.2　容积式测量方法

3.3.2.1　湿式气体流量计

湿式气体流量计是实验室常用的一种仪器，其结构如图 3-12(a) 所示。其外部为一圆筒形外壳，内部为被四个弯曲叶片分成四室的转子。在流量计正面有指针、刻度盘和数字表，用以记录气体流量。进气管、加水漏斗和放水旋塞均在流量计后面，出气管和水平仪在流量计顶部，溢水旋塞在流量计正面左侧。在流量计顶有两个垂直的孔眼，可用于插入压力计和温度计。流量计下面有三个螺丝支脚用来校准水平。如图 3-12(b) 所示，仪器内部为一分成四室的转子，气体由流量计背面中央处进入，转子每转动一周，四个小室就完成一次进气和排气，故流量计的体积为四个小室充气体积之和。计数机构在刻度盘上显示相应数字。

湿式流量计每个气室的有效体积是由预先注入流量计内的水面控制的，所以在使用时必

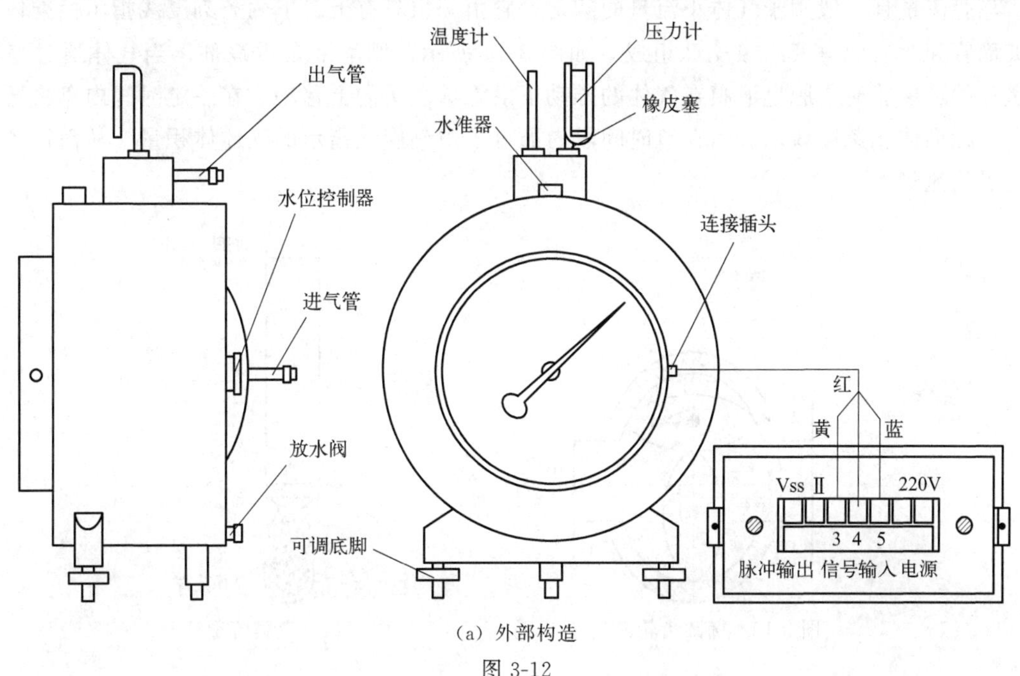

(a) 外部构造

图 3-12

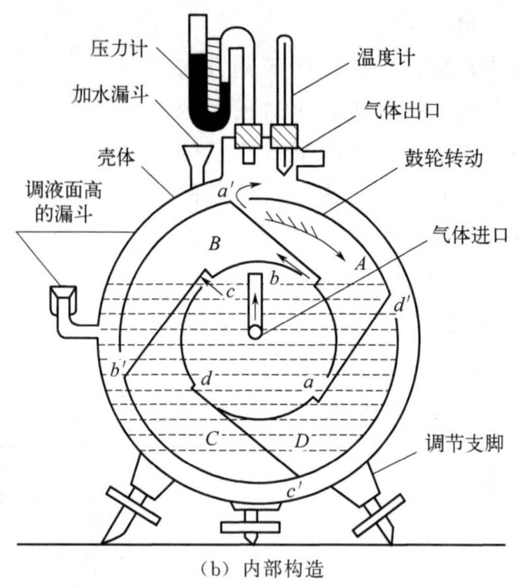

(b) 内部构造

图 3-12　湿式气体流量计

须检查水面是否达到预定的位置。安装时，仪表必须保持水平。

3.3.2.2　椭圆齿轮流量计

椭圆齿轮流量计适用于黏度较高的液体如润滑油的流量测量。它由一对椭圆状互相啮合的齿轮和壳体组成，如图 3-13 所示。在流体压差的作用下，各自绕其轴心旋转。每旋转一周排出四个月牙形体积（由齿轮与壳体间形成）的流体。

3.3.2.3　皂膜流量计

皂膜流量计一般用于气体小流量的测定，它由一根具有上、下两条刻度线指示标准体积的玻璃管和含有肥皂液的橡皮球组成，如图 3-14 所示。肥皂液是示踪剂。当气体通过皂膜流量计的玻璃管时，肥皂液膜在气体的推动下沿管壁缓缓向上移动。在一定时间内皂膜通过上、下标准体积刻度线，表示在该时间段内通过了由刻度线指示的气体体积量，从而得到气体的平均流量。

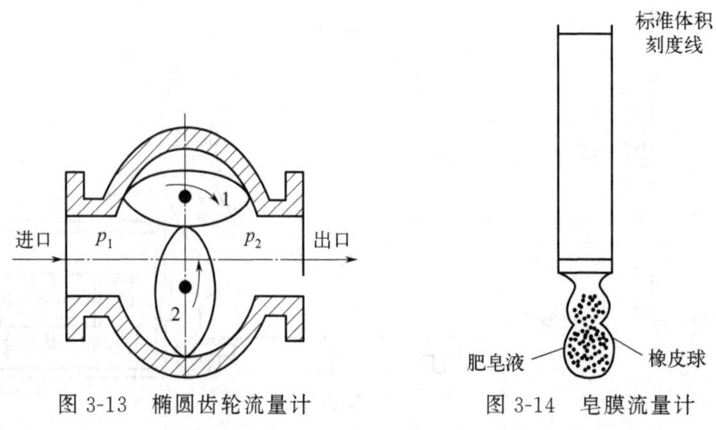

图 3-13　椭圆齿轮流量计

图 3-14　皂膜流量计

为了保证测量精度，皂膜速度应小于 4cm/s。安装时须保证皂膜流量计的垂直度。每次测量前，按一下橡皮球，使之在管壁上形成皂膜以便指示气体通过皂膜流量计的体积。为了使皂膜在管壁上顺利移动，使用前须用肥皂液润湿管壁。

皂膜流量计结构简单，测量精度高，可作为校准其他流量计的基准流量计。它便于实验室制备。推荐尺寸为：管子内径 1cm、长度 25cm 或管子内径 10cm、长度 100～150cm 两种规格。

3.3.3　质量式测量方法（质量流量计）

由速度式和容积式方法测得的流体体积流量都受到流体的工作压力、温度、黏度、组成以及相变等因素的影响而带来测量误差，而质量测量方法则直接测定单位时间内所流过的介质的质量，可不受上述诸因素的影响。质量流量计是一种比较新型的流量计，在化工生产与实验室中得到越来越多的应用。

由于质量流量是流通截面积、流体流速和流体密度的函数，当流通截面积为常数时，只要测得流体的流速和流体密度，即可得到质量流量，而流体密度又是温度和压力的函数。因此，只要测得流体流速及其温度和压力，依一定的关系便可间接地测得质量流量。这就是温度、压力补偿式质量流量计的作用原理。

气体质量流量测量的压力、温度补偿系统如图 3-15 所示。它通过测量流体的体积流量、温度、压力值，根据已知的被测流体密度和温度、压力之间的关系，经过运算把测得的体积流量值自动换算为标准状况下的体积流量值。此值再乘以被测流体标准状况下的密度值（常数），便得到气体的质量流量。

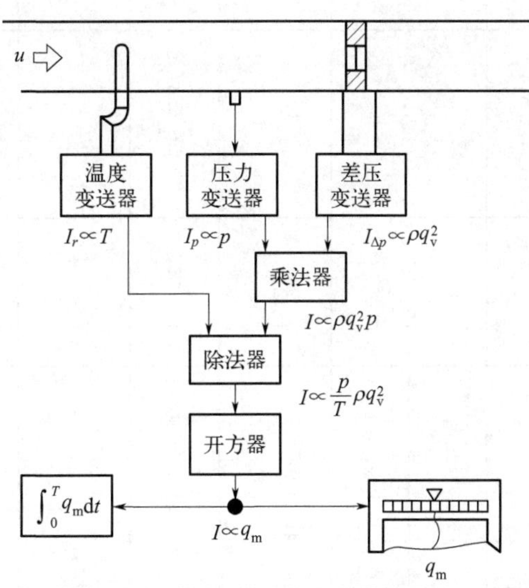

图 3-15　压力、温度补偿系统

3.3.4　常用流量测量仪表的选用

应根据工艺生产过程的技术要求、被测介质与应用场合，合理地选择流量计的种类、型号、工作压力和温度、测量范围、测量精度。

常用流量测量仪表的种类、特点和应用范围可参阅表 3-3。

表 3-3　常用流量测量仪表的种类、特点和应用范围

分类	名称	特点								应用场合
		被测介质	测量范围/(m^3/h)	管径/mm	工作压力/MPa	工作温度/℃	精度等级	量程比	安装要求	
转子式	玻璃管转子流量计	液体	$1.5\times10^{-4}\sim10^{2}$	3～150	0.1	0～60	1.5,2, 2.5,4	10∶1	垂直安装	就地指示流量
		气体	$1.8\sim3\times10^{3}$		0.4,0.6,1, 1.6,2.5,4	0～100 −20～120 −40～150	1.5,2.5			
	金属管转子流量计	液体	$6\times10^{-2}\sim10^{2}$	15～150	1.6, 2.5, 4	−40～150	1.5,2.5	10∶1	垂直安装	就地指示流量,如与显示仪表配套可集中指示和控制流量
		气体	$2\sim3\times10^{3}$							
速度式	水表	液体	$4.5\times10^{-2}\sim$ 2.8×10^{3}	15～400	0.6, 1	90 0～40 0～60	2	>(10∶1)	水平安装	就地累计流量
	涡轮流量计	液体	$2.5\times10^{-1}\sim10^{3}$	15～300	2.5,6.3	0～80 0～120	0.2,0.5		水平安装, 要装过滤器	
容积式	椭圆齿轮流量计	液体	$2.5\times10^{-2}\sim$ 3×10^{2}	10～200	1.6	0～40 −10～80 −10～120	0.5	10∶1	要装过滤器	就地累计流量
	旋转活塞式流量计	液体	$8\times10^{-2}\sim4$	15～40	0.6,1.6	20～120	0.5			
	圆盘流量计	液体	$2.5\times10^{-1}\sim30$	15～70	0.25,0.4,0.6, 2.5,4.5	100	0.5,1			
	刮板流量计	液体	4～180	50～150	1	100	0.2,0.5			

3.4　流体温度的测量

温度是表征物体冷热程度的物理量。温度借助于冷、热物体之间的热交换，以及物体的某些物理性质随冷热程度不同而变化的特性进行间接测量。任意选择某一物体与被测物体接触，物体之间将发生热交换，即热量由受热程度高的物体向受热程度低的物体传递。当接触时间充分长，两物体达到热平衡状态时，选择物体的温度和被测物体的温度相等。通过对选择物体的物理量（如液体的体积、导体的电阻等）的测量，便可以定量地给出被测物体的温度值，从而实现被测物体的温度测量。

流体温度的测量方法一般分为接触式测温与非接触式测温两类。

（1）接触式测温

将感温元件与被测介质直接接触，需要一定的时间才能达到热平衡，因此会产生滞后现象，同时感温元件也容易破坏被测介质的温度场并有可能与被测介质产生化学反应。另外，由于受耐高温材料的限制，接触式测温方法不能应用于很高的温度测量。但接触式测温具有简单、可靠、测量精确的优点。

（2）非接触式测温

感温元件与被测介质不直接接触，而是通过热辐射来测量温度，反应速度一般比较快，且不会破坏被测介质的温度场。在原理上，它没有温度上限的限制，但非接触式测温由于受物体的发射率、介质到仪表之间的距离、烟尘和水蒸气等的影响，测量误差较大。

3.4.1　接触式测温

常用的接触式测温仪表有热膨胀式温度计、电阻式温度计、热电偶温度计。

3.4.1.1　热膨胀式温度计

热膨胀式温度计分为液体膨胀式和固体膨胀式两类，都是借助物质热胀冷缩的特性制成的。

生产上和实验中最常见的热膨胀式温度计是玻璃液体温度计，有水银温度计和酒精温度计两种。玻璃液体温度计测温范围比较狭窄，在－80～400℃之间，精度也不太高，但比较简便，而且价格低廉，因而得到广泛的应用。若按用途划分，玻璃液体温度计又可分为工业用、实验室用和标准水银温度计三种。

固体膨胀式温度计常见的有杆式温度计和双金属温度计。它们是将两种具有不同热膨胀系数的金属片（或杆、管等）安装在一起，利用其受热后的形变差不同而产生相对位移，经机械放大或电气放大，将温度变化检测出来。固体膨胀式温度计结构简单，机械强度大但精度不高。

3.4.1.2　电阻式温度计

电阻式温度计由热电阻感温元件和显示仪表组成。它利用导体或半导体的电阻值随温度变化的性质进行温度测量。常用的电阻感温元件有三种。

① 铂电阻的特点是精度高、稳定性好、性能可靠。它在氧化性介质中，甚至在高温下，物理、化学性质都非常稳定；但在还原介质中，特别是在高温下，很容易被从氧化物中还原出来的蒸气沾污，使铂条变脆，进而改变它的电阻与温度间的关系。铂电阻的使用温度范围为−259～630℃，价格较贵。常用的铂电阻型号是 WZP，分度号为 Pt50 和 Pt100。

铂电阻感温元件按其用途分为工业型、标准或实验室型、微型三种。分度号 Pt50 是指 0℃时电阻值 R_0 为 50Ω，Pt100 指 0℃时电阻值 R_0 为 100Ω。标准或实验室型的 R_0 为 10Ω 或 30Ω 左右。

② 铜电阻感温元件的测温范围比较狭窄，物理、化学性质的稳定性不及铂电阻，但价廉，并且在−50～150℃范围内，其电阻值与温度的线性关系好。因此铜电阻的应用比较普遍。常用的铜电阻感温元件的型号为 ZWC，分度号为 Cu50 和 Cu100。

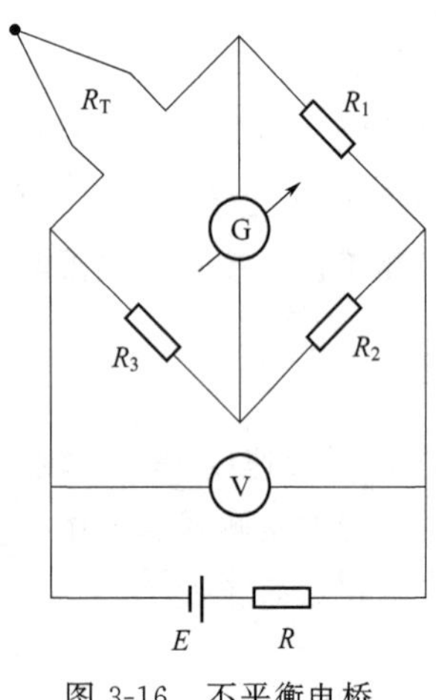

图 3-16　不平衡电桥

③ 半导体热敏电阻为半导体温度计的感温元件。它具有抗腐蚀性能良好、灵敏度高、热惯性小、寿命长等优点。

电阻温度计通常将热电阻感温元件（R_T）作为不平衡电桥的一个桥臂，如图 3-16 所示。电桥中流过电流计的电流大小与四个桥臂的电阻以及电流计的内阻、桥路的端电压有关。在电流计内阻、桥路的端电压以及其他三个桥臂电阻不随温度变化的情况下，对应于一个温度（即对应于一个确定的热敏电阻值），便有一个确定的电流输出。若电流计表盘上刻着对应的温度分度值，即可直接读到相应的温度。

3.4.1.3 热电偶温度计

最简单的热电偶测温系统如图 3-17 所示。它由热电偶（感温元件）、毫伏表以及连接热电偶和测量电路的导线（铜线及补偿导线）组成。

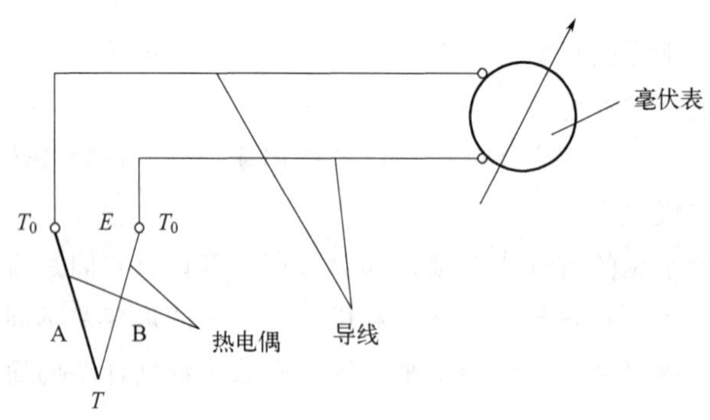

图 3-17　热电偶测温系统

热电偶是由两根不同的导体或半导体材料（图 3-17 中的 A 与 B）焊接或绞接而成的。焊接的一端称作热电偶的热端（或工作端），与导线连接的一端称作冷端。把热电偶的热端插入需要测温的生产设备中，冷端置于生产设备的外面，如果两端所处的温度不同，在热电偶的回路中便会产生热电势 E。该热电势 E 的大小与热电偶两端的温度 T 和 T_0 有关。在 T_0 恒定不变时，热电势 E 只是热电偶热端温度 T 的函数。

为了保持冷端温度恒定不变或消除冷端温度变化对热电势的影响，常用以下两种方法。

(1) 冰浴法

冰浴法是将冷端保存在水和冰共存的保温瓶中。为了达到共相点，冰要弄成细冰屑，水可以用一般的自来水。通常把冷端放在盛有绝缘油如变压器油的试管中，并将其插入置有试管孔的保温瓶木塞盖中，以维持冷端温度为0℃。

(2) 补偿电桥法

补偿电桥法是将冷端接入一个平衡电桥补偿器中，自动补偿因冷端温度变化而引起的热电势变化。

常用的热电偶有：铂铑10-铂热电偶，分度号为LB；镍铬-镍硅（或镍铬-镍铝）热电偶，分度号为EU；镍铬-考铜热电偶，分度号为EA；铂铑30-铂铑6热电偶，分度号为LL；铜-康铜热电偶，分度号为T。读者可查阅有关手册选用。

3.4.2 非接触式测温

在高温测量或不允许因测温而破坏被测对象温度场的情况下，就必须采用非接触式测温仪表如热辐射式高温计来测量。这种高温计在工业生产中广泛地应用于冶金、机械、硅酸盐等工业部门，用于测量炼钢炉、各种高温窑、盐浴池的温度。

热辐射式高温计用来测量高于700℃的温度（特殊情况下其下限可从400℃开始）。这种温度计不必和被测对象直接接触（靠热辐射来传热），所以从原理上来说，这种温度计的测温上限是无限的。由于这种温度计通过热辐射传热，不必与被测对象达到热平衡，因而传热速度快，热惯性小。热辐射式高温计的信号强，灵敏度高，本身精度也高，世界各国已把单色热辐射高温计（光学高温计）作为在1063℃以上温标复制的标准仪表。

3.4.3 测温仪表的比较和选用

在选用温度计时，必须考虑以下几点：

① 被测物体的温度是否需要指示、记录和自动控制；

② 能便于读数和记录；

③ 测温范围的大小和精度要求；

④ 感温元件的大小是否适当；

⑤ 在被测物体温度随时间变化的场合，感温元件的滞后能否适应测温要求；

⑥ 被测物体和环境条件对感温元件是否有损害；

⑦ 仪表使用是否方便；

⑧ 仪表寿命。

测温仪表的具体选用可参照表3-4。

表 3-4 测温仪表的比较和选用

类别	名称	原理	优点	缺点	常用测温范围/℃	应用场合
接触式仪表	双金属温度计	金属受热时产生线性膨胀	结构简单,机械强度较好,价格低廉	精度低,不能远传与记录	-80～500	就地测量,电接点式可用于位式控制或报警
	棒式玻璃液体温度计	液体受热时体积膨胀	结构简单,精度较高,稳定性好,价格低廉	易碎,不能远传与记录		
	压力式温度计	液体或气体受热后产生体积膨胀或压力变化	结构简单,不怕震动	精度低,测量距离较远时,滞后性较大,毛细管机械强度差,损坏后不易修复	-100～500	就地集中测量,可用于自动记录、控制或报警
	热电阻	导体或半导体的电阻随温度而改变	精度高,便于远距离多点集中测量和自动控制温度	不能测高温,与热电偶相比,维护工作量大	-200～850	与显示仪表配用可集中指示和记录;与调节器配用可对温度进行自动控制
	热电偶	两种不同的金属导体接点受热后产生电势	精度高,测量范围广,不怕震动。与热电阻相比,安装方便,寿命长,便于远距离集中测量和自动控制温度	需要冷端补偿和补偿导线,在低温段测量时精度低	0～1600	
非接触式仪表	光学高温计	加热体的亮度随温度而变化	测量范围广,携带使用方便	只能测高温,低温段测量精度较差	600～2000	适用于不接触的高温测量
	光电高温计	加热体的颜色随温度而变化	精度高,反应速度快	只能测高温,结构复杂,读数麻烦,价格高		
	辐射高温计	加热体的辐射能量随温度而变化	测温范围广,反应速度快,价格低廉	误差较大,低温段测量不准,测量精度与环境条件有关		

3.4.4 接触式测温仪表的安装

感温元件的安装应确保测量的准确性。为此，感温元件的安装通常应按下列要求进行。

① 接触式温度计的感温元件是通过与被测介质进行热交换来测温的，因此，必须使感温元件与被测介质能进行充分的热交换，感温元件的工作端应处于管道中流速最大之处以有利于热交换的进行，不应把感温元件插至被测介质的死角区域。

② 感温元件应与被测介质形成逆流，即安装时，感温元件应迎着被测介质流向插入，至少与被测介质流向成90°角。切勿与被测介质形成顺流，否则容易产生测温误差。

③ 避免因热辐射所产生的测温误差。在温度较高的场合，应尽量减小被测介质与设备壁面之间的温度差。在安装感温元件的地方，如果器壁暴露于空气中，应在其表面包一层绝热层（如石棉等），以减少热量损失。

④ 避免感温元件外露部分的热损失所产生的测温误差。为此，要有足够的插入深度。

实践证明，随着感温元件插入深度的增加，测温误差随之减小。必要时，为减少感温元件外露部分的热损失，应对感温元件外露部分加装保温层进行适当的保温。

⑤ 用热电偶测量炉膛温度时，应避免热电偶与火焰直接接触。

⑥ 感温元件安装于负压管道或设备中（如烟道中）必须保证其密闭性，以免外界冷空气袭入而降低测量值。

⑦ 热电偶、热电阻的接线盒出线孔应向下，以防因密封不良而使水汽、灰尘与脏物等落入接线盒中，影响测量。

⑧ 在具有强电磁场干扰源的场合安装感温元件时，应注意防止电磁干扰。

⑨ 水银温度计只能垂直或倾斜安装，同时需观察方便。不得水平安装（直角形水银温度计除外），更不得倒装（包括倾斜倒装）。

此外，感温元件的安装还应确保安全、可靠。为避免感温元件的损坏，应保证其具有足够的机械强度。可根据被测介质的工作压力、温度及特性，合理地选择感温元件保护套管的壁厚与材质。同时，还应考虑日后维修、校验的方便。

3.5 液体比重天平（韦氏天平）

精馏实验原料、塔顶（塔底）液体样品的浓度是通过 PZ-A-5 型液体比重天平测量得到液体样品的相对密度，然后在附录 4.1 中查得乙醇-水溶液的相对密度，由测得的样品相对密度值查得相应的乙醇溶液样品的质量分数。下面简单介绍液体比重天平的原理和使用方法。

液体比重天平有一个标准体积（$5cm^3$）与重量的测锤，浸没于液体中获得浮力而使横梁失去平衡，然后在横梁的 V 型槽里放置相应重量的骑码，使横梁恢复平衡，从而能迅速测得液体相对密度。液体比重天平结构如图 3-18 所示。

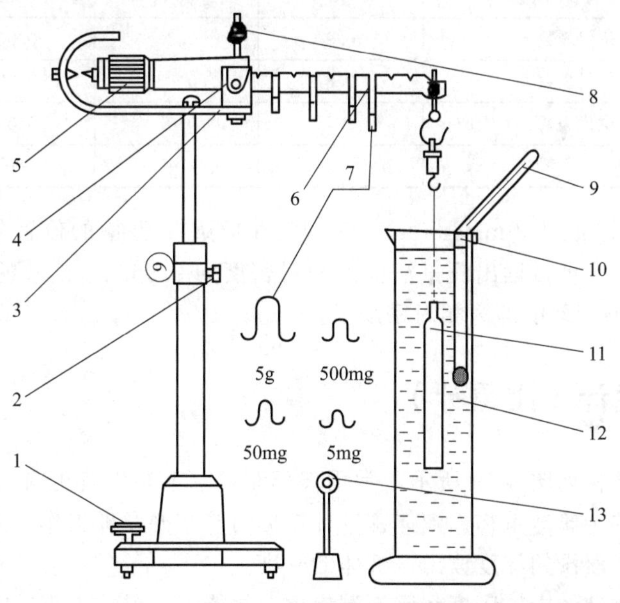

图 3-18 液体比重天平

1—水平调节螺钉；2—支柱紧固螺钉；3—托架；4—玛瑙刀座；5—平衡调节器；6—横梁；7—骑码（4 只）；8—重心调节器；9—温度计；10—温度计夹；11—测锤；12—玻璃量筒；13—等重砝码

使用时先将测锤和玻璃量筒用纯水或酒精洗净并晾干或擦干，再将支柱紧固螺钉旋松，把托架升到适当高度位置后再将支柱紧固螺钉旋紧，把横梁置于托架的玛瑙刀座上。

3.5.1 液体比重天平的校正

3.5.1.1 用水校正液体比重天平的零点

量筒内盛水，然后将测锤浸没于水中央，另一端悬挂于横梁右端的小钩上。用温度计测量量筒内的水温，在附录 1.2 水的密度表中查出对应的水的密度，再根据水的密度值，在横梁 V 型槽内放置相应重量的骑码，然后调整水平调节螺钉使横梁与托架指针尖成水平以示平衡。如果仍无法调节平衡时，略微转动平衡调节器直到平衡为止。这时液体比重天平零点校正好不能乱动，把量筒内的水倒掉，测锤、量筒擦干待用。

3.5.1.2 用等重砝码校正液体比重天平的零点

将等重砝码挂于横梁右端的小钩上，调整水平调节螺钉使横梁与托架指针尖成水平以示平衡。如果仍无法调节平衡时，略微转动平衡调节器直到平衡为止。这时液体比重天平零点已校正好。

3.5.2 液体比重天平的测量

将待测液体倒入玻璃量筒内，把测锤浸没于待测液体中央，由于液体浮力横梁失去平衡，在横梁的 V 型槽里放置相应重量的骑码，使横梁恢复平衡（横梁与托架指针尖成水平），横梁上骑码的总和即为待测液体的相对密度数值。读数方法可参照表 3-5。

表 3-5 比重天平读数方法

放在横梁 V 型槽里的骑码重量	5g	500mg	50mg	5mg
V 型槽上第 9 位代表数	0.9	0.09	0.009	0.0009
V 型槽上第 8 位代表数	0.8	0.08	0.008	0.0008
V 型槽上第 7 位代表数	0.7	0.07	0.007	0.0007
…	…	…	…	…

例如，所加骑码 5g、500mg、50mg、5mg，在横梁 V 型槽的位置分别为第 9 位、第 6 位、第 2 位、第 4 位，即可读出测量液体的相对密度为 0.9624。读数的方法是按骑码从大到小的顺序读出 V 型槽刻度即为相对密度值。

3.6 液体密度计（比重计）

液体密度计的结构如图 3-19 所示，常用玻璃制成，上端细管上有直读式刻度，下端粗管内装有密度较大的金属球重物。液体密度计根据阿基米德原理工作，由密度计在被测液体中达到平衡状态时所浸没的深度读出该液体的密度。

密度计放入被测液体中，密度计因下端较重，故能自行保持垂直。密度计粗管部分浸入液面下，细管的一部分留在液面上。密度计本身重力与液体浮力平衡，即密度计总质量等于它排开液体的质量。因密度计的质量为定值，所以被测液体的密度愈大，密度计浸入液体中的体积就愈小。因此按照密度计浮在液体中的位置高低，可求得液体密度的大小。在密度计的上端细管直接刻上密度或读数，并由几支规格不同的密度计组成，每支有一定测定范围。

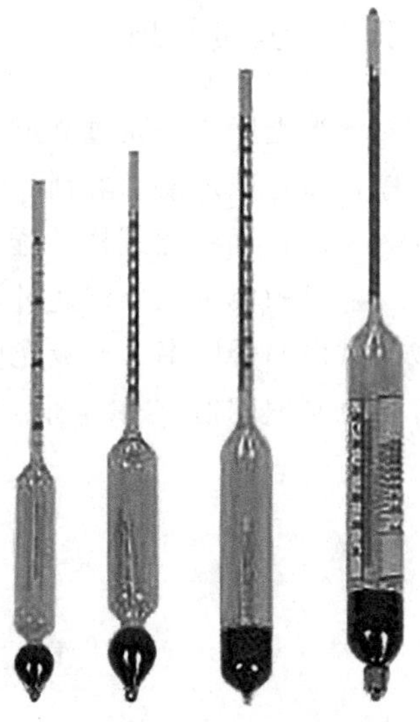
图 3-19　液体密度计的结构

密度计种类较多，精度、用途也各不相同，有标准密度计、实用密度计及测量乳汁、尿液等的专用密度计等。

值得注意的是，密度计的刻度值由上至下是逐渐增大的，但刻度不是等分的。

使用密度计测定液体密度的步骤如下：

① 取液体样品约 200mL，沿壁缓慢倒入 250mL 玻璃量筒中，避免产生泡沫。

② 根据样品的估计密度，选择一支量程合适的密度计，将其轻轻插入量筒内的液体中心，使密度计慢慢下沉，注意勿使密度计与量筒壁相撞，静置 1～2min，用一只眼睛沿液面水平方向直接读出密度计细管上的刻度值。对于透明液体，按弯月面下缘读数；对于不透明液体，按弯月面上缘读数。同时，用温度计测量液体温度，并按下式计算出测量温度 t 下的密度 ρ_t：

$$\rho_t = \rho_t' + \rho_t'\alpha(20 - t) \tag{3-9}$$

式中　ρ_t'——温度为 t 时密度计的读数值，g/cm^3；

α——密度计的玻璃膨胀系数，一般取 0.000025；

t——测量时的温度，℃。

若将测量温度下的密度换算为 20℃时的密度 ρ_{20}，可按下式计算：

$$\rho_{20} = \rho_t + k(t - 20) \tag{3-10}$$

其中，k 为样品密度的温度校正系数，可查阅有关手册或由实验测定得到。用同一样品按照上述步骤在 20℃的恒定温度下测定密度值，将 ρ_{20} 代入式(3-10) 可计算出 k 值：

$$k = \frac{\rho_{20} - \rho_t}{t - 20} \tag{3-11}$$

3.7　UV751GD 紫外-可见分光光度计

膜分离实验中采用 UV751GD 紫外-可见分光光度计（见图 3-20）来测定溶液的浓度，下面简要介绍其测量原理和使用方法。

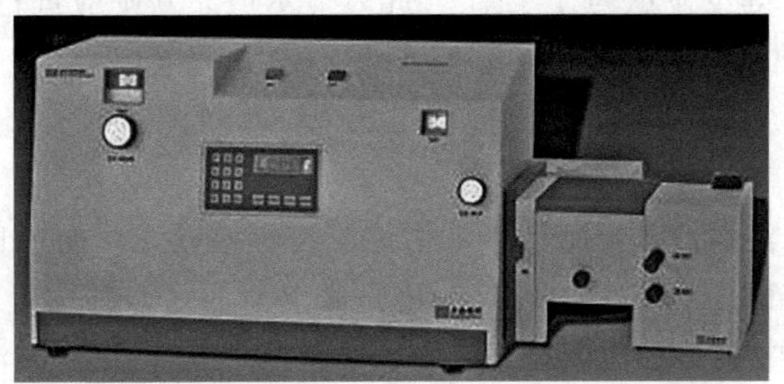
图 3-20　UV751GD 紫外-可见分光光度计外形图

3.7.1 测量原理

分光光度法是通过测定物质的吸光度进而测量物质浓度的方法。仪器根据相对测量原理工作，即先选定某一溶剂（空气、试样）作为参比溶液，并认为它的透射率为100%（吸光度$A=0$），而被测试样的透射率（吸光度）是相对于参比溶液而言的。实际上就是由出射狭缝射出的单色光分别通过被测溶液和参比溶液，这两个光能量的比值，就是在一定波长下被测试样的透射率（或吸光度）。吸光度的变化和被测物质的浓度有一定的比例关系，即符合比色原理朗伯-比尔定律。

$$T=\frac{i}{i_0}\times 100\% \tag{3-12}$$

$$A=\lg\frac{1}{\tau}=\lg\frac{i_0}{i} \tag{3-13}$$

$$c=KbA \tag{3-14}$$

式中　T——透射率；

i_0——入射光强度；

i——透射光强度；

A——吸光度；

K——吸光系数；

b——比色皿厚度；

c——溶液的浓度。

从以上公式可以看出，当吸光系数和比色皿厚度不变时，吸光度A的大小和被测溶液的浓度c成正比。

3.7.2 使用方法

3.7.2.1 测试准备

（1）根据测试要求，推动光源选择杆，选择合适的光源灯，氘灯的适用波长为195～320nm，钨灯的适用波长为320～1000nm。

（2）将氘、钨灯转换开关拨在选定的位置上。

（3）打开电源开关预热20min，此时显示为“F 751”表示本设备型号。

（4）在面板上按“CE”键。

（5）按“0%T”键。

（6）按“MODE”键至显示为T挡。若此时显示值非0则应进行调零。

（7）按“0%T”键调零。此步即为设备调零。

3.7.2.2 测试过程

（1）分别用参比溶液清洗1#比色皿，用待测溶液清洗2#比色皿，注意清洗时手指只能捏住比色皿的毛玻璃面，不要碰比色皿的透光面以免沾污，并用吸纸擦干比色皿外部。

（2）在1#比色皿中放入参比溶液，在2#比色皿中放入待测溶液，溶液高度一般为比色皿高度的2/3～3/4，并分别擦干比色皿外部。

(3) 打开样品池箱盖，将 1# 比色皿放至样品池第一格（一般参比溶液放于第一格），将 2# 比色皿放至样品池第二格，合上样品池箱盖。

(4) 将样品池比色皿托架拉杆拉至一格。

(5) 选择波长并将波长调至所需值，观察 T 值是否等于 0，此时因光门关闭 T 值应为 0，若 T 是非 0 值则需按“0%T”键调零，此步即为暗电流调零操作。

(6) 打开光门（即拉出“推入暗”至底），使参比溶液进入光路，观察此时 T 值是否等于 100，若不在 100 则调至 100，步骤为：在面板上按“MODE”键至屏幕上显示 T 值，调节狭缝至透射率 T 为 98～102，然后在面板上按“100%T”键以调整透射率为 100，注意调节狭缝应慢调，并且不能直接按“100%T”键，否则易死机。此步即为参比调零。

(7) 将样品池比色皿托架拉杆拉至二格，使被测溶液进入光路，注意此时不能再转缝宽选择钮。

(8) 在面板上按“MODE”键至屏幕上显示吸光度 A 值，即显示“A0.××××”，读取并记录此时显示的吸光度 A 值，并立即关闭光门（即推入“推入暗”至底）以保护设备。

(9) 将比色皿托架拉杆推至一格，按“MODE”键至显示 T 挡。

(10) 倒掉 2# 比色皿中待测溶液至烧杯内，换其他测量溶液，重复步骤(1)～(9)。

3.7.2.3　结束工作

(1) 将狭缝调至 0.02nm，关闭电源。

(2) 完全合上比色皿托架拉杆，即推至底。

(3) 比色皿使用完毕，请立即用蒸馏水清洗干净，并用吸纸擦干，将比色皿倒放在吸纸上。

3.8　智能仪表屏

随着工业生产自动化技术的不断发展，化工生产和实验中对生产流程中设备和物料的压力、流量、温度等参数的监测和控制可以集中在仪表室中进行，这里以浙江中控自动化仪表公司提供的智能仪表屏为例对其操作作一简要介绍。

智能仪表屏常用的界面是监视界面，包括监视界面 1 和监视界面 2 以及控制界面等三个界面，见图 3-21。三个界面间的切换可通过仪表屏上的功能键进行，见图 3-22(a)。

监视界面是实验时监视参数用，图 3-21(a) 中 A 处表示实验参数编号，1 即 1# 参数，B 处指该参数的单位，rpm[❶] 即 round per minute（每分钟的转速），C 处则是该参数的实时测量值，0 表示此时转速为零。其左侧柱状图与实验无关，其作用参见浙江中控自动化仪表公司的 C1000 仪表说明书。

监视界面下无须操作，只有监视功能。

控制界面用于被控参数的自动调整（仅对包含流量参数的仪表起作用）。图 3-21(c) 中，A 处表示设定值，即当仪表处于自动控制时，可通过图 3-22(b)、(c) 所示的增加、减少两键按钮设定实验需要的流量值；B 处表示实时测量到的参数值，用于与 A 处显示的设定值做比较（了解即可）；C 处表示该实验参数的单位；D 处表示此控制器输出值的大小（了解

❶ rpm 的规范使用形式(法定单位形式) 是 r/min，仪表中常用 rpm 表示。

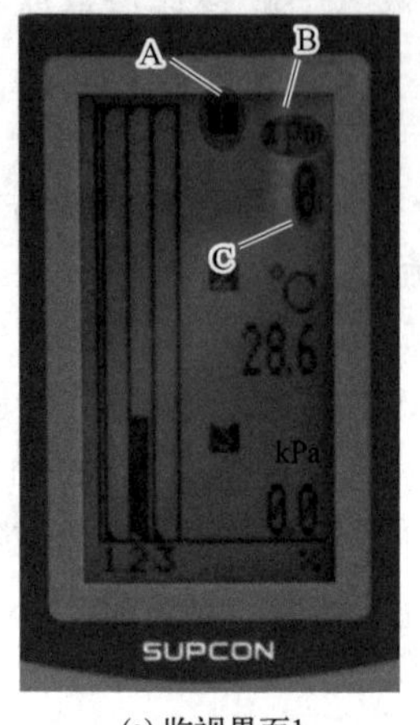

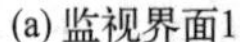
(a) 监视界面1

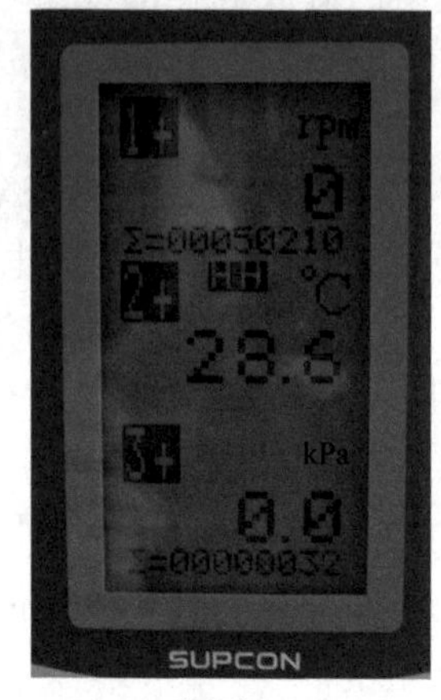

(b) 监视界面2

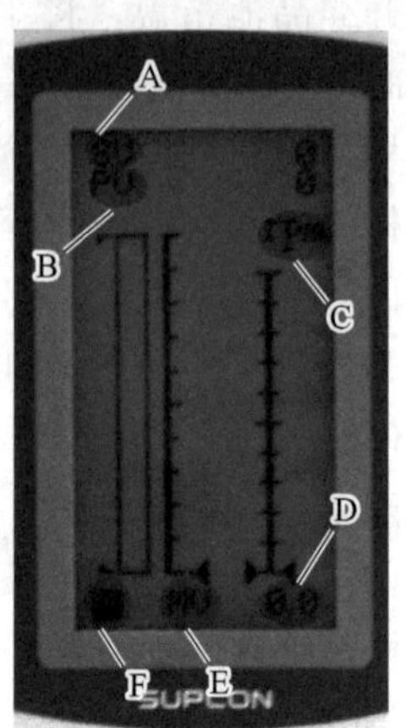

(c) 控制界面

图 3-21　智能仪表屏常用界面

(a) 功能键按钮

(b) 增加键按钮

(c) 减少键按钮

(d) 左移键按钮

图 3-22　智能仪表屏操作键按钮

即可)；E 处 MV 表示输出值的英语缩写（了解即可)；F 处显示仪表的工作状态，共有“A”及“M”两种，“M”即 manual（手动)，“A”即 auto（自动)，通过图 3-22(d) 所示的左移键按钮切换手、自动状态。

下面再对控制画面的操作举一简单实例。仪表电源开关打开后，待其自检完毕，此时出现图 3-21(c) 所示的控制界面，按下图 3-22(d) 所示的左移键按钮，将仪表的工作状态切换至自动，此时 F 处应显示字母“A”，之后通过图 3-22(b)、(c) 所示的增加、减少两键按钮将流量设定至期望值（如实验需要流量为 $2m^3/h$，则按下增加键按钮，直至 A 处“SV”后的数字变为 2)，等待 B 处 PV 值与 SV 值一致，使用图 3-22(a) 所示的功能键按钮将画面切换回监视界面，此时即可记录实验数据。此流量实验完毕后，使用功能键按钮将画面切换回控制界面，改变 SV，直至实验结束。若手动控制，则按下左移键按钮，将仪表的工作状态切换至手动，此时 F 处应显示字母“M”，之后通过增加、减少两键按钮将流量调至期望值，注意此时调节的是控制器输出值的大小，即图 3-21(c) 中 D 处显示的值，实时流量依然由 B 处显示的 PV 值得到。

第4章

化工原理实验常用的管件和阀门

4.1 化工原理实验常用的管件

在化工生产中，管件的作用是使管路变更方向、延长、分路、汇集、缩小、扩大等。常用的管件有弯头、异径管（大小头）、活接头、管接头、三通、四通（十字头）、管帽。

弯头用来改变管路的方向，常用的有180°回弯头、90°直角弯头和45°弯头，见图4-1。

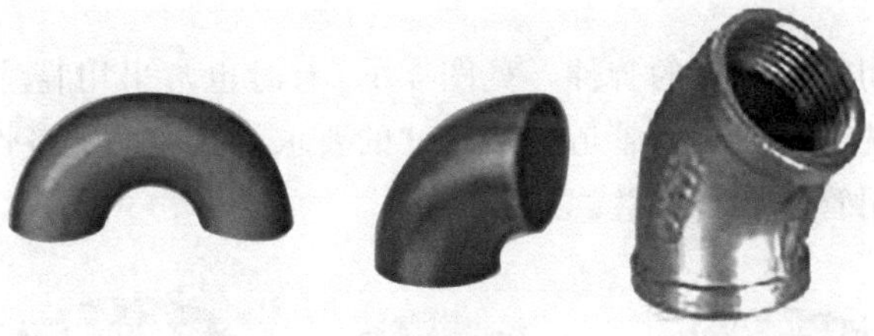

图4-1 弯头

异径管用于两种不同管径的管路连接，分为同心大小头和偏心大小头，见图4-2。同心异径管连接的两根管子的中心线在一条直线上，主要用于直立管线；偏心异径管较多地用于水平管线上。

图4-2 异径管

活接头、管接头等常用于直管与直管连接，常用的活接头见图4-3(a)，常用的管接头见图4-3(b)。

(a)活接头

(b)管接头

图 4-3　接头

三通用在主管和分支管相互连接的部位，通常有等径三通、异径三通和斜三通，见图 4-4。斜三通常用于输送有固体颗粒或冲刷腐蚀较为严重的管道。

图 4-4　三通

四通用来连接四根公称通径相同并垂直相交的管子，见图 4-5。

图 4-5　四通

管帽，是用于封闭管子端部的管件，见图 4-6。有时也常采用盲法兰封闭管子端部，以便于管子的吹扫和清洗。一般根据管道连接尺寸的要求，并考虑经济性或者工程上将来扩建的可能性等来确定采用管帽或盲法兰。

图 4-6　管帽

4.2　化工原理实验常用的阀门

阀门是在流体流动系统中用来控制流体流动或停止，并控制其流动方向、流量、压力的装置。随着现代工业的不断发展，各类阀门的使用频率不断增加。认识各种常用阀门，也是化工原理实验教学的要求之一。下面对阀门知识作一简单介绍。

4.2.1　阀门的分类

通用分类法既按原理、作用又按结构划分，是目前最常用的分类方法。一般分为闸阀、截止阀、节流阀、仪表阀、柱塞阀、隔膜阀、旋塞阀、球阀、蝶阀、针形阀、止回阀、减压阀、安全阀、疏水阀、调节阀、底阀、过滤器、排污阀等。

4.2.2　常见的几种阀门

4.2.2.1　闸阀

闸阀（又名闸板阀）是指流体流动的通道为直通的阀门，阀体两端口的轴线在同一直线上，关闭件（楔形、平行式闸板）由阀杆带动沿阀座密封面做升降运动，阀杆轴线与阀体两端口轴线相垂直，并在同一平面。闸阀广泛用于各种气体和液体管路，适用于流体中含有粒状固体物质、黏度较大的介质和腐蚀性流体的管路，并适合用作放空阀和低真空系统的阀门。闸阀及其结构示意图见图 4-7。

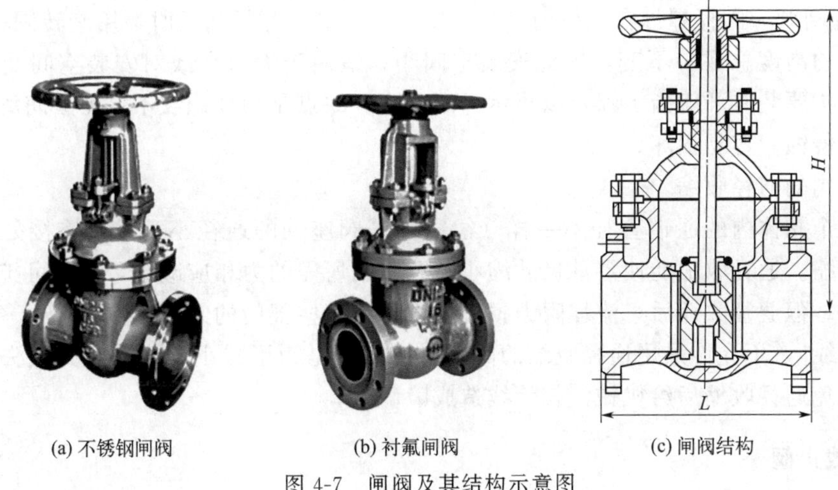

(a) 不锈钢闸阀　(b) 衬氟闸阀　(c) 闸阀结构

图 4-7　闸阀及其结构示意图

（1）闸阀的特点

闸阀密封性能较好，利用闸板（阀杆）升降进行启闭和调节流量，易于切断管路或调节流量，同时阻力较小，适于制成大口径阀门。一般口径 DN≥50mm 的切断装置都选用闸阀，有时口径很小的切断装置也选用它。闸阀有以下优点：流体阻力小；开闭所需外力较小；介质的流向不受限制；全开时，密封面受工作介质的冲蚀比截止阀小；形状比较简单，铸造工艺性较好。缺点：外形尺寸较大，开启高度较高；安装所需空间较大；开闭过程中，密封面间有相对摩擦，容易引起擦伤现象；闸阀一般有两个密封面，给加工、研磨和维修增加了一些困难。

（2）闸阀的种类

按闸板的构造，闸阀可分为：

① 平行式闸阀　密封面与垂直中心线平行，两个密封面互相平行。在平行式闸阀中，以带推力楔块的结构最为常见，即在两闸板中间有双面推力楔块，这种闸阀适用于低压中小

口径（DN＝40～300mm）管路。也有在两闸板间带有弹簧的，弹簧能产生紧力，有利于闸板的密封。

② 楔式闸阀　密封面与垂直中心线成某种角度，两个密封面呈楔形。密封面的倾斜角度一般为2°52′、3°30′、5°、8°、10°等，角度的大小取决于介质工作温度的高低。一般工作温度愈高，所取角度应愈大，以减小温度变化时发生楔住的可能性。在楔式闸阀中，又有单闸板、双闸板和弹性闸板之分。单闸板楔式闸阀，结构简单，使用可靠，但对密封面角度的精度要求较高，加工和维修较困难，温度变化时楔住的可能性很大。双闸板楔式闸阀在水和蒸气介质管路中使用较多。它的优点是对密封面角度的精度要求较低，温度变化不易引起楔住现象，密封面磨损时，可以加垫片补偿。但这种结构零件较多，在黏性介质中易黏结，影响密封，更主要是上、下挡板长期使用易产生锈蚀，闸板容易脱落。弹性闸板楔式闸阀，具有单闸板楔式闸阀结构简单、使用可靠的优点，又能产生微量的弹性形变弥补密封面角度加工过程中产生的偏差，改善工艺性，现已被大量采用。

按阀杆的构造，闸阀又可分为：

① 明杆闸阀　阀杆螺母在阀盖或支架上，开闭闸板时，用旋转阀杆螺母来实现阀杆的升降。这种结构对阀杆的润滑有利，开闭程度明显，因此被广泛采用。

② 暗杆闸阀　阀杆螺母在阀体内，与介质直接接触。开闭闸板时，用旋转阀杆来实现。优点是闸阀的高度总保持不变，因此安装空间小，适用于大口径或对安装空间受限制的管路。此种结构要装有开闭指示器，以指示开闭程度。缺点是阀杆螺纹不仅无法润滑，而且直接接受介质侵蚀，容易损坏。

（3）闸阀的通径收缩

如果一个阀体内的通道直径不一样（往往都是阀座处的通径小于法兰连接处的通径），称为通径收缩。通径收缩能使零件尺寸缩小，开、闭所需的力相应减小，同时可扩大零部件的应用范围。但通径收缩后，流体阻力损失增大。在某些部门的某些工作条件下（如石油部门的输油管线），不允许采用通径收缩的阀门。一方面是为了减小管线的阻力损失，另一方面是为了避免通径收缩后给机械清扫管线造成障碍。

4.2.2.2　截止阀

截止阀（又名球心阀）是由阀杆带动关闭件（阀瓣）做升降运动，达到与阀座密封效果的，阀杆垂直于阀体密封面。截止阀用于各种受压流体管路和蒸气、压缩空气管路，不宜用于黏度较大、易结焦、易沉淀的介质，及含有悬浮物和易结晶物料的管路，也不宜用作放空阀及低真空系统的阀门。截止阀及其结构示意图见图4-8。

（1）截止阀的优缺点

截止阀在管路中主要作切断用，有以下优点：在开闭过程中密封面的摩擦力比闸阀小，耐磨；开启高度低，易于调节流量，操作可靠；通常只有一个密封面，制造工艺好，便于制造和维修，价格便宜，使用较为普遍。缺点：不易从手轮旋转识别阀杆升降，即不易识别调节流量的大小，密封性差，介质中有杂质时，关闭阀门易损伤密封面，阻力较闸阀、球阀和旋塞阀都大。由于开闭力矩较大，结构长度较长，一般公称通径都限制在DN≤200mm，因而限制了其更广泛的使用。

（2）截止阀的种类

截止阀的种类很多，根据阀杆上螺纹的位置可分为：

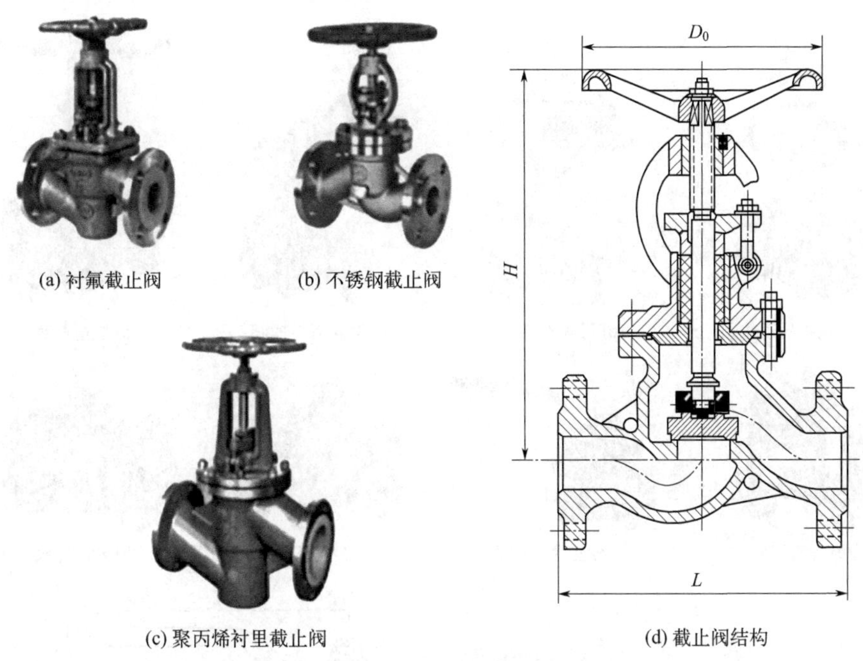

(a) 衬氟截止阀　(b) 不锈钢截止阀　(c) 聚丙烯衬里截止阀　(d) 截止阀结构

图 4-8　截止阀及其结构示意图

① 上螺纹阀杆截止阀　截止阀阀杆的螺纹在阀体的外面。其优点是阀杆不受介质侵蚀，便于润滑，此种结构使用比较普遍。

② 下螺纹阀杆截止阀　截止阀阀杆的螺纹在阀体内。这种结构使阀杆螺纹与介质直接接触，易受侵蚀，并且无法润滑。此种结构用于小口径和温度不高的地方。

根据截止阀的通道方向，又可分为直通式截止阀、角式截止阀和三通式截止阀，后两种截止阀通常作改变介质流向和分配介质用。

4.2.2.3　球阀

球阀的关闭件为一球体，绕阀体中心线旋转，在转动中，其通道位置与阀体密封面作相对运动，以控制流体流动。球阀和旋塞阀同属一个类型，在管路中主要用于切断、分配和改变介质的流动方向。球阀是近年来被广泛采用的一种新型阀门。各种类型的球阀及其结构示意图见图 4-9。

（1）球阀的优缺点

球阀具有以下优点：流体阻力小，其阻力系数与同长度的管段相等；结构简单，体积小，质量轻；紧密可靠，目前球阀的密封面材料广泛使用塑料，密封性好，在真空系统中也已广泛使用；操作方便，开闭迅速，从全开到全关只要旋转 90°，便于远距离控制；维修方便，球阀结构简单，密封圈一般都是活动的，拆卸更换都比较方便；在全开或全闭时，球体和阀座的密封面与介质隔离，介质通过时，不会引起阀门密封面的侵蚀；适用范围广，通径从几毫米到几米，从高真空至高压力都可使用。

（2）球阀的种类

球阀按结构形式可分为：

① 浮动球球阀　球阀的球体是浮动的，在介质压力作用下，球体能产生一定的位移并

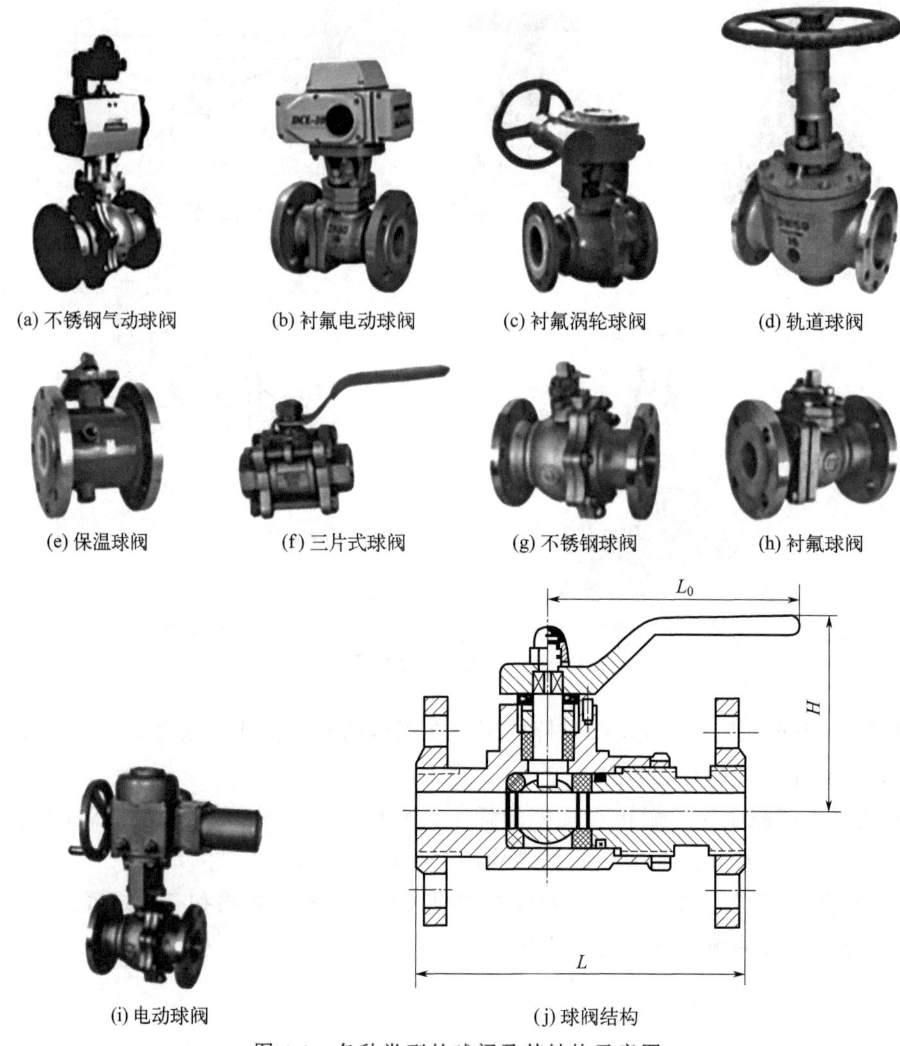

(a) 不锈钢气动球阀　(b) 衬氟电动球阀　(c) 衬氟涡轮球阀　(d) 轨道球阀

(e) 保温球阀　(f) 三片式球阀　(g) 不锈钢球阀　(h) 衬氟球阀

(i) 电动球阀　(j) 球阀结构

图 4-9　各种类型的球阀及其结构示意图

紧压在出口端的密封面上，保证出口端密封。浮动球球阀的结构简单，密封性好，但球体承受工作介质的载荷全部传给了出口密封圈，因此要考虑密封圈材料能否经受得住球体介质的工作载荷。这种结构广泛用于中低压球阀。

② 固定球球阀　球阀的球体是固定的，受压后不产生移动。固定球球阀都带有浮动阀座，受介质压力后，阀座产生转动，使密封圈紧压在球体上，以保证密封。通常在球体的上、下轴装有轴承，操作扭矩小，适用于高压和大口径的阀门。为了减小球阀的操作扭矩和增加密封的可靠程度，近年来又出现了油封球阀，即在密封面间压注特制的润滑油，以形成一层油膜，既增强了密封性又减小了操作扭矩，更适用于高压大口径的阀门。

③ 弹性球球阀　球阀的球体是弹性的。球体和阀座密封圈都采用金属材料制造，密封比压大，依靠介质本身的压力已达不到密封的要求，必须施加外力。这种阀门适用于高温高压介质。弹性球体是在球体内壁的下端开一条弹性槽，从而获得弹性。当关闭通道时，用阀杆的楔形头使球体胀开与阀座压紧达到密封。在转动球体之前先松开楔形头，球体随之恢复原形，使球体与阀座之间出现很小的间隙，可以减小密封面的摩擦和操作扭矩。

球阀按其通道位置可分为直通式、三通式和直角式。后两种球阀用于分配介质与改变介质的流向。

4.2.2.4　旋塞阀

旋塞阀（又名考克）是指通过闭件（塞子）绕阀体中心线旋转来实现开启和关闭的一种阀门，在管路中主要用于切断、分配和改变介质的流动方向。旋塞阀是历史上人们最早使用的阀件。由于结构简单、开闭迅速（塞子旋转 1/4 圈就能完成开闭动作）、操作方便、流体阻力小，至今仍被广泛使用。

旋塞在转动过程中，其通道位置与阀体密封面位置作相对运动，以控制流体流动。它适用于公称直径 15～80mm 的小口径管路和温度不高、公称压力小于 10^6Pa 的管路。旋塞阀示意图见图 4-10。

图 4-10　旋塞阀

（1）旋塞阀的优缺点

优点是结构简单、体积小、启闭快、阻力小、经久耐用，适于输送含有悬浮物固体杂质、黏度较大的介质的管路。缺点是不能精确地调节流量。

（2）旋塞阀的种类

旋塞阀的塞子和塞体是一个配合很好的圆锥体，其锥度一般为 1∶6 和 1∶7。主要有以下几种：

① 紧定式旋塞阀　通常用于低压直通管道，密封性能完全取决于塞子和塞体之间的吻合度，其密封面的压紧依靠拧紧下部的螺母来实现。一般用于 PN≤0.6MPa 的管路。

② 填料式旋塞阀　通过压紧填料来实现塞子和塞件的密封。由于有填料，因此密封性能较好。通常这种旋塞阀有填料压盖，塞子不用伸出阀体，因而减少了工作介质的泄漏途径。这种旋塞阀大量用于 PN≤1MPa 的管路。

③ 自封式旋塞阀　通过介质本身的压力来实现塞子和塞体之间的压紧密封。塞子的小头向上伸出体外，介质通过进口处的小孔进入塞子大头，将塞子向上压紧，此结构一般用于输送空气介质的管路。

④ 油封式旋塞阀　旋塞阀的应用范围不断扩大，出现了带有强制润滑的油封式旋塞阀。强制润滑使塞子和塞体的密封面形成一层油膜，这样密封性能更好，开闭省力，能防止密封面受到损伤。

4.2.2.5　蝶阀

蝶板在阀体内绕固定轴旋转的阀门称为蝶阀，它是一种新型的节流阀。蝶阀不易和管壁紧密配合，常用于在输送空气和烟气的管路上调节流量，而不能用于切断管路。蝶阀能输送和控制的介质有凝结水、循环水、污水、海水、空气、煤气、液态天然气、干燥粉末、泥浆、果浆及带悬浮物的混合物。目前国产蝶阀参数为：公称压力 PN 为 0.25～4.0MPa；公称直径 DN 为 100～3000mm；工作温度≤425℃。蝶阀及其结构示意图见图 4-11。

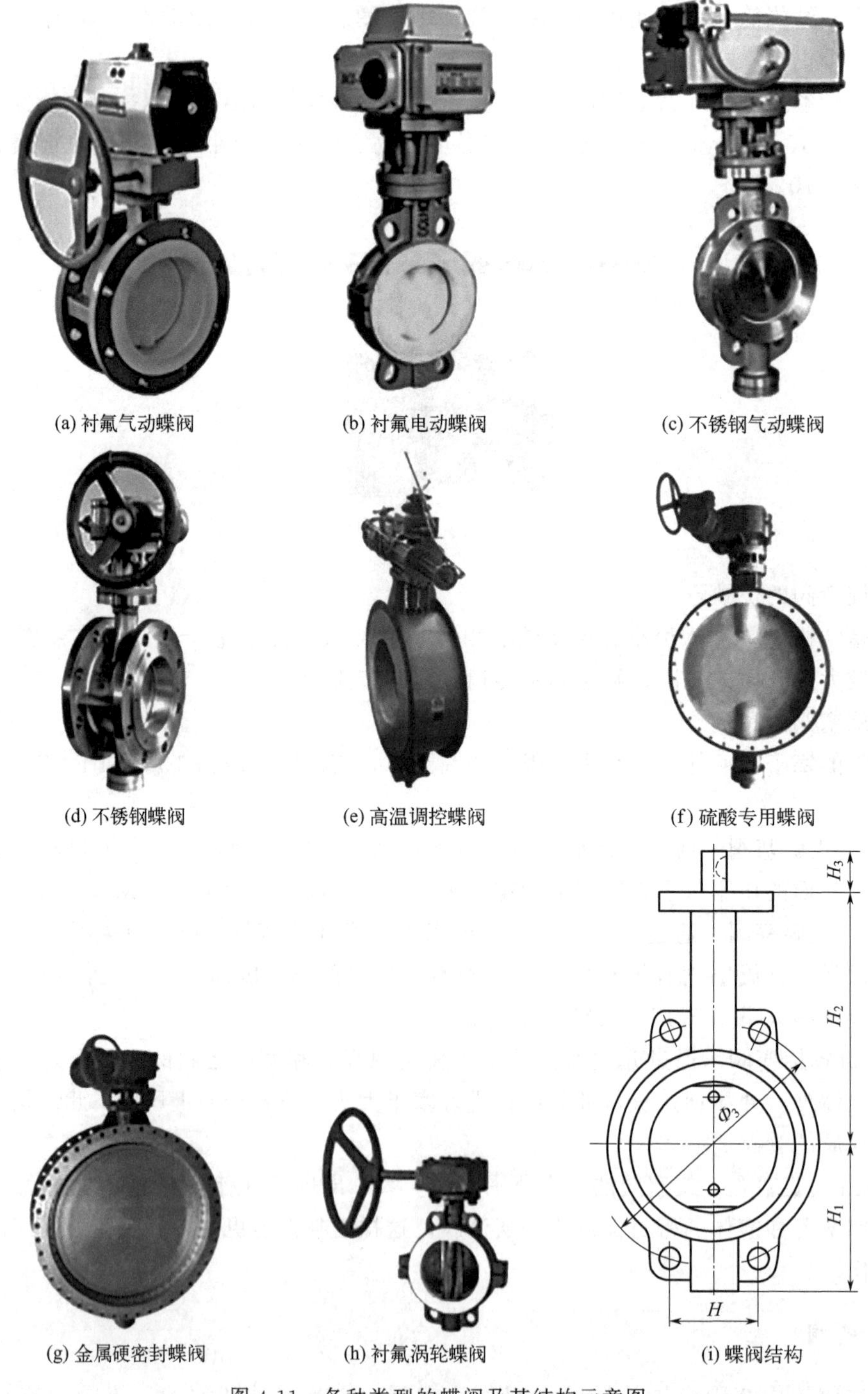

(a) 衬氟气动蝶阀　(b) 衬氟电动蝶阀　(c) 不锈钢气动蝶阀

(d) 不锈钢蝶阀　(e) 高温调控蝶阀　(f) 硫酸专用蝶阀

(g) 金属硬密封蝶阀　(h) 衬氟涡轮蝶阀　(i) 蝶阀结构

图 4-11　各种类型的蝶阀及其结构示意图

（1）蝶阀的优缺点

蝶阀的优点：结构简单，外形尺寸小；结构紧凑、长度短、体积小、质量轻，适用于大口径的管路；流体阻力小（全开时，阀座通道有效流通面积较大，因而流体阻力较小）；启闭方便迅速，调节性能好，蝶板旋转 90°即可完成启闭；通过改变蝶板的旋转角度可以分级控制流量；启闭力矩较小，转轴两侧蝶板所受介质的作用基本相等，而产生转矩的方向相反，因而启闭较省力；密封面材料一般采用橡胶、塑料，故低压密封性能好。缺点：受密封圈材料的限制，蝶阀的使用压力和工作温度范围较小，但硬密封蝶阀的使用压力和工作温度范围都有了很大的提高。

（2）蝶阀的种类

① 根据连接方式，蝶阀可分为法兰式、对夹式。

② 根据密封面材料，蝶阀可分为软密封、硬密封。

③ 根据结构形式，蝶阀可分为垂直板式、斜板式、偏置板式、杠杆式。

（3）蝶阀的结构

蝶阀主要由阀体、蝶板、阀杆、密封圈和传动装置组成。阀体呈圆筒状，上下各有一个圆柱形凸台，用于安装阀杆。蝶阀与管道多采用法兰连接，如采用对夹连接，其结构长度最小。阀杆是蝶板的转轴，轴端采用填料函密封结构，可防止介质外漏。阀杆上端与传动装置直接相接，以传递力矩。蝶板是蝶阀的启闭件。

4.2.2.6　针形阀

针形阀结构与球阀相似，只是将阀盘做成锥形。由于阀盘与阀座接触面大，所以其密封性能好，易于启闭操作，特别适用于高压操作和要求精确调节流量的管路。针形阀示意图见图 4-12。

图 4-12　针形阀

4.2.2.7　止逆阀

止逆阀又名单向阀或止回阀，是依靠介质本身流动而自动开、闭阀瓣，用来防止介质倒流的阀门。

其作用是防止流体倒流，当工艺管路只允许流体向一个方向流动时要使用该阀，如往复泵的进出口管路。止逆阀示意图见图 4-13。

止逆阀根据其结构可分为：

① 升降式止逆阀　阀瓣沿着阀体垂直中心线滑动的止逆阀。升降式止逆阀只能安装在

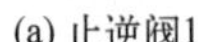
(a) 止逆阀1

(b) 止逆阀2

图 4-13　止逆阀

水平管道上，在高压小口径止逆阀上阀瓣可采用圆球。升降式止逆阀的阀体形状与截止阀一样（可与截止阀通用），因此它的流体阻力系数较大。

② 旋启式止逆阀　阀瓣围绕阀座外的销轴旋转的止逆阀，应用较为普遍。

③ 蝶式止逆阀　阀瓣围绕阀座内的销轴旋转的止逆阀，结构简单，只能安装在水平管道上，密封性较差。

④ 管道式止逆阀　阀瓣沿着阀体中心线滑动的止逆阀。管道式止逆阀是新出现的一种阀门，它的体积小，质量较轻，制造工艺性好，是止逆阀发展方向之一，但流体阻力系数比旋启式止逆阀略大。

4.2.2.8　安全阀

安全阀是一种能使设备自动泄压而防止超压爆炸的自动阀门，有杠杆重锤式和弹簧式两种，前者能耐高温，一般用在锅炉上，后者不适用于高温管道，且须经常校验，但体积小、安装要求低。安全阀示意图见图 4-14。

(a) 安全阀1

(b) 安全阀2

图 4-14　安全阀

4.2.2.9　减压阀

减压阀能自动将高压流体按工艺要求减压为低压流体，通常用在加压水蒸气和压缩空气管路上。减压阀示意图见图 4-15。

(a) 减压阀1　　(b) 减压阀2

图 4-15　减压阀

4.2.2.10　疏水阀

疏水阀又名阻气排水阀或冷凝液排除器。其作用是排除冷凝液而阻止气体排出，一般用于蒸汽管路上或蒸汽加热器的冷凝水排出管路上。疏水阀及其结构示意图见图 4-16。

(a) 疏水阀外形

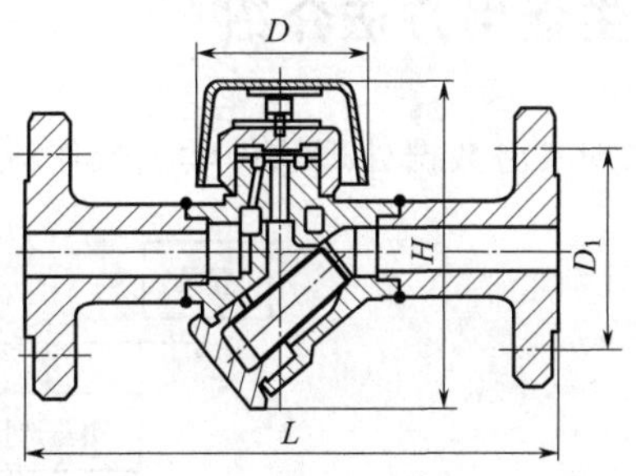

(b) 疏水阀结构

图 4-16　疏水阀及其结构示意图

第5章

化工原理实验数据处理软件使用介绍

5.1 学生使用方法介绍

化工原理实验数据处理软件学生操作流程见图 5-1。

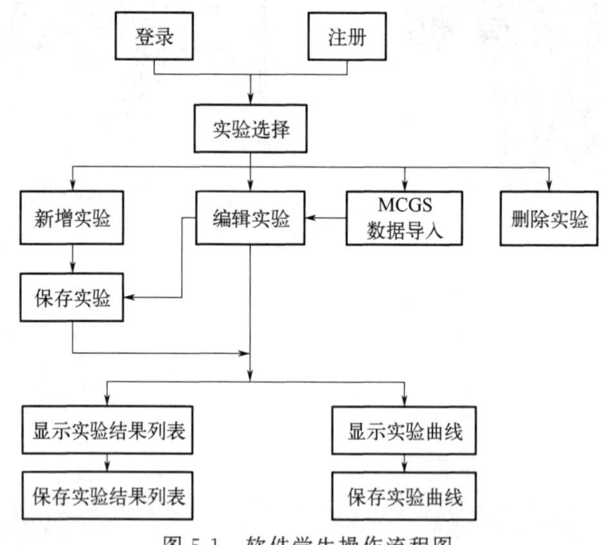

图 5-1 软件学生操作流程图

5.1.1 登录与注册

(1) 身份确认

进入软件登录界面，见图 5-2。首先选择登录身份，学生用户请选择“学生”。

(2) 注册

第一次使用本软件的学生需要先进行注册，以便在系统中留下有关信息。方法是点击

图 5-2　软件学生登录身份确认界面

【注册】按钮，弹出注册对话框，如图 5-3 所示。在对话框中输入学号等相关信息，其中“学号”“密码”“密码确认”是必填信息，其他为选填信息。点击【确定】按钮，在确认无误后保存。

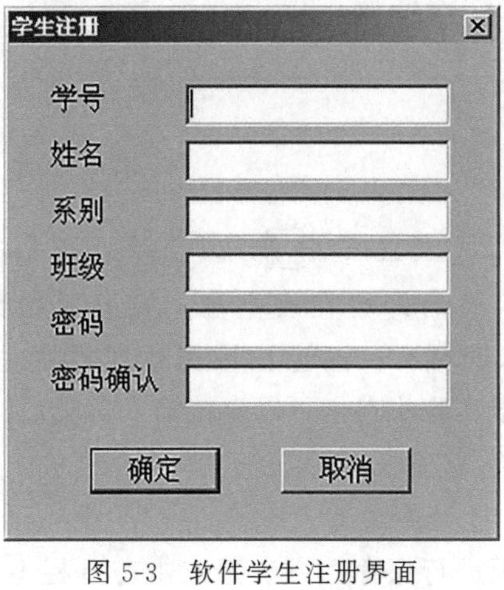

学生注册
学号
姓名
系别
班级
密码
密码确认
确定
取消

图 5-3　软件学生注册界面

(3) 登录

已经注册的学生用户，在下次进入登录界面（图 5-2）的时候，可以直接输入学号和密码，并点击【登录】按钮进入系统。

5.1.2　实验选择

学生登录进入数据处理软件后会弹出图 5-4 所示的实验选择界面，点击相应实验名称按钮进入数据处理环节。

图 5-4　软件实验选择界面

5.1.3　实验原始数据输入与编辑

5.1.3.1　新增实验

(1) 实验原始数据输入

学生可以点击工具栏上新增实验按钮，或选择菜单【实验原始数据】→【新增实验】以清空“实验原始数据表”，然后即可在表上输入实验原始数据。按钮【插入一行】和【删除一行】分别用于在输入时插入一个空白数据行和删除一个数据行。登录后首次进入主界面时，系统自动处于新增实验状态，可以直接输入实验数据。实验原始数据输入界面见图 5-5。

(2) 实验保存

实验数据输入完毕后必须进行保存，方法是点击工具栏上实验保存按钮，或选择菜单【实验原始数据】→【保存实验】，弹出图 5-6 所示对话框。从“实验装置”下拉列表中选择实验所使用的装置，并点击【保存】按钮。实验保存后就可以查看实验结果和曲线，具体操作见 5.1.4 小节。

5.1.3.2　编辑实验

(1) 打开实验

要对已有的实验进行编辑或查看实验结果和曲线需要先打开实验，方法是点击工具栏上编辑实验按钮，或选择菜单【实验原始数据】→【编辑实验】，弹出图 5-7 所示对话框，从

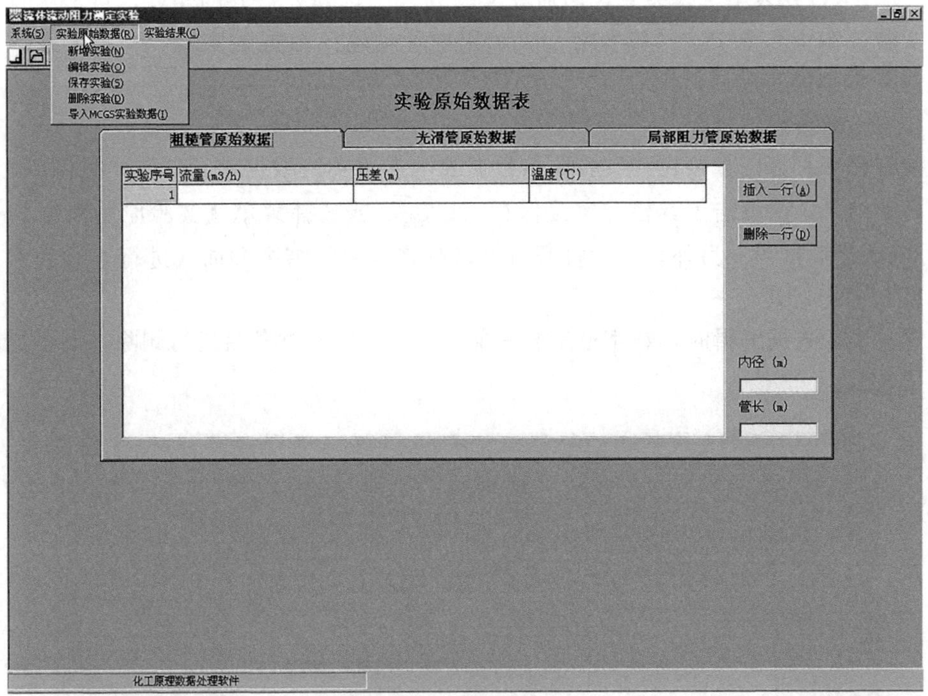

图 5-5　软件实验原始数据输入界面

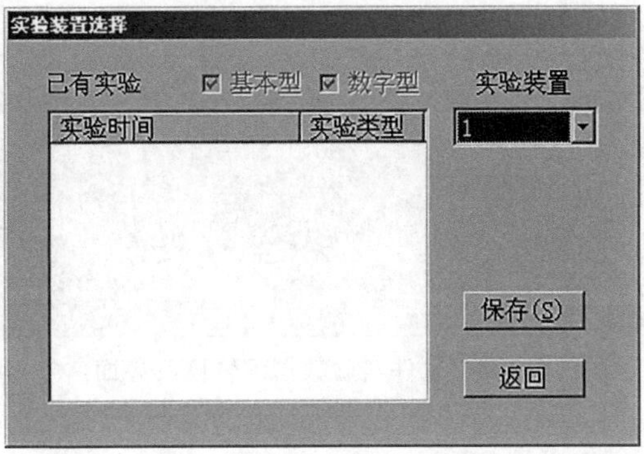

图 5-6　软件保存实验界面

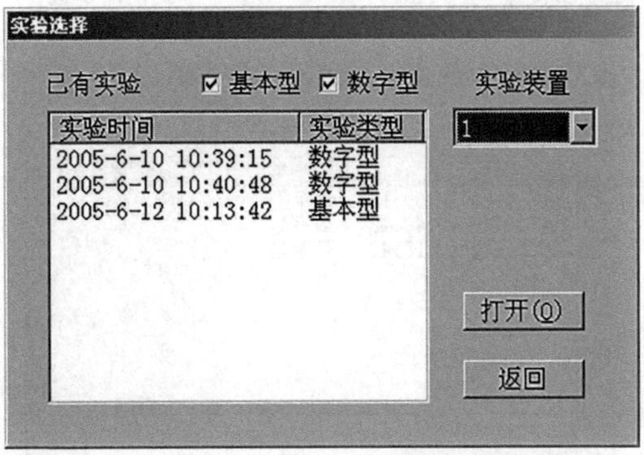

图 5-7　软件打开实验界面

“实验装置”下拉列表中选择装置，然后在实验列表中选择要打开的实验，点击【打开】按钮打开实验。实验类型中，“基本型”表示用户手动输入数据的实验，“数字型”表示从MCGS导入数据的实验。

(2) 实验数据编辑修改

实验打开后，可以直接在“实验原始数据表”上对实验数据进行修改，见图5-8。要保存修改后的结果，请点击工具栏上实验保存按钮，或选择菜单【实验原始数据】→【保存实验】，确认之后保存。另外，实验打开后可以对该实验的结果和曲线进行查看和保存，具体操作见5.1.4小节。

注意：实验数据编辑时，数字型实验只能对实验中的数据条目进行删除，而不能修改或新增数据条目。

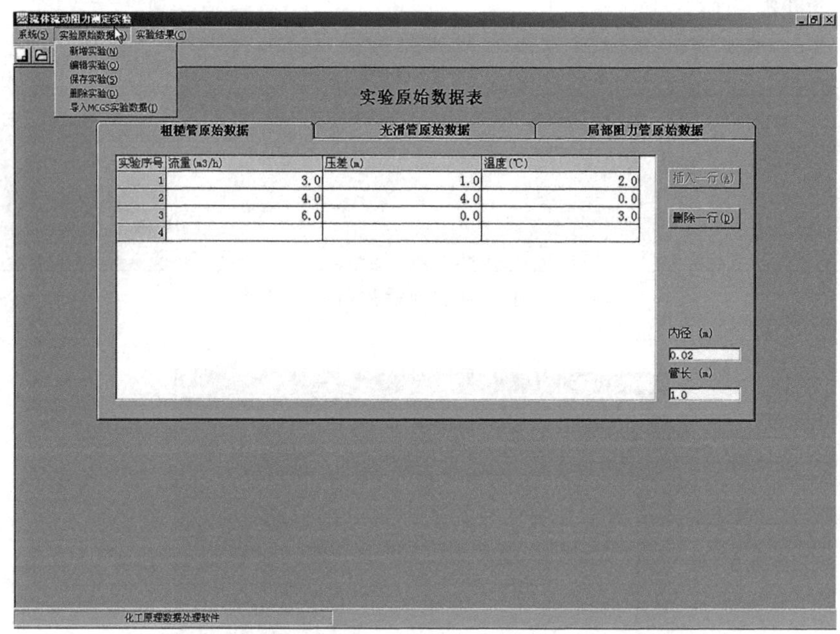

图5-8 软件实验数据编辑修改界面

5.1.3.3 删除实验

要删除已有的实验，选择菜单【实验原始数据】→【删除实验】，弹出图5-9所示对话框，

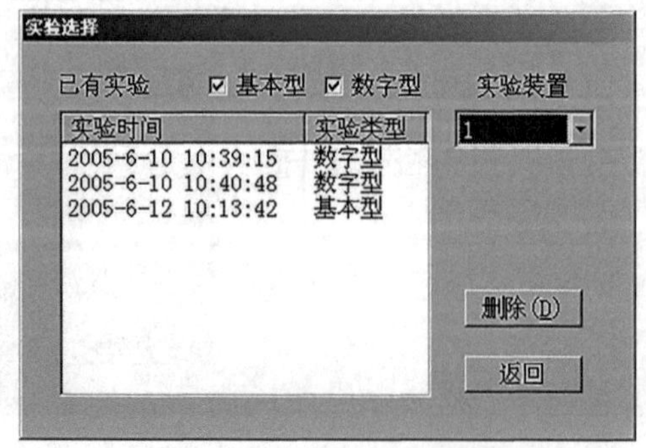

图5-9 软件删除实验界面

从“实验装置”下拉列表中选择装置，然后在实验列表中选择要删除的实验，点击【删除】按钮，确认之后删除实验。

5.1.3.4　MCGS 实验数据导入

（1）MCGS 数据导入

要导入监控软件采集的 MCGS 实验数据，选择菜单【实验原始数据】→【导入 MCGS 实验数据】，弹出图 5-10 所示对话框，点击按钮，选择 MCGS 数据库的位置，然后点击【导入】按钮。从 MCGS 导入的数据，将作为数字型实验保存在系统中。

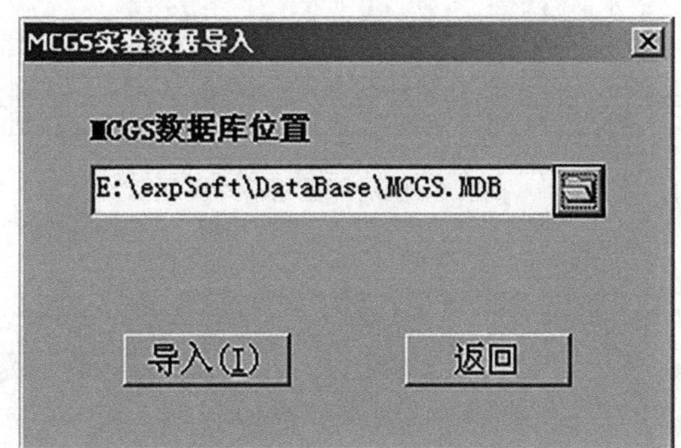

图 5-10　软件 MCGS 实验数据导入界面

（2）导入数据打开与编辑

要查看导入后的实验数据及结果曲线，或对其进行编辑修改，具体操作见 5.1.3.2 编辑实验。

5.1.4　实验结果显示与保存

5.1.4.1　实验结果列表

（1）结果列表显示

新增实验保存之后，或者打开已有实验以后，用户可以查看实验结果的数据列表，方法为：点击工具栏上显示实验结果列表按钮，或选择菜单【实验结果】→【显示实验结果列表】，系统会弹出图 5-11 所示实验结果列表。要切换回实验原始数据表，点击工具栏上显示实验原始数据按钮。

（2）结果列表保存

实验结果列表可以保存为 Excel 表格文件，方法是选择菜单【实验结果】→【保存实验结果列表】。

5.1.4.2　实验曲线

（1）曲线显示

新增实验保存之后，或者打开已有实验以后，用户也可以查看实验结果曲线，方法是：点击工具栏上显示实验曲线按钮，或选择菜单【实验结果】→【显示实验曲线】，系统会弹出图 5-12 所示实验结果曲线。要切换回实验原始数据表，点击工具栏上显示实验原始数据按钮。

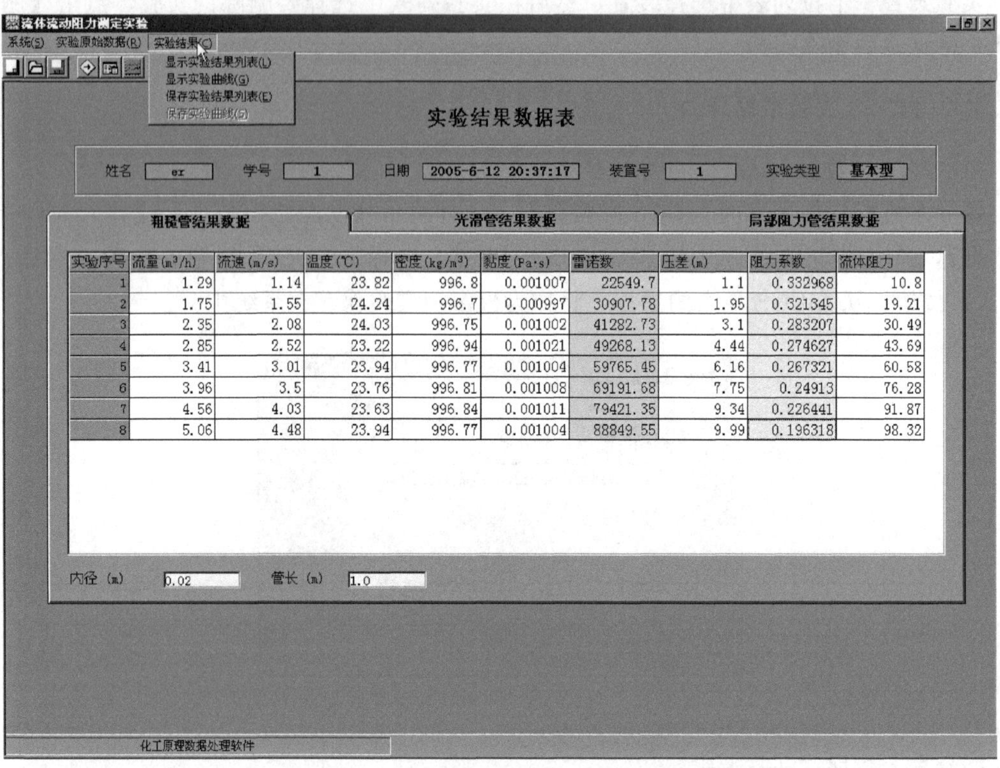

实验序号	流量(m^3/h)	流速(m/s)	温度(℃)	密度(kg/m^3)	黏度(Pa·s)	雷诺数	压差(m)	阻力系数	流体阻力
1	1.29	1.14	23.82	996.8	0.001007	22549.7	1.1	0.332968	10.8
2	1.75	1.55	24.24	996.7	0.000997	30907.78	1.95	0.321345	19.21
3	2.35	2.08	24.03	996.75	0.001002	41282.73	3.1	0.283207	30.49
4	2.85	2.52	23.22	996.94	0.001021	49268.13	4.44	0.274627	43.69
5	3.41	3.01	23.94	996.77	0.001004	59765.45	6.16	0.267321	60.58
6	3.96	3.5	23.76	996.81	0.001008	69191.68	7.75	0.24913	76.28
7	4.56	4.03	23.63	996.84	0.001011	79421.35	9.34	0.226441	91.87
8	5.06	4.48	23.94	996.77	0.001004	88849.55	9.99	0.196318	98.32

图 5-11　软件实验结果数据列表界面

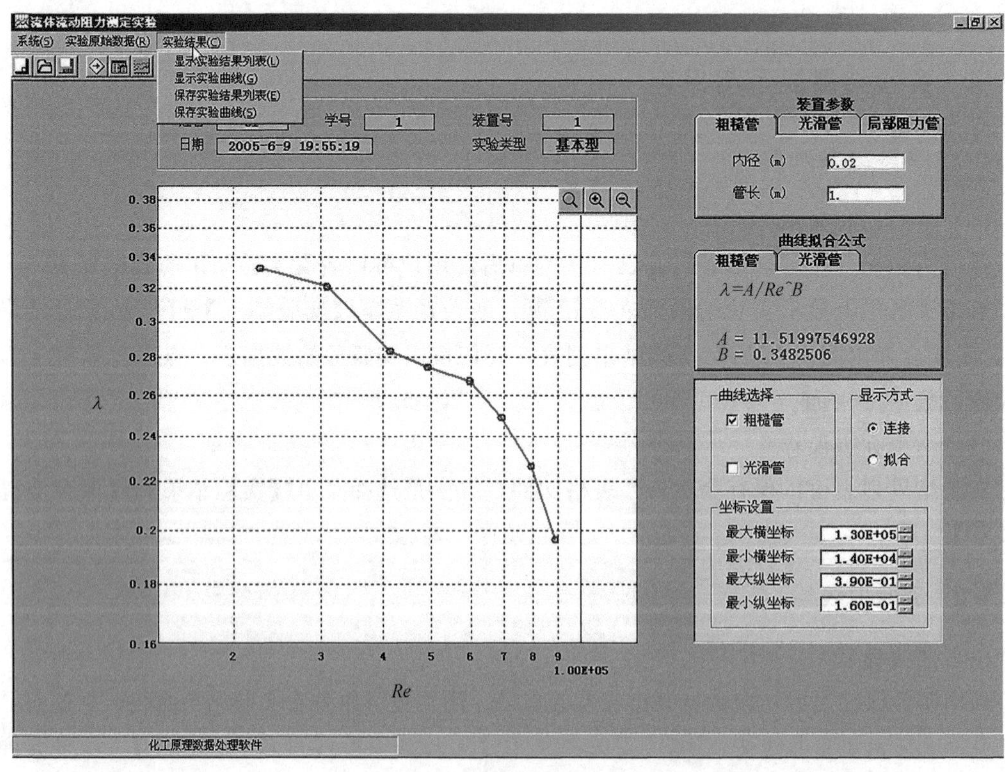

图 5-12　软件实验结果曲线显示界面

（2）曲线保存

实验曲线可以保存为 bmp 图像文件，方法是：选择菜单【实验结果】→【保存实验曲线】。

5.2　教师（管理员）使用方法介绍

化工原理实验数据处理软件教师操作流程见图 5-13。

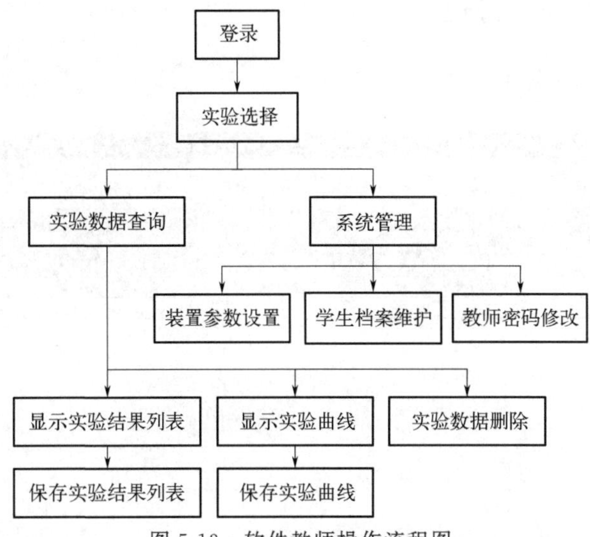

图 5-13　软件教师操作流程图

5.2.1　登录

（1）身份确认

进入软件登录界面，见图 5-14。首先选择登录身份，教师或系统管理员请选择“教师”。

图 5-14　软件教师或系统管理员登录身份确认界面

（2）登录

输入登录密码，点击【登录】按钮进入实验选择。

5.2.2 实验选择

教师登录进入数据处理软件后会弹出实验选择界面（与图 5-4 相同），点击相应实验名称按钮进入主界面。

5.2.3 实验数据查询与管理

选择实验后，进入主界面，如图 5-15 所示。

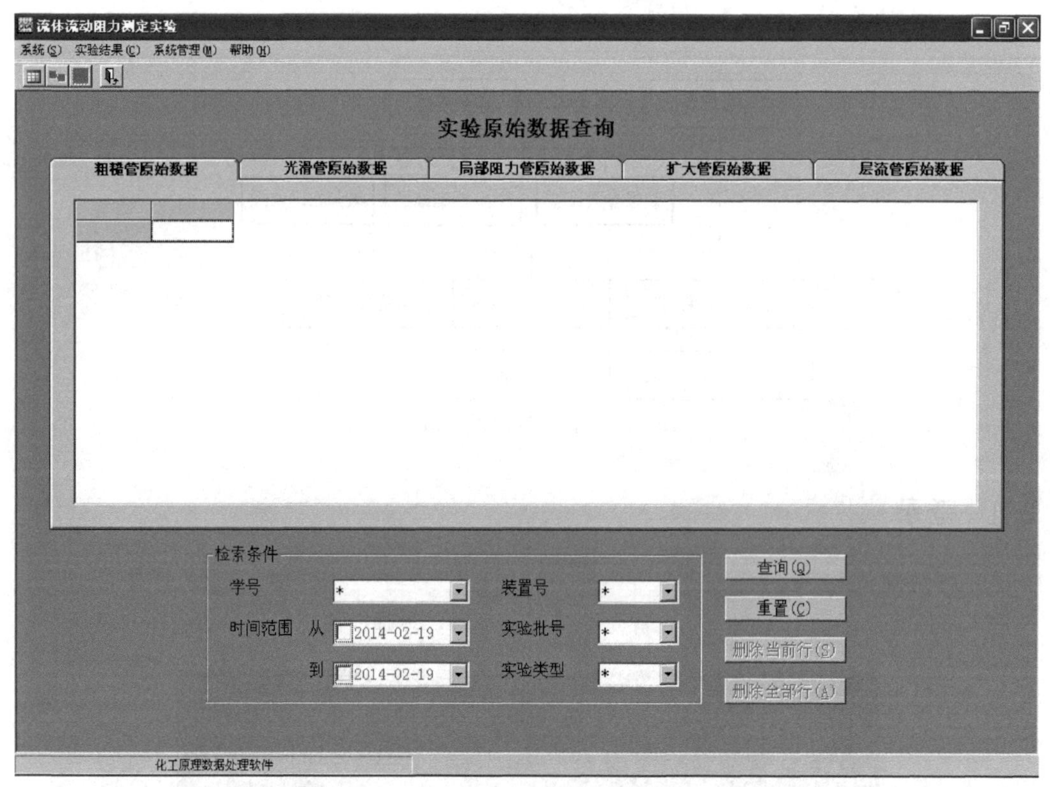

图 5-15　软件主界面图

（1）实验数据查询

教师可以对学生的实验数据进行检索查询，方法是：在图 5-15 所示的界面上先设定检索条件，然后点击【查询】按钮，此时弹出满足条件的所有实验数据，见图 5-16。默认检索条件是检索当前实验下的所有实验数据，要恢复到默认检索条件，点【重置】按钮。

（2）实验结果显示保存

实验结果显示保存界面见图 5-17，教师可以查看实验数据的结果和曲线，方法是点击选择数据列表中某一行的数据，然后相关工具栏按钮和菜单项就会变成有效。具体操作见 5.1.4 小节。

（3）实验数据删除

点击选择数据列表中的某一行数据，然后点击【删除一行】按钮，可以删除该行数据；

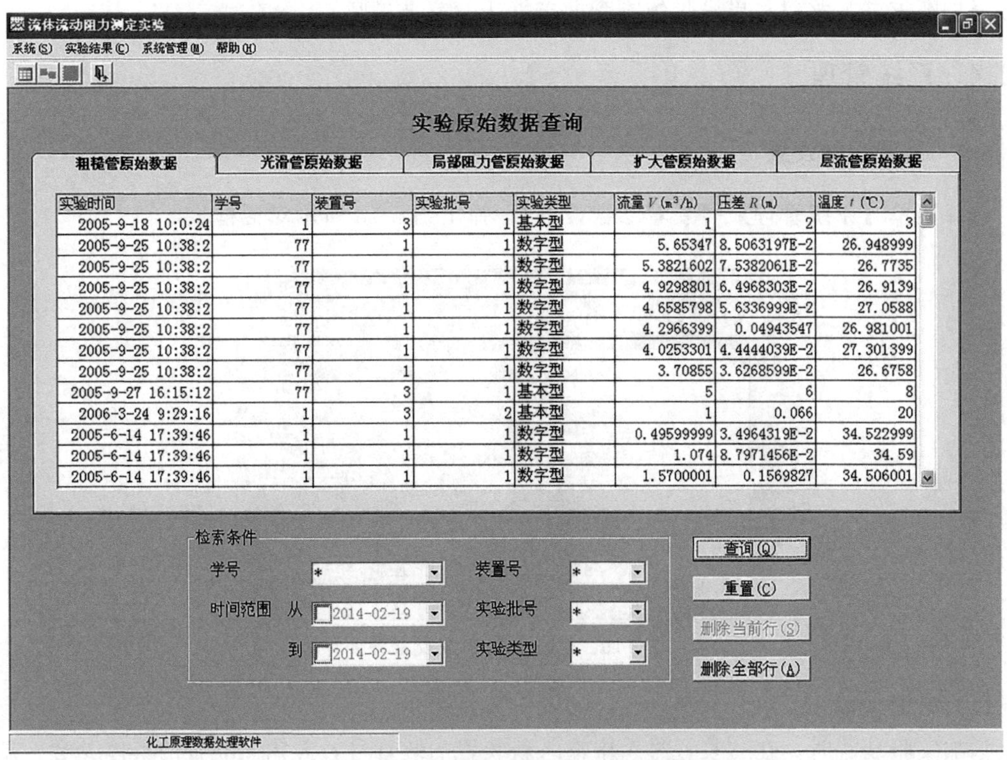

图 5-16　软件实验数据检索查询界面

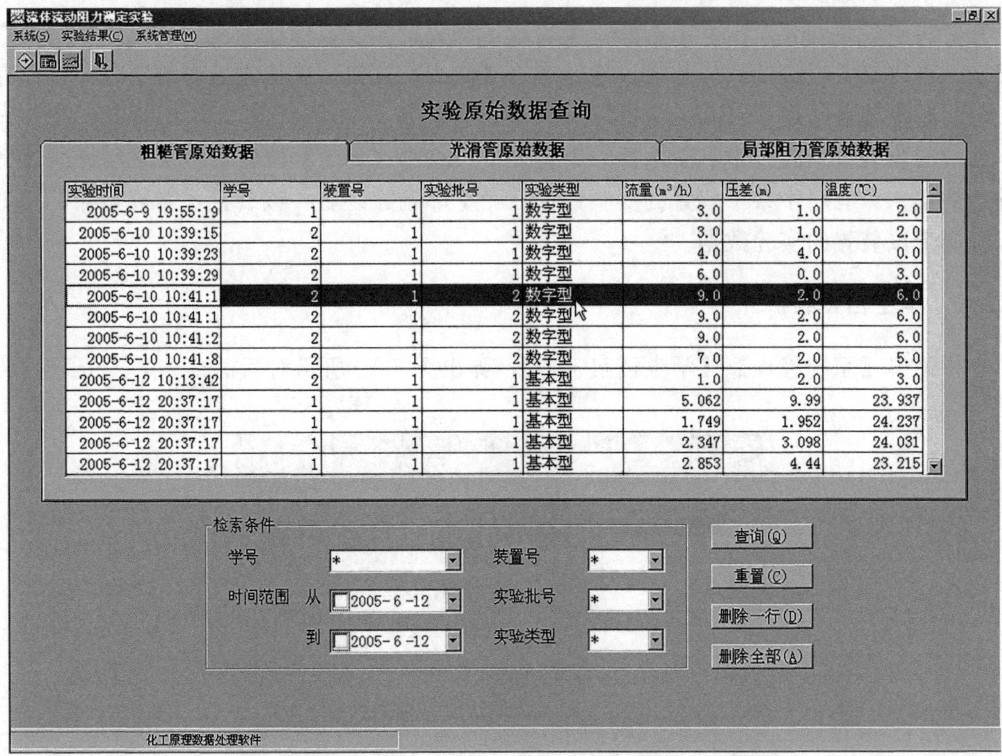

图 5-17　软件教师实验结果显示保存界面

点击【删除全部】按钮，可以将检索到的全部实验数据删除。

5.2.4 系统管理

5.2.4.1 装置参数设置

选择菜单【系统管理】→【装置参数设置】，弹出图 5-18 所示对话框。

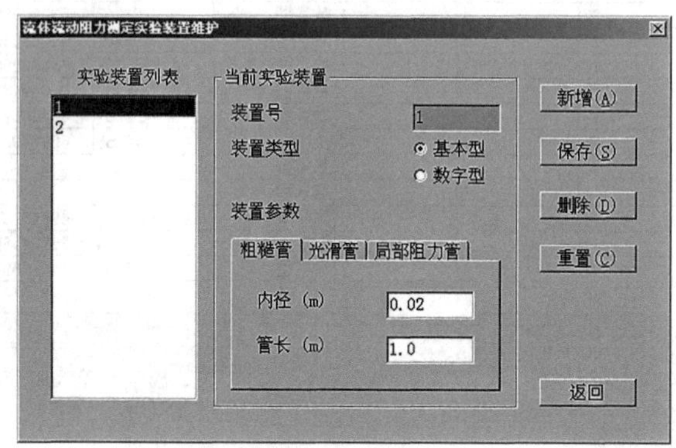

图 5-18　软件装置参数设置界面

（1）新增装置

添加实验装置时，在“装置号”中输入新装置的装置号，并输入装置的具体参数。新装置号必须与已有装置不同，装置参数必须全部输入，然后点击【新增】按钮。

（2）修改装置参数

在“实验装置列表”中点击选择一个装置，该装置的参数即显示在“装置参数”的有关栏目中。修改有关栏目的具体数值，然后点击【修改】按钮，确认之后新的参数即被保存。

（3）删除装置

在“实验装置列表”中点击选择一个装置，再点击【删除】按钮，确认之后该装置即被删除。注意，只有属于某个装置的实验数据已经全部删除以后，该装置才能被删除，否则应先删除属于该装置的实验数据。

5.2.4.2 学生档案维护

选择菜单【系统管理】→【学生档案维护】，弹出图 5-19 所示对话框。

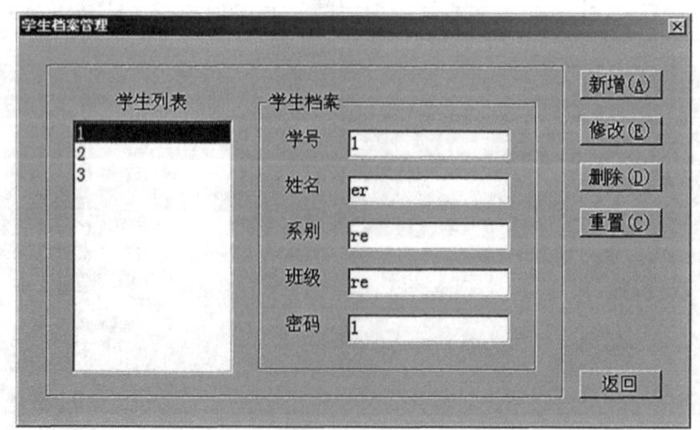

图 5-19　软件学生档案管理界面

（1）新增学生档案

要添加某个学生的档案时，在“学生档案”的相应栏目中输入该学生的有关信息。其中“学号”必须输入，并与已有学生的学号不相同，然后点击【新增】按钮。

（2）修改学生档案

在“学生列表”中点击选择一个学号，该学号学生的资料即显示在“学生档案”的有关栏目中。修改有关栏目的具体内容，然后点击【修改】按钮，确认之后新的学生信息即被保存。

（3）删除学生档案

在“学生列表”中点击选择一个学号，再点击【删除】按钮，确认之后该学生的资料即被删除。注意，只有属于某个学生的实验数据已经全部删除以后，该学生的资料才能被删除，否则应先删除属于该学生的实验数据。

5.2.4.3　教师密码修改

选择菜单【系统管理】→【教师密码修改】，弹出图 5-20 所示对话框。分别输入新密码和确认密码，点击【确定】按钮。新密码和确认密码必须一致。

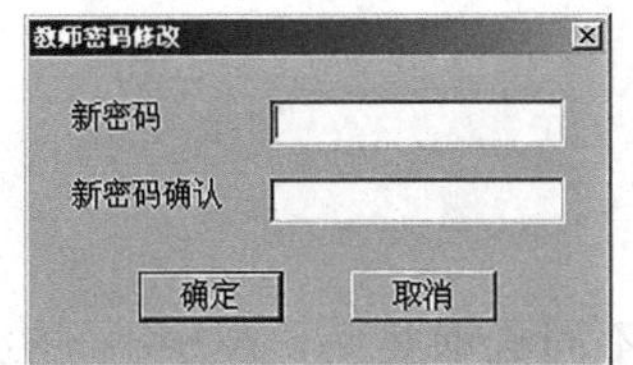

图 5-20　软件教师密码修改界面

第6章

基础实验

实验1　雷诺实验

[实验目的]

(1) 观察流体在管内流动的不同流动类型，观察不同流动类型的转变过程，建立流体流动类型的直观感性认识。

(2) 学会雷诺数的测定方法，测定临界雷诺数。

(3) 观察流体在圆管内层流流动和湍流流动时流体质点的速度分布。

(4) 了解转子流量计测定流量的原理和方法。

[实验原理]

流体流动有两种不同类型，即层流（或称滞流，laminar flow）和湍流（或称紊流，turbulent flow)，这一现象最早由英国科学家雷诺（Osborne Reynolds）于1883年通过实验发现。流体做层流流动时，其流体质点仅沿着平行于管轴的方向做直线运动，在其他方向上无脉动；流体做湍流流动时，其流体质点除沿着管轴方向做向前运动外，在宏观上还紊乱地向其他各个方向做随机的不规则运动，即有径向脉动。

流体流动的实际类型可用雷诺数 Re 来判断，雷诺数是由影响流动类型的各变量组合而成的量纲为1的数群，其值不会因采用不同的单位制计算而不同，但需注意，数群中各物理量必须采用同一单位制。若流体在圆形直管内流动，则雷诺数可用下式表示：

$$Re=\frac{du\rho}{\mu} \tag{6-1}$$

式中　Re——雷诺数，量纲为1；

d——管子内径，m；

u——流体在管内的平均流速，m/s；

ρ——流体密度，kg/m^3；

μ——流体黏度，Pa·s。

流体流动类型开始转变时的雷诺数称为临界雷诺数，又分为上临界雷诺数和下临界雷诺数。上临界雷诺数 $Re_{上}$ 表示超过此雷诺数的流动必为湍流，其值很不确定，跨越一个较大的取值范围。有实际意义的是下临界雷诺数 $Re_{下}$，表示低于此雷诺数的流动必为层流，有确定的取值。

工程上一般认为，当 $Re \leqslant 2000$ 时流体流动类型属于层流；当 $Re \geqslant 4000$ 时流动类型属于湍流；当 Re 在 2000～4000 范围内，流动处于一种不稳定的过渡状态，可能是层流，也可能是湍流，或者是二者交替出现，这取决于外界干扰条件，如噪声、震动等。

式(6-1) 表明，对于一定温度的流体，在特定的圆管内流动时，雷诺数仅与流体流速有关。本实验通过调节管路上阀门的开度大小来改变流体在管内的速度，通过观察示踪流体的流动现象来观察流体的流动类型，通过管路中流体流量的测定和流体温度的测定进一步计算得到雷诺数。

流体具有黏性，所以流动时流体质点的速度在管截面不同管径处是不同的，流体质点在管中心的流速最大，愈靠近管壁流速愈慢，管壁处流速为零。理论分析和实验表明，层流时流体质点的速度沿管径按抛物线的规律分布，湍流时由于流体质点的强烈分离与混合，截面上靠管中心部分各点速度彼此扯平，速度分布比较均匀，呈现舌形分布。

[实验装置及流程]

实验装置如图 6-1 所示，主要由玻璃实验管、流量计、流量调节阀、低位储水槽、循环水泵、稳压溢流水槽等部分组成，实验主管路为 $\phi 20\text{mm} \times 2\text{mm}$ 的硬质玻璃。

实验以水为流动介质，低位储水槽内的水由自来水管供给，实验时水由低位储水槽经循环水泵送至高位稳压溢流水槽，然后流经缓冲槽进入玻璃实验管，经转子流量计计量、流量调节阀调节流量后重新流回低位储水槽循环使用。示踪流体蓝墨水由墨水储槽经墨水连接管和细孔玻璃注射管（或注射针头）送入玻璃实验管中心，墨水流量由墨水调节旋塞调节。

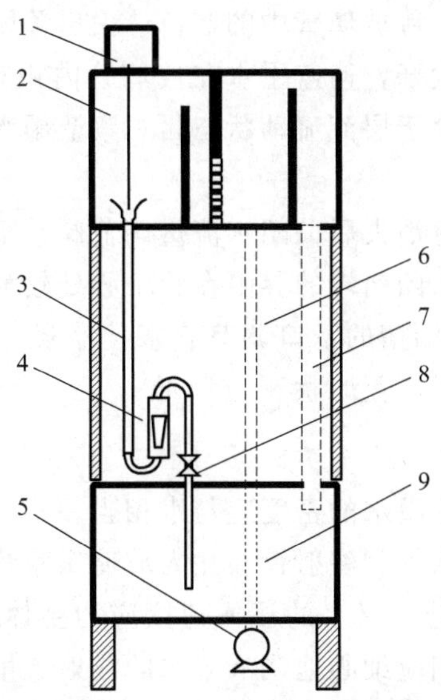

图 6-1　雷诺实验装置

1—蓝墨水储槽；2—稳压溢流水槽；3—实验管；4—转子流量计；
5—循环水泵；6—上水管；7—溢流回水管；8—调节阀；9—储水槽

[实验步骤及注意事项]

1. 实验步骤

(1) 将水充满低位储水槽，关闭流量计后的调节阀，启动循环水泵。待水充满稳压溢流水槽后，开启流量计后的调节阀，设法排尽管路系统中的气泡，可通过开大水流量使水流快速流过以冲走气泡。实验时水流量的大小，可边观察流量计边由调节阀调节。

(2) 先少许开启调节阀，将流速调至所需要的值，再调节蓝墨水储槽的下口旋塞，并作精细调节，使蓝墨水的注入流速与玻璃实验管中主体流体的流速相适应，一般以略低于主体流体的流速为宜。此时，在玻璃实验管的轴线上可观察到一条平直的蓝色细流，好像一根拉直的蓝线，记录主体流体的流量、温度和实验现象。

(3) 缓慢地增大调节阀的开度，使水通过玻璃实验管的流速平稳地增大，直至玻璃实验管内直线流动的蓝色细流开始发生波动，记录水的流量、温度和实验现象，用于计算下临界雷诺数。

(4) 缓慢地增大调节阀的开度，使水流量平稳地增大，玻璃实验管内的流速也随之平稳地增大。此时可观察到，玻璃实验管轴线上呈直线流动的蓝色细流，开始发生波动。随着流速的增大，蓝色细流的波动程度也随之增大，最后断裂成一段段的蓝色细流。当流速继续增大时，蓝墨水进入玻璃实验管后立即呈烟雾状分散在整个玻璃管内，进而迅速与主体水流混为一体，使整个管内的流体染为蓝色，以致无法辨别蓝墨水的流线，这表明流体的流动已进入湍流区域，记录下刚好发生此转变时水的流量、温度和实验现象，用于计算上临界雷诺数。

(5) 进行上述实验操作至少 5～6 次，以便获得较为准确的临界雷诺数。

(6) 继续增大调节阀的开度，此时可观察到蓝墨水进入玻璃实验管后立即分散并与主体水流混为一体，使整个管内的流体染为蓝色，表明流体的流动类型为稳定湍流。记录下这种湍流流动类型下水的流量、温度和实验现象。

(7) 关闭蓝墨水调节旋塞，待玻璃管中的蓝色消失后关闭水流量调节阀。

(8) 迅速打开蓝墨水调节旋塞，待蓝墨水在玻璃管内积有一定量后关闭墨水调节旋塞，再迅速打开水流量调节阀使水处于层流流动状态，观察蓝墨水团前端的界线，可见其形成一旋转抛物面。

(9) 待玻璃实验管内的蓝色消失后关闭水流量调节阀，重复步骤 (8)，并使水处于稳定湍流流动，此时可观察到蓝墨水团前端的界限在管中心处较为平坦，基本为舌形。

(10) 实验结束，关闭墨水储槽的下口调节旋塞，停泵，打开装置上的排水阀，待水排净后关闭流量调节阀，实验装置恢复原状。

2. 注意事项

(1) 实验用的水应清洁，蓝墨水的密度应与水相当。

(2) 实验中墨水经由连接软管和注射针头注入玻璃实验管，应注意适当调节注射针头的位置，使针头位于管轴线上为佳。墨水的注入速度应与主体流体流速相近（略低些为宜），因此，随着水流速的增加，应相应细心地调节墨水的注射流量，才能得到较好的实验结果。

(3) 实验过程中，随时注意观察高位稳压溢流水槽的溢流水量，应使溢流量尽可能小，因为溢流量大时，上水的流量也大，上水和溢流两者造成的震动较大，影响实验结果。

(4) 实验过程中，切勿碰撞设备，实验操作应轻巧缓慢，以免干扰流体流动过程的稳定性。

[实验原始数据记录]

记录实验原始数据，实验原始数据记录表见表6-1。

实验日期：________　管径：________

表6-1　实验原始数据记录表

序号	流动类型	流量 V_s/(L/h)	温度 t/℃	现象
1	层流			
2	下临界			
3	上临界			
4	湍流			

[实验结果及分析报告]

(1) 根据实验现象描述层流流动和湍流流动的特点。

(2) 计算临界雷诺数，并与经验值比较，分析可能的误差来源。

[思考题]

(1) 流体流动的基本类型有哪些？影响流体流动类型的因素有哪些？

(2) 实验时为什么墨水的注入流速要与玻璃实验管中主体流体的流速相适应？

(3) 实验过程中哪些环境扰动会导致稳定的流动类型突然发生改变？为什么？

(4) 工业生产时不能直接观察流体的流动类型，可以用什么方法来判断流体流动类型？

(5) 研究流体流动类型对化工生产过程有何实际意义？

[实验数据处理表]

实验数据处理表如表6-2所示。

表6-2　实验数据处理表

序号	流动类型	流量 V_s/(L/h)	温度 t/℃	现象	雷诺数 Re
1	层流				
2	下临界				
3	上临界				
4	湍流				

实验2　流体机械能转换实验

[实验目的]

(1) 观察不可压缩流体在管内流动时各种形式机械能的相互转换现象，熟悉流体流动时各种能量和压头的概念及其相互转换关系，加深对伯努利方程的理解。

(2) 定量考察流体流经收缩、扩大管段时流体流速与管径的关系，验证流体流动过程中的物料衡算式——连续性方程。

(3) 观测动压头、静压头、位压头随管径、位置、流量的变化情况，验证流体流动过程中的机械能衡算式——伯努利方程。

(4) 定性观察流体流经节流件、弯头等的压头损失情况。

(5) 掌握皮托(Pitot)管测速的工作原理。

[实验原理]

化工生产中，流体的输送多在密闭的管道中进行，因此研究流体在管内的流动是化学工程的一个重要课题。任何流动的流体，都遵守质量守恒定律和能量守恒定律，这是研究流体力学性质的基本出发点。

1. 连续性方程

流体在管内稳态流动时的质量守恒形式表现为如下的连续性方程：

$$\rho_1 u_1 A_1 = \rho_2 u_2 A_2 \tag{6-2}$$

式中 ρ——流体密度，kg/m^3；

u——流体在管内的平均流速，m/s；

A——流体流通截面积，m^2；

下标 1，2——上、下游截面。

对于均质、不可压缩流体，$\rho_1=\rho_2=$常数，则式(6-2) 可简化为

$$u_1 A_1 = u_2 A_2 \tag{6-3}$$

可见，对均质、不可压缩流体，平均流速与流通截面积成反比，即面积越大，流速越小，反之，面积越小，流速越大。

若流体在圆管内流动，则有 $A=\pi d^2/4$，d 为直径，于是式(6-3) 可转化为

$$u_1 d_1^2 = u_2 d_2^2 \tag{6-4}$$

2. 机械能衡算方程

流体流动时除遵循质量守恒定律以外，还应满足能量守恒定律。对于均质、不可压缩流体，在管路内稳态流动时，其机械能衡算方程(以单位质量流体为基准)为

$$Z_1+\frac{u_1^2}{2g}+\frac{p_1}{\rho g}+H_e=Z_2+\frac{u_2^2}{2g}+\frac{p_2}{\rho g}+H_f \tag{6-5}$$

式中 Z——管路上截面中心至某基准水平面的垂直距离，m；

p——管路上截面的压力，Pa；

H_e——外加压头，m；

H_f——压头损失，m；

g——重力加速度，$9.81m/s^2$。

上式中各项均具有长度的量纲，Z 称为位压头，$u^2/2g$ 称为动压头，$p/\rho g$ 称为静压头。

若流体流动过程中没有外功加入，则上式可进一步简化为

$$Z_1+\frac{u_1^2}{2g}+\frac{p_1}{\rho g}=Z_2+\frac{u_2^2}{2g}+\frac{p_2}{\rho g}+H_f \tag{6-6}$$

若为理想流体即无黏性的流体，则有 $H_f=0$，若此时又无外功加入，则机械能衡算方程式(6-5) 变为

$$Z_1+\frac{u_1^2}{2g}+\frac{p_1}{\rho g}=Z_2+\frac{u_2^2}{2g}+\frac{p_2}{\rho g} \tag{6-7}$$

式(6-7) 为理想流体的伯努利方程。该式表明，理想流体在流动过程中总机械能即位能、动能、静压能之和保持不变。

若流体静止，则 $u=0$，没有流动自然就没有能量损失即 $H_f=0$，此时也不需要外功加入即 $H_e=0$，于是机械能衡算方程式(6-5) 变为

$$Z_1+\frac{p_1}{\rho g}=Z_2+\frac{p_2}{\rho g} \tag{6-8}$$

式(6-8) 为流体静力学方程式，可见流体静止状态是流体流动的一种特殊形式。

静压头可用单管压差计中液面的高度来表示，若测压直管中的小孔（测压孔）正对来流方向，则测压管中的液柱高度表示静压头和动压头之和，位压头由截面中心所处的几何高度确定。流体在管内稳态流动时，如果管路的截面积和几何高度发生变化，必将引起流体各种机械能的变化，因此，通过观测各单管压差计中液柱高度的变化，可直观地观察到这些能量之间的转换关系。对于实际流体，任意两截面上的总机械能并不相等，两者之差即为机械能损失。

[实验装置及流程]

实验装置及流程如图 6-2 所示。

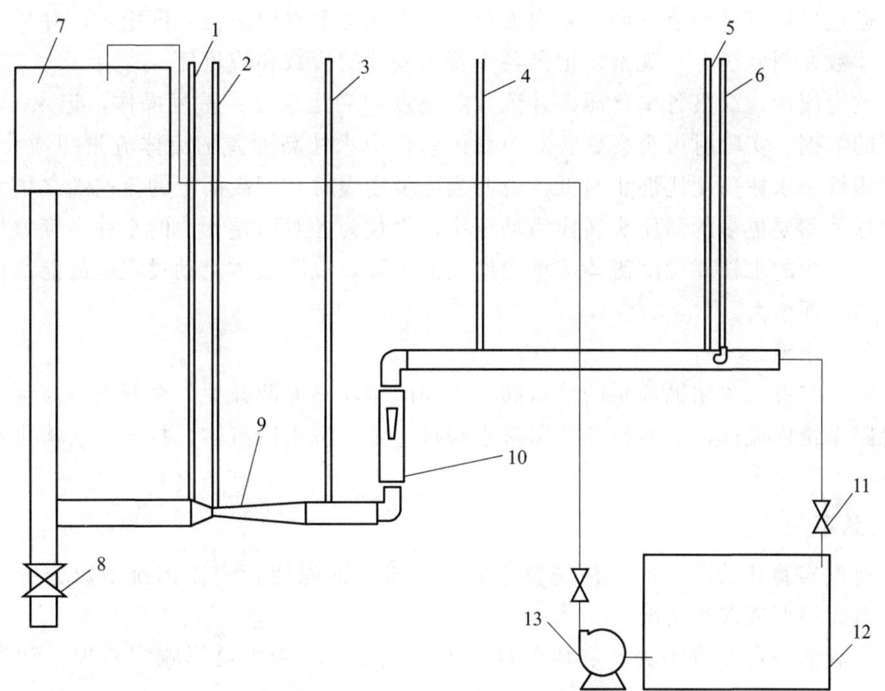

图 6-2　流体机械能转换实验装置图

1～6—单管压差计；7—上水槽；8—排水阀；9—节流件；10—转子流量计；
11—出口流量调节阀；12—下水槽；13—循环泵

本实验装置为有机玻璃材料制作的管路系统，通过泵使流体循环流动。管路内径为

30mm，节流件变截面处的管内径为15mm。

本实验以水为实验流体，水由下水槽经循环泵加压送入上水槽，之后水流入由有机玻璃材料制作的管路系统，最后流入下水槽循环使用。管路上装有单管压差计、节流件、弯头、转子流量计、流量调节阀。单管压差计1和2可用于验证变截面连续性方程，单管压差计1和3可用于比较流体经节流件后的能量损失，单管压差计3和4可用于比较流体经弯头和流量计后的能量损失及位能变化情况，单管压差计4和5可用于验证直管段雷诺数与流体流动摩擦阻力系数的关系，单管压差计6与5配合使用，用于测定单管压差计5处的中心点速度。

［实验步骤及注意事项］

1. 实验步骤

（1）检查下水槽排水阀使处于关闭状态，由自来水管在下水槽中加满清水。检查实验管路排水阀使其处于关闭状态，启动循环泵，立即开启循环泵后管路上的阀门，将水由下水槽输送至高位上水槽中，使整个实验管路充满流体。整个实验过程中应保持上水槽液位处于一定高度，可使上水槽保持有稍许溢流，可通过循环泵后阀控制高位上水槽的液位高度，以保证整个系统处于稳定流动状态。

（2）检查实验管路和各单管压差计中是否有空气，可打开实验管路上的调节阀，让水流冲走空气。充分排气后关闭出口流量调节阀，观察流体静止状态时各单管压差计的读数并记录。

（3）通过出口流量调节阀调节管内流量，注意保持上水槽液位高度稳定，并尽可能使转子流量计读数在刻度线上。观察、记录各单管压差计的读数和流量值。

（4）改变流量，观察各单管压差计读数随流量的变化情况。重复操作，记录5～6组不同流量下的数据。实验时可观察到各对单管压差计中水柱高度差随流体流量的增大而增大，同时各测压管中水柱高度比静止时低，说明当流量增大时，管截面上的流速随之增大，动压头增大，这就需要更多的静压头转换为动压头，表现为各对压差计中的水柱高度差加大。同时，各压差计中的水柱高度随流体流量的增大而下降，说明流体流动过程中的能量损失随流体流速的增大而增大。

（5）测出水温。

（6）实验结束，关闭循环泵的出口阀，再关闭循环泵电源开关，全开出口流量调节阀排尽实验管路系统内流体，之后打开管路排水阀排空管内沉积段流体，打开下水槽排水阀排空槽内流体。

2. 注意事项

（1）每次实验开始前，需先清洗整个管路系统，即先使管内流体流动数分钟，检查阀门、管段有无堵塞或漏水情况。

（2）实验前一定要将实验管和压差计中的空气排尽，否则会影响实验现象和测量的准确性。

（3）实验过程中需根据压差计的量程范围确定最大和最小流量。

（4）实验过程中注意每改变一个流量，需给予系统一定的稳流时间，方可读取数据。

［实验原始数据记录］

记录实验原始数据，实验原始数据记录表见表6-3。

实验日期：______ 管路内径：________ 节流件变截面：______ 水温：______

表 6-3 流体机械能转换实验原始数据记录表

序号	流量 V_s/(L/h)	单管压差计 1 液面高度 h_1/cm	单管压差计 2 液面高度 h_2/cm	单管压差计 3 液面高度 h_3/cm	单管压差计 4 液面高度 h_4/cm	单管压差计 5 液面高度 h_5/cm	单管压差计 6 液面高度 h_6/cm
1							
⋮							

[实验结果及分析报告]

（1）比较单管压差计高度 h_1 和 h_2，验证连续性方程。

（2）分析单管压差计高度 h_1 和 h_3，比较流体流经节流件的能量损失。

（3）分析单管压差计高度 h_3 和 h_4，比较流体流经弯头、流量计等管件的能量损失。

（4）分析单管压差计高度 h_4 和 h_5，比较流体流经直管的能量损失和流速间的关系，进一步计算得到摩擦阻力系数与雷诺数之间的关系。

（5）分析单管压差计高度 h_5 和 h_6，并计算得到流体流量。

[思考题]

（1）为什么实验过程中需保持高位上水槽液面有稍许溢流？

（2）实验单管压差计 1～6 中的液柱高度各表示什么物理意义？

（3）实验中改变流量后，如何判断流动系统又重新达到稳定？

（4）流量增大后，单管压差计 1、3 的高度差如何变化？

（5）为什么随着流量增大，单管压差计中的液柱高度会下降？

（6）不可压缩流体在水平不等径的管内流动时，流速和管径的关系如何？

（7）如何利用单管压差计 5、6 测定截面上流体的平均流速？

（8）实验测压点 1～5 处的总机械能的关系是什么？

（9）从实验中观察到的现象解释流体在直管内流动的速度与摩擦阻力损失的变化关系。

（10）流体静止时，各单管压差计的液柱高度是否相等？各测压点的压力是否相等？

[实验数据处理表]

实验数据处理表如表 6-4 所示。

表 6-4 流体机械能转换实验数据处理表

序号	实验原始数据记录部分							实验数据处理部分					
	流量 V_s /(L/h)	单管压差计 1 液面高度 h_1/cm	单管压差计 2 液面高度 h_2/cm	单管压差计 3 液面高度 h_3/cm	单管压差计 4 液面高度 h_4/cm	单管压差计 5 液面高度 h_5/cm	单管压差计 6 液面高度 h_6/cm	流量计算值 V_s' /(L/h)	u_2 /u_1	H_{f13} /m	H_{f34} /m	Re	λ
1													
⋮													

实验 3 流体流动阻力的测定实验

[实验目的]

(1) 掌握测定流体流经直管、管件和阀门时阻力损失的一般实验方法。

(2) 测定流体流经直管时的摩擦阻力损失，并确定摩擦阻力系数 λ 与雷诺数 Re 的关系，验证在一般湍流区内 λ 与 Re 的关系曲线。

(3) 测定流体流经管件、阀门时的局部阻力系数 ξ。

(4) 学会压差计和流量计的使用方法。

(5) 识辨组成管路的各种管件、阀门，并了解其作用。

(6) 学会对数坐标纸的用法。

[实验原理]

流体通过由直管、管件（如三通和弯头等）和阀门等组成的管路系统时，由于黏性剪应力和涡流应力的存在，要损失一定的机械能。流体流经直管时所造成的机械能损失称为直管阻力损失，流体通过管件、阀门等部件时因流体流动方向和速度大小改变所引起的机械能损失称为局部阻力损失。

1. 直管摩擦阻力系数 λ 的测定

由流体流动的机械能衡算式伯努利方程可知，流体在水平等径直管中稳态流动时，由截面 1 流动至截面 2 的阻力损失表现为压力的降低，即

$$h_f=\frac{\Delta p_f}{\rho}=\frac{p_1-p_2}{\rho}=\lambda\frac{l}{d}\times\frac{u^2}{2} \tag{6-9}$$

即

$$\lambda=\frac{2d(p_1-p_2)}{\rho l u^2}=\frac{2d\Delta p}{\rho l u^2} \tag{6-10}$$

式中 λ——直管摩擦阻力系数，量纲为 1；

d——直管内径，m；

Δp_f——流体流经 l 米直管的压降，Pa；

h_f——单位质量流体流经 l 米直管的机械能损失，J/kg；

ρ——流体密度，kg/m^3；

l——直管长度，m；

u——流体在管内流动的平均流速，m/s；

Δp——直管前后端截面 1、2 的压差，$\Delta p=p_1-p_2$，Pa。

层流（滞流）时

$$\lambda=\frac{64}{Re} \tag{6-11}$$

$$Re=\frac{du\rho}{\mu} \tag{6-12}$$

式中 Re——雷诺数，量纲为 1；

μ——流体黏度，Pa·s。

湍流时 λ 是雷诺数 Re 和管子相对粗糙度 ε/d 的函数，须由实验确定。根据经验，对于光滑管，有柏拉修斯（Blasius）公式：

$$\lambda=\frac{0.3164}{Re^{0.25}} \tag{6-13}$$

上式适用范围为 $Re=3\times10^3\sim1\times10^5$。

对于粗糙管，内湍流流动，常采用柯尔布鲁克（Colebrook）公式：

$$\frac{1}{\sqrt{\lambda}}=2\lg\frac{d}{\varepsilon}+1.14-2\lg\left(1+9.35\frac{d/\varepsilon}{Re\sqrt{\lambda}}\right) \tag{6-14}$$

该公式适用于全部湍流区，其误差仅为 10%～15%以内。

当 $\frac{d/\varepsilon}{Re\sqrt{\lambda}}>0.005$ 时，即所谓的完全粗糙管，有尼库拉则（Nikuradse）与卡门（Karman）公式：

$$\frac{1}{\sqrt{\lambda}}=2\lg\frac{d}{\varepsilon}+1.14 \tag{6-15}$$

由式(6-10) 可知，欲测定 λ，需确定 l、d 并测定 Δp、u、ρ 等参数。l、d 为装置参数（装置参数表格中给出）；ρ、μ 通过测定流体温度，再查有关手册而得；u 通过测定流体流量，再由管径计算得到。

如果实验装置采用涡轮流量计测流量 V_s，则流速 u 可用下式计算：

$$u=\frac{V_s}{\frac{\pi}{4}d^2} \tag{6-16}$$

Δp 可用 U 形管、倒置 U 形管等液柱压差计测定，或采用差压变送器和二次仪表显示。

当采用 U 形管压差计时

$$\Delta p=(\rho_i-\rho)gR \tag{6-17}$$

式中　R——液柱高度差，m；

ρ_i——指示液密度，kg/m^3。

当采用倒置 U 形管压差计时

$$\Delta p=\rho gR \tag{6-18}$$

根据实验装置给出的结构参数 l、d，指示液密度 ρ_i，流体温度 t（查流体物性 ρ、μ），及实验时测定的流量 V_s、液柱压差计的读数 R 或压差表直接读出（实验室装置即采用压差表读数）两截面压差 Δp，通过式(6-16)、式(6-17) 或式(6-18)、式(6-12) 和式(6-10) 求取 Re 和 λ，再将 Re 和 λ 标绘在双对数坐标图上即可得到相对粗糙度 ε/d 时的直管摩擦阻力系数 λ 与雷诺数 Re 的关系。

2. 局部阻力系数 ξ 的测定

局部阻力损失通常有两种表示方法，即当量长度法和阻力系数法。

（1）当量长度法

流体流过某管件或阀门时造成的机械能损失可看作流体流过某一长度为 l_e 的同管径的直管所产生的机械能损失，此折合的直管长度称为管件、阀门的当量长度，用符号 l_e 表示。这样，就可以用直管阻力的公式来计算局部阻力损失，而且在管路计算时可将管路中的直管长度与管件、阀门的当量长度合并在一起计算，则流体在管路中流动时的总机械能损失 $\sum h_f$ 为

$$\sum h_f = \lambda \frac{l + \sum l_e}{d} \times \frac{u^2}{2} \tag{6-19}$$

(2) 阻力系数法

流体通过某一管件或阀门时的机械能损失表示为流体在管内流动时平均动能的某一倍数，局部阻力的这种计算方法，称为阻力系数法，即

$$h'_f = \frac{\Delta p'_f}{\rho} = \xi \frac{u^2}{2} \tag{6-20}$$

因此有

$$\xi = \frac{2\Delta p'_f}{\rho u^2} \tag{6-21}$$

式中 ξ——局部阻力系数，量纲为1；

$\Delta p'_f$——局部阻力压降，Pa。（本实验装置中，所测得的压降应扣除两测压口间直管段的压降，直管段的压降由直管阻力实验结果求取。）

待测的管件和阀门由现场指定。本实验采用阻力系数法表示管件或阀门的局部阻力损失。

根据连接管件或阀门两端管径中小管的直径 d、指示液密度 ρ_i、流体温度 t（查流体物性 ρ、μ），及实验时测定的流量 V_s、液柱压差计的读数 R 或两截面压差 Δp，通过式(6-16)、式(6-17) 或式(6-18)、式(6-21) 求取管件或阀门的局部阻力系数 ξ。

［实验装置及流程］

实验装置由储水槽、离心泵、不同管径和材质的水管、阀门、管件、涡轮流量计等组成。水泵将储水槽中的水抽出，送入实验系统，首先经涡轮流量计测量流量，然后送入被测直管段测量流体流动的光滑管或粗糙管的阻力，或经局部管测量局部阻力后回到储水槽，水循环使用。被测直管段流体流动阻力 Δp 可根据其数值大小分别采用差压变送器或空气-水倒置U形管压差计来测量。

实验系统流程示意图如图6-3所示。实验管路部分有两段串联长直管，自上而下分别用

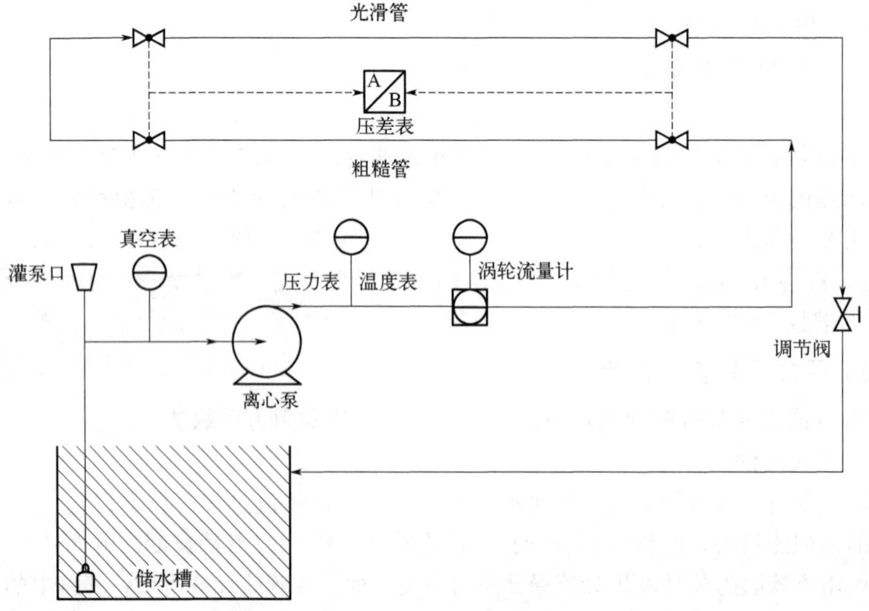

图6-3 实验系统流程图

于光滑直管阻力系数和粗糙直管阻力系数测定。光滑管和粗糙管串联，同时在粗糙直管和光滑直管的前面串联一个局部阻力管，局部阻力管由一根光滑管和其上装有的涡轮流量计构成，用于测定涡轮流量计的局部阻力。水的流量使用涡轮流量计测量，管路直管阻力和局部阻力采用压差传感器测量。

[实验步骤及注意事项]

1. 实验步骤

(1) 向储水槽内注水，直到水满为止（有条件最好用蒸馏水，以保持流体清洁）。

(2) 压力显示仪、流量控制仪的使用方法请详细阅读使用说明书。

(3) 大流量状态下的压差测量系统，应先接电预热 10～15min，方可启动泵做实验。

(4) 进行排气，保证管道内的流体流动是连续的，以便准确测量压差（本示例装置采用的是差压变送器）。

若使用的是倒置 U 形管压差计，检查导压系统内有无气泡存在的方法是：当流量为零时，若管内两液柱的高度差不为零，则说明系统内有气泡存在，需赶净气泡再测取数据。

赶气泡的方法：将流量调至最大，把所有的阀门全部打开，排出导压管内的气泡，直至排净为止。

(5) 测取数据的顺序可从大流量至小流量，反之也可，一般测 15～20 组数，最小流量应控制在 $1.5m^3/h$ 左右。

(6) 局部阻力（涡轮流量计）测定时，用差压变送器测量远端、近端压差并计算出局部阻力系数。

(7) 待数据测量完毕，关闭流量调节阀，切断电源。

2. 注意事项

(1) 使用显示仪表前请仔细阅读说明书。

(2) 若较长时间内不做实验，放掉系统内及储水槽内的水。

(3) 由于实验数据处理时使用的是双对数坐标，所以实验时每次流量变化取一递减的等比数列，这样得到的数据点就会均匀分布，使实验结果更具准确性。

(4) 在实验过程中每调节一个流量之后应待流量和直管压降的数据稳定以后方可记录数据。

(5) 较长时间未做实验，启动离心泵之前应先盘轴转动否则易烧坏电机。

[实验原始数据记录]

记录实验原始数据于表 6-5 中。

实验日期：______　直管长度：______　局部阻力直管长度：______

光滑管内径：______　粗糙管内径：______　局部阻力管内径：______

表 6-5　原始数据记录表

序号	粗糙管实验数据			光滑管实验数据			局部阻力实验数据		
	流量 $V_s/(m^3/h)$	温度 $t/℃$	压差 $\Delta p/kPa$	流量 $V_s/(m^3/h)$	温度 $t/℃$	压差 $\Delta p/kPa$	流量 $V_s/(m^3/h)$	温度 $t/℃$	压差 $\Delta p/kPa$
1									
⋮									

[实验结果及分析报告]

(1) 根据粗糙管实验结果，在双对数坐标纸上标绘出 λ-Re 曲线，并对照经验关联图估算出该管的相对粗糙度和绝对粗糙度。

(2) 根据光滑管实验结果，在双对数坐标纸上标绘出 λ-Re 曲线，以 $\lambda=\frac{c}{Re^{m}}$ 的形式拟合出 λ 和 Re 的关系方程，对照柏拉修斯公式，计算其误差。

(3) 根据局部阻力实验结果，求出闸阀在实验所选开度时的平均 ξ 值。

[思考题]

(1) 在对装置做排气工作时，是否一定要关闭流程尾部的出口阀？为什么？

(2) 如何检测管路中的空气已经被排除干净？

(3) 以水作介质所测得的 λ-Re 关系能否适用于其他流体？如何应用？

(4) 在不同设备上（包括不同管径）、不同水温下测定的 λ 与 Re 数据能否关联在同一条曲线上？

(5) 为什么测定涡轮流量计阻力损失时，测压点不能设置在紧靠闸阀进出口的两端？

[实验数据处理表]

实验数据处理表如表 6-6 和表 6-7 所示。

表 6-6　直管阻力实验数据处理表

序号	实验原始数据记录部分			实验数据处理部分	
	流量 V_s/(m^3/h)	温度 t/℃	压差 Δp/kPa	雷诺数 Re	摩擦阻力系数 λ
1					
⋮					

表 6-7　局部阻力实验数据处理表

序号	实验原始数据记录部分			实验数据处理部分	
	流量 V_s/(m^3/h)	温度 t/℃	压差 Δp/kPa	雷诺数 Re	局部阻力系数 ξ
1					
⋮					

实验 4　离心泵特性曲线测定实验

[实验目的]

(1) 了解离心泵的结构与特性，熟悉离心泵的使用。

(2) 掌握离心泵在一定转速下的特性曲线的测定方法。

(3) 测定离心泵出口阀门开度一定时的管路特性曲线。

(4) 了解离心泵的工作点与流量调节。

(5) 了解电动调节阀的工作原理和使用方法。

［实验原理］

1. 离心泵特性曲线

化工生产中常需要将流体从低处送至高处，或从低压送至高压，或沿管路送至远处。为此需要对流体做功以提高流体的位能、静压能、动能等机械能或克服沿程管路的阻力。向流体做功以提高流体机械能的装置称为流体输送机械。离心泵是常用的液体输送机械。

离心泵的特性曲线是选择和使用离心泵的重要依据之一，其特性曲线是指在恒定转速下泵的扬程（又称压头）H、轴功率 N 及效率 η 与泵的流量（又称送液能力）Q 之间的关系曲线，它是流体在泵内流动规律的宏观表现形式。由于泵内部流动情况复杂，目前尚不能用理论方法推导出泵的特性关系曲线，只能依靠实验测定。

工程上通常将离心泵的 η-Q 曲线上的最高效率点定为额定点，即泵的设计工况点，与该点对应的流量称为额定流量。一般来说，在设计工况点所对应的扬程和流量下操作最为经济，但实际生产中泵不可能正好在设计工况点下运转，所以一般只能规定一个工作范围，称为泵的高效率区，通常为最高效率的92％左右。

（1）流量 Q 的测定

离心泵流量的调节可通过调节泵的出口阀门的开度来实现，流量的测量一般用安装在管路上的流量计测定。

（2）扬程 H 的测定与计算

在离心泵进、出口管路处分别安装真空表和压力表，在进口真空表处和出口压力表处管路的两截面间列伯努利方程：

$$Z_1+\frac{p_1}{\rho g}+\frac{u_1^2}{2g}+H=Z_2+\frac{p_2}{\rho g}+\frac{u_2^2}{2g}+H_f \tag{6-22}$$

式中 ρ——流体密度，kg/m^3；

g——重力加速度，$9.81m/s^2$；

H_f——压头损失，m；

p_1，p_2——泵进、出口的压力，Pa；

u_1，u_2——泵进、出口的流速，m/s；

Z_1，Z_2——真空表、压力表安装处管路截面中心的几何高度，m。

由于两截面间的管路很短，其压头损失 H_f 可忽略不计。两截面间的动压头差 $\frac{u_2^2-u_1^2}{2g}$ 也很小，通常也可忽略不计，则式(6-22) 可简化为

$$H=(Z_2-Z_1)+\frac{p_2-p_1}{\rho g}=H_0+H_1+H_2 \tag{6-23}$$

式中 H_0——泵出口和进口间的位差，$H_0=Z_2-Z_1$，m；

H_1，H_2——泵进、出口的真空度和表压对应的压头，m。

由上式可知，只要直接读出真空表和压力表上的数值，及两表的安装高度差，就可计算出泵的扬程。

（3）轴功率 N 的测量与计算

离心泵的轴功率难以直接测定，一般间接测定。

离心泵一般由电动机驱动，其轴功率就是电动机传给泵轴的功率，测量时通常由三相功

率表直接测定电机输出功率，然后乘以电机传动效率得到，即

$$N=N_{电}k \tag{6-24}$$

式中　$N_{电}$——电机功率，W；

k——电机传动效率，可取 0.95。

（4）效率 η 的计算

泵的效率 η 是泵的有效功率 N_e 与轴功率 N 的比值。有效功率 N_e 是单位时间内流体经过泵时所获得的实际功，轴功率 N 是单位时间内泵轴从电机得到的功，两者差值反映了离心泵的水力损失、容积损失和机械损失的大小。

泵的有效功率 N_e 可用下式计算：

$$N_e=HQ\rho g \tag{6-25}$$

故泵效率为

$$\eta=\frac{HQ\rho g}{N}\times 100\% \tag{6-26}$$

（5）转速改变时泵性能参数的换算

泵的特性曲线是由泵在一定转速下实验测定所得。但是，实际上感应电动机在转矩改变时，其转速会有变化，这样随着流量 Q 的变化，多个实验点的转速 n 将有所差异，因此在绘制特性曲线之前，须将实测数据换算为某一定转速 n'（可取离心泵的额定转速为 2850r/min）下的数据。换算关系如下：

流量
$$Q'=Q\frac{n'}{n} \tag{6-27}$$

扬程
$$H'=H\left(\frac{n'}{n}\right)^2 \tag{6-28}$$

轴功率
$$N'=N\left(\frac{n'}{n}\right)^3 \tag{6-29}$$

效率
$$\eta'=\frac{Q'H'\rho g}{N'}=\frac{QH\rho g}{N}=\eta \tag{6-30}$$

2. 管路特性曲线

当离心泵安装在特定的管路系统中工作时，实际的工作压头和流量不仅与离心泵本身的性能有关，还与管路特性有关，也就是在液体输送过程中，离心泵和管路两者是相互制约的。

对特定的管路系统，若贮槽与受液槽的液面均保持恒定，流体流过管路系统时所需的压头（即要求泵提供的压头）H_e 可通过在上游贮槽液面和下游受液槽液面间列伯努利方程求得，即有

$$H_e=\Delta Z+\frac{\Delta p}{\rho g}+\frac{\Delta u^2}{2g}+H_f \tag{6-31}$$

操作条件一定时，上式中的 ΔZ、$\Delta p/\rho g$ 均为定值，令

$$K=\Delta Z+\frac{\Delta p}{\rho g} \tag{6-32}$$

若贮槽和受液槽的截面都很大，该处流速与管路流速相比可以忽略不计，则 $\frac{\Delta u^2}{2g}\approx 0$。若输送管路的直径均一，则管路系统的压头损失可表示为

$$H_f=\left(\lambda\frac{l+\sum l_e}{d}+\sum\xi\right)\frac{u^2}{2g}=\left(\lambda\frac{l+\sum l_e}{d}+\sum\xi\right)\frac{8Q^2}{\pi^2 d^4 g} \tag{6-33}$$

若流体在管路中的流动已进入阻力平方区，λ 可视为常量，管路上阀门开度一定时，上式中除流量 Q 外其余参数均为定值，令

$$B=\left(\lambda\frac{l+\sum l_e}{d}+\sum\xi\right)\frac{8}{\pi^2 d^4 g} \tag{6-34}$$

于是式(6-31) 可简化为

$$H_e=K+BQ^2 \tag{6-35}$$

可见，在特定的管路中输送流体时，管路所需的压头 H_e 随流量 Q 的平方而变，将此关系标在相应的坐标图上，即为管路特性曲线。该曲线的形状取决于系数 K 和 B，即由管路布局与操作条件确定，与泵的性能无关。

实验测定时，对特定的管路系统，保持操作条件不变，在固定的阀门开度时，通过改变离心泵的转速使系统流量改变，测定各转速下的流量、泵前真空表和泵后压力表的读数，及两测压表的安装高度差，由式(6-23) 计算出离心泵的扬程即为管路所需的压头，由此作出管路特性曲线。

3. 离心泵的工作点和流量调节

离心泵在管路中运行时，泵所能提供的流量及压头与管路所需要的应一致。若将离心泵的特性曲线和管路的特性曲线绘在同一坐标图上，两曲线的交点即为离心泵在该管路的工作点。

当生产任务发生变化或已选好的离心泵在特定管路中运转所提供的流量不符合要求时，都需要对离心泵的工作点进行调节。泵的工作点由泵的特性曲线和管路的特性曲线所决定，因此改变两种特性曲线之一均能达到调节流量的目的。改变离心泵出口管路上调节阀的开度，即可改变管路特性曲线。改变离心泵的转速，即可改变泵的特性曲线。

[实验装置及流程]

离心泵将储水槽内的水输送到实验系统，用电动调节阀或回流调节阀调节流量，流体经涡轮流量计计量后，流回储水槽。流程示意图见图 6-4。

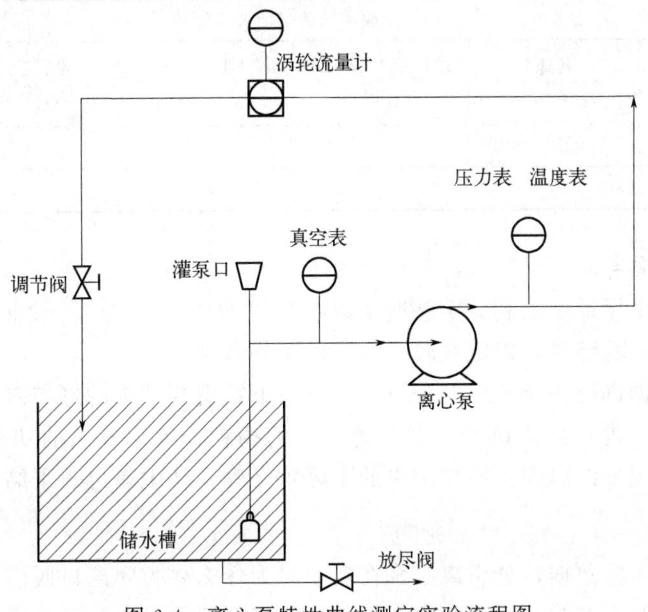

图 6-4　离心泵特性曲线测定实验流程图

设备参数为：离心泵型号，WB70/075；额定转速，2850r/min；额定流量，7.2m^3/h；额定扬程，21m；额定功率，750W。

[实验步骤及注意事项]

1. 实验步骤

(1) 向储水槽内注入蒸馏水。

(2) 检查流量调节阀、真空表及压力表的开关阀是否关闭（应关闭）。

(3) 启动实验装置总电源，用变频调速器上[∧]、[∨]及[<]键设定频率后，按“run”键启动离心泵，缓慢打开调节阀至全开。待系统内流体稳定后，打开压力表和真空表的开关阀，测取数据。

(4) 测取数据的顺序可从最大流量至0，或反之。一般测10～20组数据。

(5) 在稳定的条件下同时记录流量计、压力表、真空表、电机功率表的读数及流体温度。

(6) 实验结束，关闭流量调节阀，关闭离心泵电机，关闭仪表电源和总电源开关，将实验装置恢复原状。

2. 注意事项

(1) 该装置电路采用五线三相制配电，实验设备应良好地接地。

(2) 使用变频调速器时一定注意切忌电机反转。

(3) 启动离心泵前，关闭压力表和真空表的开关以免损坏仪表。

[实验原始数据记录]

记录实验原始数据于表6-8中。

表6-8 离心泵特性曲线测定实验原始数据记录表

实验日期：__________ 泵进出口测压点高度差 H_0：__________

吸入管管径：__________ 排出管管径：__________

序号	实验原始数据记录部分					
	流量 $Q/(m^3/h)$	转速 $n/(r/min)$	进口压力(表压) p_1/kPa	出口压力(表压) p_2/kPa	电机功率 $N_{电}$/kW	温度 t/℃
1						
⋮						

[实验结果及分析报告]

(1) 在同一张坐标纸上绘制一定转速下离心泵的H-Q、N-Q、η-Q曲线。

(2) 分析上述实验结果，确定泵较为适宜的工作范围。

(3) 对实验数据进行必要的误差分析，评价一下数据与结果的好与差，并分析其原因。

(4) 对实验结果进行分析讨论，例如离心泵的扬程、效率及泵的功率与流量之间的关系，分析出现这种现象的原因、所得结果的工程意义等，从中得出若干结论。

[思考题]

(1) 根据所测实验数据，分析离心泵在启动时为什么要关闭出口阀门。

(2) 启动离心泵之前为什么要引水灌泵？如果灌泵后依然启动不起来，你认为可能的原因是什么？

(3) 为什么要在进口管下安装底阀？

(4) 为什么用泵的出口阀门调节流量？这种方法有什么优缺点？是否还有其他方法调节流量？

(5) 泵启动后，出口阀如果不开，压力表读数是否会逐渐上升？为什么？

(6) 正常工作的离心泵，在其进口管路上安装阀门是否合理？为什么？

(7) 随着流量的变化，泵的出口压力和进口压力如何变化？为什么？

(8) 有人认为离心泵入口处总是负压，一定要安装真空表，这种说法对吗？

(9) 比较实验测定的泵在最高效率时的相关数据和泵铭牌参数，分析实验误差。

(10) 试分析，用清水泵输送密度为 $1200kg/m^3$ 的盐水时，在相同流量下泵的压力是否变化？轴功率是否发生变化？

[实验数据处理表]

实验数据处理表如表 6-9 所示。

表 6-9　离心泵特性曲线测定实验数据处理表

序号	实验原始数据记录部分						实验数据处理部分		
	流量 $Q/(m^3/h)$	转速 $n/(r/min)$	进口压力（表压）p_1/kPa	出口压力（表压）p_2/kPa	电机功率 $N_{电}/kW$	温度 $t/℃$	扬程 H'/m	轴功率 N'/kW	效率 $\eta'/\%$
1									
⋮									

实验 5　过滤实验

[实验目的]

(1) 熟悉板框过滤机的构造和操作方法。

(2) 通过恒压过滤实验，验证过滤基本理论。

(3) 学会测定过滤常数 K、q_e 的方法。

(4) 了解过滤压力对过滤速率的影响。

[实验原理]

过滤是以某种多孔物质为介质来处理悬浮液以达到固、液分离的一种操作过程，即在外力的作用下，悬浮液中的液体通过固体颗粒层（即滤渣层）及多孔介质的孔道而固体颗粒被截留下来，从而实现固、液分离。因此，过滤操作本质上是流体通过固体颗粒层的流动，而这个固体颗粒层（滤渣层）的厚度随着过滤的进行不断增加，故在恒压过滤操作中，过滤速度不断降低。

过滤速度 u 定义为单位时间单位过滤面积内通过过滤介质的滤液量。影响过滤速度的主要因素除过滤推动力（压差）Δp、滤饼厚度 L 外，还有滤饼和悬浮液的性质、悬浮液温度、过滤介质的阻力等。

过滤时滤液流过滤渣和过滤介质的流动过程基本上处在层流流动范围内，因此，可利用流体通过固定床压降的简化模型，寻求滤液量与时间的关系，可得过滤速度计算式：

$$u=\mathrm{d}V/A\mathrm{d}\tau=\mathrm{d}q/\mathrm{d}\tau=\Delta p^{1-s}/r_0\varphi\mu(q+q_e) \tag{6-36}$$

式中　u——过滤速度，m/s；

V——通过过滤介质的滤液量，m^3；

A——过滤面积，m^2；

τ——过滤时间，s；

q——通过单位面积过滤介质的滤液量，m^3/m^2；

q_e——通过单位面积过滤介质的当量滤液量，m^3/m^2；

Δp——过滤压差，Pa；

s——滤渣压缩指数；

μ——滤液的黏度，Pa·s；

r_0——常数；

φ——悬浮液中固体颗粒的体积分数。

对于一定的悬浮液，在恒温和恒压下过滤时，μ、r_0、φ 和 Δp 都恒定，为此令

$$K=2\Delta p^{1-s}/r_0\varphi\mu \tag{6-37}$$

于是式(6-36) 可改写为

$$\frac{\mathrm{d}q}{\mathrm{d}\tau}=\frac{K}{2(q+q_e)} \tag{6-38}$$

$$\frac{\mathrm{d}V}{\mathrm{d}\tau}=\frac{KA^2}{2(V+V_e)} \tag{6-39}$$

式中　K——过滤常数，由物料特性及过滤压差所决定。

将式(6-39) 分离变量积分得：

$$\int_{V_e}^{V+V_e}(V+V_e)\mathrm{d}(V+V_e)=\frac{1}{2}KA^2\int_0^{\tau}\mathrm{d}\tau \tag{6-40}$$

即

$$V^2+2VV_e=KA^2\tau \tag{6-41}$$

将式(6-40) 的积分极限改为从 0 到 V_e 和从 0 到 τ_e 并积分，则

$$V_e^2=KA^2\tau_e \tag{6-42}$$

将式(6-42) 和式(6-41) 相加，可得

$$(V+V_e)^2=KA^2(\tau+\tau_e) \tag{6-43}$$

式中　τ_e——虚拟过滤时间（相当于滤出滤液量 V_e 所需时间），s。

再将式(6-43) 微分，得

$$2(V+V_e)\mathrm{d}V=KA^2\mathrm{d}\tau \tag{6-44}$$

将式(6-44) 写成差分形式，则

$$\frac{\Delta\tau}{\Delta q}=\frac{2}{K}\bar{q}+\frac{2}{K}q_e \tag{6-45}$$

式中　Δq——每次测定的单位过滤面积滤液量（在实验中一般等量分配），m^3/m^2；

$\Delta\tau$——每次测定的滤液量 Δq 所对应的时间，s；

$\bar{q}$——相邻两个 q 值的平均值，m^3/m^2。

以 $\Delta\tau/\Delta q$ 为纵坐标，$\bar{q}$ 为横坐标将式(6-45) 标绘成一直线，可得该直线的斜率和截距。

斜率

$$S=\frac{2}{K} \tag{6-46}$$

截距
$$I=\frac{2}{K}q_e \tag{6-47}$$

则
$$K=2/S \tag{6-48}$$

$$q_e=KI/2=I/S \tag{6-49}$$

改变过滤压差 Δp，可测得不同的 K 值，由 K 的定义式(6-37) 两边取对数得：

$$\lg K=(1-s)\lg\Delta p+B \tag{6-50}$$

在实验压差范围内，若 B 为常数，则 $\lg K$-$\lg\Delta p$ 的关系在直角坐标上应是一条直线，斜率为 $1-s$，可得滤饼压缩性指数 s。

洗涤速率定义为单位时间内消耗的洗水体积，即

$$\left(\frac{dV}{d\theta}\right)_w=\frac{V_w}{\theta_w} \tag{6-51}$$

式中 $\left(\frac{dV}{d\theta}\right)_w$——洗涤速率，$m^3/s$；

V_w——洗水用量，m^3；

θ_w——洗涤时间，s。

由于洗水中不含固体颗粒，洗涤过程中滤饼厚度不变，所以在恒定的压差下洗涤速率基本为常数。由实验测得 V_w、θ_w，即可得洗涤速率。

为使测定比较准确，测定最终过滤速率时，应将过滤操作进行到滤框全部充满滤饼以后再停止。由式(6-38) 可知，恒压过滤的最终速率为

$$\left(\frac{dV}{d\theta}\right)_E=\left[\frac{KA^2}{2(V+V_e)}\right]_E=\left[\frac{KA}{2(q+q_e)}\right]_E \tag{6-52}$$

[实验装置及流程]

本实验装置由料液泵、配料搅拌桶、阀门、清水桶、板框过滤机等组成，其流程如图 6-5 所示。

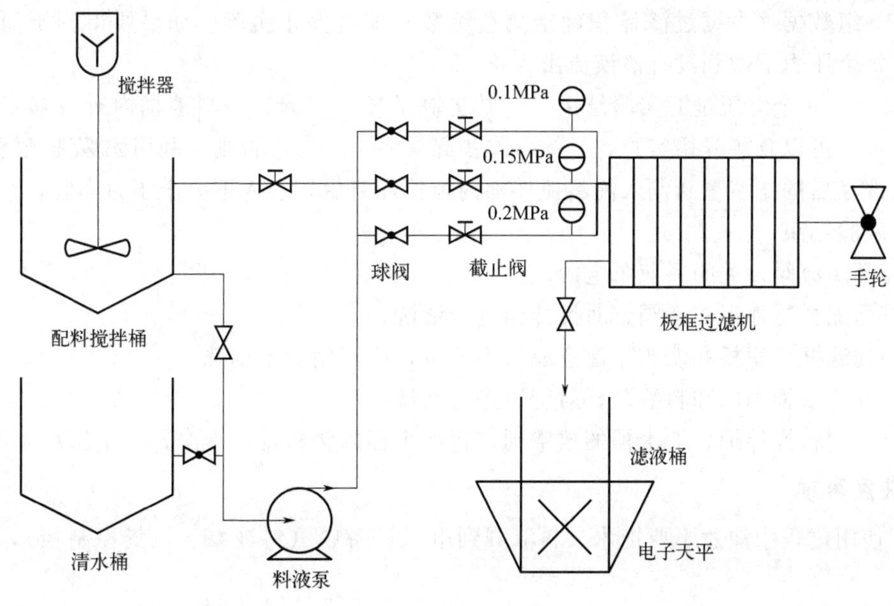

图 6-5　恒压过滤流程

在配料搅拌桶中配制一定浓度的 $CaCO_3$ 悬浮液，然后利用料液泵送入板框过滤机中，电机不停搅拌使 $CaCO_3$ 不致沉降，滤液流入水桶通过量杯或者电子天平计量。料液泵有一段回流管道也可实现部分搅拌。

板框过滤机的结构尺寸：板框过滤机直径 0.135m，单板的过滤面积 0.014m^2，板框数为 10 块，总过滤面积为 $0.014m^2 \times 10 = 0.14m^2$。

料液泵规格型号：400W，最大压力 0.3MPa。

［实验步骤及注意事项］

1. 实验步骤

（1）实验准备

① 配料。关闭配料搅拌桶底部阀门，关闭清水桶阀门。用量筒向配料搅拌桶内加一定体积的水，再将事先用天平称量的碳酸钙加入，配制含 $CaCO_3$ 3%～5%（质量分数，以配料搅拌桶中无沉淀物为宜）的水悬浮液。(配料搅拌桶的直径为 50cm。)

② 搅拌。将搅拌器调速到 30%，再打开搅拌器电机开关（注意，操作要缓慢，防止搅拌过大喷浆)，使配料搅拌桶内的 $CaCO_3$ 悬浮液搅拌均匀。

③ 设定过滤压力。打开进配料搅拌桶的阀门，设定 0.1MPa（其他压力）为实验操作压力，三组阀门中的另外两路可作为备用。(注意：设定定值调节阀时，泄压阀要略开。)

④ 装板框。正确装好滤板、滤框及滤布（滤片或滤纸）。

（2）过滤过程

① 搅拌。实验过程中搅拌电机不停止，使配料搅拌桶内料液搅拌均匀。

② 恒压。打开配料搅拌桶出料阀，打开板框过滤机前端的球阀。此时，观察压力仪表显示的板框过滤压力。

③ 过滤。把量筒或滤液桶放在出液口，等待接清液（也可用电子天平称量）。待过滤压力稳定时，打开板框过滤机出口清水阀，用量筒收集板框过滤机出口流出的滤液。待过滤体积约 1000mL（或者其他容积）时，采集一次数据，记录相应的过滤时间 $\Delta\tau$。每个压力下，测量 8～10 组数据（根据过滤体积确定测量组数）即可停止实验。如果要得到干而厚的滤饼，则应每个压力下做到没有清液流出为止。

④ 调压。一个恒压过滤实验结束，可转更高的压力实验。若料液桶内有足够下一恒压操作的料液，可以直接开始实验，具体操作步骤参照①～③，否则，利用滤液洗涤滤饼和滤布，并将洗涤后的滤液重新倒入配料搅拌桶内搅拌配料后，进入下一个压力实验。

（3）实验结束

① 打开回流阀，关闭料液泵电源。

② 打开配料搅拌桶放空阀，对搅拌桶进行清洗。

③ 冲洗滤框、滤板和滤布。注意滤布不要折，应当用刷子刷洗。

④ 打开清水桶阀门和料液泵，对管道进行清洗。

⑤ 打开配料搅拌桶、清水桶的放空阀，将两个桶内物料排放干净，再用清水冲洗。

2. 注意事项

（1）使用过程中注意不要把水、料液溅到电气设备中（料液泵、电气控制柜)，防止触电事故。

（2）用螺旋压紧时，注意不要压伤手指，先慢慢转动手轮使板框合上，然后再压紧。

（3）滤布使用前用水浸湿，滤布要绷紧，不能起皱，滤布紧贴滤板，密封垫贴紧滤布。

（4）配料浓度不要太高，否则滤框内会很快充满滤渣。

［实验原始数据记录］

记录实验原始数据于表 6-10 中。

实验日期：______　过滤压差：______　过滤面积：______

表 6-10　数据记录表

实验序号	滤液体积 ΔV/mL	过滤时间 $\Delta\tau$/s
1		
2		
3		
4		
⋮		

［实验结果及分析报告］

（1）由恒压过滤实验数据绘制某恒定压差下 $\Delta\tau/\Delta q$-$\overline{q}$ 曲线，求出过滤常数 K、q_e。

（2）比较几种压差下的 K、q_e 值，讨论压差变化对以上参数数值的影响。

（3）在直角坐标纸上绘制 $\lg K$-$\lg\Delta p$ 关系曲线，求出滤饼压缩指数 s。

（4）分析可能的实验误差来源。

［思考题］

（1）板框过滤机的优缺点是什么？适用于什么场合？

（2）板框过滤机的操作分哪几个阶段？

（3）为什么过滤开始时，滤液常常有点浑浊，而过一段时间后才变清？

（4）影响过滤速率的主要因素有哪些？当在某一恒压下测得 K、q_e、θ_e 值后，若将过滤压力提高一倍，上述三个值将有何变化？

（5）洗涤速率与最终过滤速率在数值上有什么关系？为什么？

（6）压力罐上方的压力表的读数要大于板框过滤机入口处的压力表读数，为什么？实验压力应读取哪个表上的压力读数？

［实验数据处理表］

根据原理部分的公式，计算结果列于表 6-11 中。

表 6-11　数据计算结果表

实验序号	q /(m^3/m^2)	$\Delta\tau/\Delta q$ /(s/m)	$\overline{q}$ /(m^3/m^2)	K	q_e /(m^3/m^2)
1					
2					
⋮					

实验6 蒸汽对空气间壁加热时对流传热系数的测定实验

[实验目的]

(1) 了解间壁式传热元件，掌握对流传热系数测定的实验方法。

(2) 掌握热电阻测温的方法，观察水蒸气在管外壁上的冷凝现象。

(3) 学会对流传热系数测定的实验数据处理方法，了解影响对流传热系数的因素和强化传热的途径，确定对流传热准数方程式，并与教材中相应公式进行比较。

(4) 了解温度、加热功率、空气流量的自动控制原理和使用方法。

[实验原理]

间壁式换热器中冷、热流体之间有一固体壁面，两流体分别在固体壁面的两侧流动，两流体不直接接触，通过固体壁面进行热量交换。

本实验中，水蒸气与空气通过紫铜管间接换热，空气走紫铜管内，水蒸气走紫铜管外，采用逆流换热。

1. 对流传热系数 α 的测定

在工业生产过程中，大多数情况下，冷、热流体系通过固体壁面（传热元件）进行热量交换，称为间壁式传热，如图6-6所示。间壁式传热过程由热流体对固体壁面的对流传热、固体壁面的热传导和固体壁面对冷流体的对流传热组成。

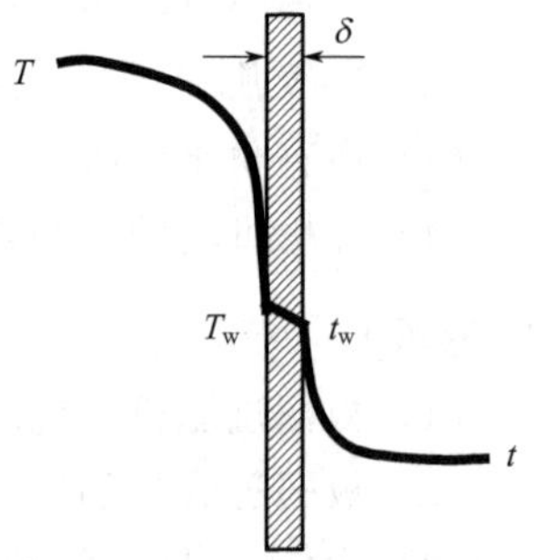

图6-6 间壁式传热过程示意图

当在套管式间壁换热器中，环隙通以饱和水蒸气、内管管内通以冷空气进行传热实验时，当间壁两侧饱和水蒸气与空气达到稳态传热时，有

$$Q=W_h r=W_c c_{pc}(t_2-t_1)=\alpha_o S_o(T-T_w)_m=\alpha_i S_i(t_w-t)_m=K_i S_i \Delta t_m \tag{6-53}$$

式中 Q——传热量，J/s；

W_h——热流体饱和水蒸气的质量流量，kg/s；

r——饱和水蒸气的冷凝热，J/kg；

T——热流体饱和水蒸气的温度,℃；

W_c——冷流体的质量流量，kg/s；

c_{pc}——冷流体的平均比热容，J/(kg・℃)；

t_1——冷流体的进口温度,℃；

t_2——冷流体的出口温度,℃；

α_o——热流体与固体壁面的对流传热系数，W/(m^2・℃)；

S_o——热流体侧的传热面积，m^2；

$(T-T_w)_m$——热流体与固体壁面的对数平均温度,℃；

α_i——冷流体与固体壁面的对流传热系数，W/(m^2・℃)；

S_i——冷流体侧的传热面积，m^2；

$(t_w-t)_m$——冷流体与固体壁面的对数平均温度,℃；

K_i——以传热面积 S_i 为基准的总传热系数，W/(m^2・℃)；

Δt_m——冷、热流体的对数平均温差，℃。

逆流传热时，热、冷流体间的对数平均温差可由式(6-55) 计算：

$$(T-T_w)_m=\frac{(T-T_{w1})-(T-T_{w2})}{\ln\left(\frac{T_1-T_{w1}}{T-T_{w2}}\right)} \tag{6-54a}$$

$$(t-t_w)_m=\frac{(t_1-t_{w1})-(t_2-t_{w2})}{\ln\left(\frac{t_1-t_{w1}}{t_2-t_{w2}}\right)} \tag{6-54b}$$

$$\Delta t_m=\frac{(T-t_2)-(T-t_1)}{\ln\frac{T-t_2}{T-t_1}} \tag{6-55}$$

在本实验的套管换热器中，环隙内通水蒸气，紫铜管内通空气，水蒸气在紫铜管表面冷凝放热而加热空气。当内管材料导热性能很好，即 λ 值很大，且管壁厚度较薄时，可以认为同一截面处换热管两侧壁温近似相等，即 $T_{w2}\approx t_{w1}$，$T_{w1}\approx t_{w2}$。在传热达到稳定后，可得：

$$W_c c_{pc}(t_2-t_1)=\alpha_i S_i(t_w-t)_m \tag{6-56}$$

即

$$\alpha_i=\frac{W_c c_{pc}(t_2-t_1)}{S_i(t_w-t)_m} \tag{6-57}$$

实验中测定紫铜管的壁温 t_{w1} 和 t_{w2}，冷流体的进、出口温度 t_1 和 t_2，冷流体的质量流量 W_c，实验用铜管的长度 l、内径 d_i，以及计算出管内传热面积 $S_i=\pi d_i l$，并查得$t_{平均}=\frac{1}{2}(t_1+t_2)$下冷流体对应的 c_{pc}，即可计算出 α_i。

实验中被忽略的传热热阻与冷流体侧对流传热热阻相比越小，所得结果的准确性就越高。

2. 冷流体对流传热系数准数关联式测定

对于低黏度流体在圆形直管内作强制湍流对流传热时，若符合 $Re=1.0\times10^4\sim1.2\times10^5$、$Pr=0.7\sim120$、管长与管内径之比 $l/d\geqslant60$，则对流传热准数经验式为

$$Nu=cRe^m Pr^n \tag{6-58}$$

式中　Nu——努塞尔数，$Nu=\frac{\alpha d}{\lambda}$，量纲为 1；

Re——雷诺数，$Re=\frac{du\rho}{\mu}$，量纲为 1；

Pr——普朗特数，$Pr=\frac{c_p\mu}{\lambda}$，量纲为 1；

c，m，n——常数，当流体被加热时 $n=0.4$，流体被冷却时 $n=0.3$；

α——流体与固体壁面的对流传热系数，W/(m^2·℃)；

d——换热管内径，m；

λ——流体的热导率，W/(m·℃)；

u——流体在管内流动的平均速度，m/s；

ρ——流体的密度，kg/m^3；

μ——流体的黏度，Pa·s；

c_p——流体的比热容，J/(kg·℃)。

式(6-58) 两边取对数，经简化整理得

$$\ln\frac{Nu}{Pr^n}=m\ln Re+\ln c \tag{6-59}$$

可见$\frac{Nu}{Pr^n}$与 Re 在双对数坐标图上呈线性关系，直线斜率为式(6-58) 中 Re 项指数 m，直线截距为式(6-58) 中的系数 c。

实验由式(6-57) 测得冷流体对流传热系数，进而求得 Nu；通过测定冷流体流量求得流体在管内流动的平均速度，进一步求得 Re；通过测定空气进、出口温度求得 Pr。

3. 冷流体质量流量 W_c 的测定

若用转子流量计测定冷空气的流量，须用下式换算得到实际的流量：

$$V'=V\sqrt{\frac{\rho(\rho_f-\rho')}{\rho'(\rho_f-\rho)}} \tag{6-60}$$

式中 V'——实际被测流体的体积流量，m^3/s；

ρ'——实际被测流体的密度（取空气进口温度的密度），kg/m^3；

V——标定用流体的体积流量，m^3/s；

ρ——标定用流体的密度，kg/m^3；

ρ_f——转子材料密度，本装置 $\rho_f=7.9\times10^3kg/m^3$。

于是

$$W_c=V'\rho' \tag{6-61}$$

若用孔板流量计测冷流体的流量，则

$$W_c=\rho V \tag{6-62}$$

式中 V——冷流体进口处流量计读数，m^3/s；

ρ——冷流体进口温度下的密度，kg/m^3。

4. 冷流体物性与温度的关系式

在 0～100℃之间，冷流体的物性与温度的关系有如下拟合公式。

① 空气的密度与温度的关系式

$$\rho=10^{-5}t^2-4.5\times10^{-3}t+1.2916 \tag{6-63}$$

② 空气的比热容与温度的关系式

60℃以下，$c_p=1005$J/(kg·℃)

70℃以上，$c_p=1009$J/(kg·℃)

③ 空气的热导率与温度的关系式

$$\lambda=-2\times10^{-8}t^2+8\times10^{-5}t+0.0244 \tag{6-64}$$

④ 空气的黏度与温度的关系式

$$\mu=(-2\times10^{-6}t^2+5\times10^{-3}t+1.7169)\times10^{-5} \tag{6-65}$$

[实验装置及流程]

实验装置由蒸汽发生器、转子流量计（或孔板流量计）、风机、阀门、套管换热器及温度传感器、智能显示仪等构成。空气-水蒸气换热流程图如图 6-7 所示。

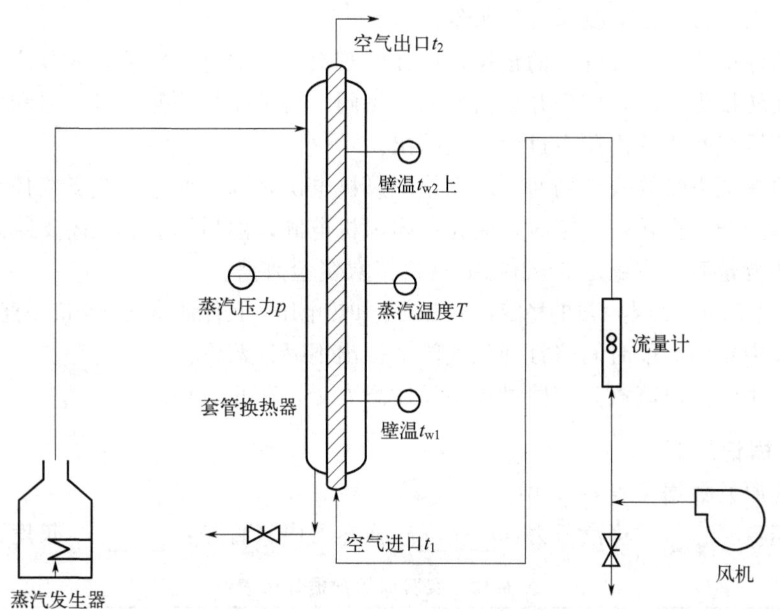

图 6-7　空气-水蒸气换热流程图

空气-水蒸气换热流程：来自蒸汽发生器的水蒸气进入不锈钢套管换热器环隙，与来自风机的空气在套管换热器内进行热交换，冷凝水经排水阀排入地沟。冷空气经孔板流量计或转子流量计进入套管换热器内管（紫铜管），热交换后排到装置外。

[实验步骤及注意事项]

1. 实验步骤

（1）实验前的准备、检查

① 打开蒸汽发生器自来水连接水阀，向蒸汽发生器里加水至液位上限。

② 检查空气流量旁路调节阀是否全开。

③ 检查蒸汽管支路各控制阀是否已打开。保证蒸汽和空气管线的畅通。

④ 检查仪表、风机及测温点是否正常。

⑤ 接通电源总闸，设定加热温度，启动电加热器开关，开始加热。

（2）实验开始

① 打开通向套管的蒸汽管路阀门，当套管换热器的放空口有水蒸气冒出时，可启动风机，打开通向套管的空气管路阀门。在整个实验过程中始终保持换热器出口处有水蒸气冒出。

② 启动风机后用变频器来调节流量，调好某一流量后稳定 5～10min，分别测量空气的流量，空气进、出口的温度及壁面温度。然后，改变流量测量下组数据。一般从小流量到最大流量之间，要测量 5～6 组数据。

（3）实验结束

依次关闭加热电源、风机和总电源。一切复原。

2. 注意事项

（1）检查蒸汽发生器中的水位是否在正常范围内，特别是每个实验结束进行下一实验之前，如果发现水位过低，应及时补给水量。

（2）必须保证蒸汽上升管线的畅通，即在给蒸汽发生器电压之前，两蒸汽支路阀门之一必须全开。在转换支路时，应先开启需要的支路阀，再关闭另一侧，且开启和关闭阀门必须缓慢，防止管线截断或蒸汽压力过大突然喷出。

（3）必须保证空气管线的畅通，即在接通风机电源之前，两个空气支路控制阀之一和旁路调节阀必须全开。在转换支路时，应先关闭风机电源，然后开启和关闭支路阀。

（4）调节流量后，应稳定5～10min后再读取实验数据。

（5）实验中保持上升蒸汽量的稳定，不应改变加热电压，且保证蒸汽放空口一直有蒸汽放出。

（6）实验中每隔一段时间需打开放气阀，排出不凝性蒸汽。

（7）由于用到高温蒸汽，实验过程中要注意安全，防止烫伤。

[实验原始数据记录]

记录实验原始数据于表6-12中。

实验日期：______ 蒸汽压力：______ 换热器内管直径：______ 长度：______

表6-12 实验原始数据记录表

实验序号	空气流量 $V/(m^3/h)$	空气进口温度 t_1/℃	空气出口温度 t_2/℃	空气进口侧壁温 t_{w1}/℃	空气出口侧壁温 t_{w2}/℃
1					
⋮					

[实验结果及分析报告]

（1）冷流体对流传热系数的准数式为 $Nu/Pr^{0.4}=cRe^m$，由实验数据在双对数坐标纸上以 Re 为横坐标、$\frac{Nu}{Pr^n}$ 为纵坐标作图，拟合方程，确定式中常数 c 及 m。

（2）将两种方法处理实验数据的结果标绘在图上，并与教材中的比较。

（3）冷流体对流传热系数的实验值与由经验式 $Nu/Pr^{0.4}=0.023Re^{0.8}$ 的计算值列表比较，计算各点误差，并分析讨论。

[思考题]

（1）实验中冷流体和蒸汽的流向对传热效果有何影响？

（2）在计算空气质量流量时所用到的密度值与求雷诺数时的密度值是否一致？它们分别表示什么位置的密度？应在什么条件下进行计算？

（3）实验过程中，冷凝水不及时排走，会产生什么影响？如何及时排走冷凝水？

（4）蒸汽冷凝过程中，若存在不凝性气体，对传热有什么影响？如何排除不凝性气体？

（5）实验中空气流量如何调节？与离心泵调节流量的方法有何不同？

（6）如果采用不同压力的蒸汽进行实验，对 α 关联式有何影响？

（7）实验过程中如何判断系统已经稳定并可以读取数据？

［实验数据处理表］

实验数据处理表如表 6-13 所示。

表 6-13　实验数据处理表

序号	实验原始数据记录部分					实验数据处理部分		
	空气流量 $V/(m^3/h)$	空气进口侧壁温 $t_{w1}/℃$	空气出口侧壁温 $t_{w2}/℃$	空气进口温度 $t_1/℃$	空气出口温度 $t_2/℃$	对流传热系数 $\alpha_i/[W/(m^2 \cdot ℃)]$	雷诺数 Re	$Nu/Pr^{0.4}$
1								
⋮								

实验 7　填料吸收塔吸收总传质系数的测定实验（水吸收丙酮）

［实验目的］

（1）了解填料吸收塔的基本结构、吸收流程及其操作。

（2）掌握吸收总传质系数 $K_y a$ 的测定方法。

（3）考察吸收剂进口条件变化对吸收效果的影响。

（4）了解采用过程分析与合成的工程方法来处理气-液传质过程问题中的研究思路。

［实验原理］

吸收过程是依据气相中各溶质组分在液相中的溶解度不同而分离气体混合物的单元操作。在化学工业中，吸收操作广泛地用于气体原料净化、有用组分的回收、产品精制和废气治理等方面。吸收通常在塔设备内进行，工业上尤以填料塔最为普遍。

填料塔一般由圆筒壳体，填料，支撑板，液体预分布装置，液体再分布器，捕沫装置，进、出口接管等部分构成。其中，填料是填料吸收塔最重要的部分。塔内放置的专用填料作为气液接触的媒介，其作用是使从塔顶流下的流体沿填料表面散布成大面积的液膜，并使从塔底上升的气体增强湍动，从而为气液接触传质提供良好的条件。对于工业填料，按照其结构和形状，可以分为颗粒填料和规整填料两大类。其中，颗粒填料是一粒粒具有一定几何形状和尺寸的填料颗粒体，一般是以散装（乱堆）的方式堆积在塔内，常见的大颗粒填料有拉西环、鲍尔环、阶梯环、弧鞍环、矩鞍环等，填料的材质可以是金属、塑料、陶瓷等。规整填料是由许多具有相同几何形状的填料单元体组成的，以整砌的方式装填在塔内，常见的规整填料有丝网波纹填料、孔板波纹填料。填料的性能评价指标主要是填料的比表面积和空隙率，一般希望填料能提供大的气液接触面积和较小的流动压降。

在吸收过程的研究中，一般可分为对吸收过程本身的特点或规律进行研究和对吸收设备进行开发研究两个方向。前者的研究内容包括吸收剂的选择、确定影响吸收过程的主要因素、测定吸收速率等，研究的结果可为吸收过程工艺设计提供依据，或为过程的改进及强化提供方向；后者研究的重点为开发新型高效的吸收设备，如新型高效填料、新型塔板结构等。

1. 吸收速率方程式和吸收传质系数

气体吸收是典型的传质过程之一。本实验采用水吸收空气混合气体中的丙酮组分，常压操作，气、液两相在填料塔中逆流接触。一般丙酮在水中的溶解度很大，液膜传质阻力比气膜传质阻力小很多，因而此体系对丙酮的吸收过程属于气膜控制。因此，本实验主要测定气相总传质系数 K_ya。

（1）吸收传质速率

吸收传质速率由吸收速率方程式决定：

$$N_A=K_yA\Delta y_m \tag{6-66a}$$

或

$$N_A=K_yaV_P\Delta y_m \tag{6-66b}$$

式中 N_A——吸收速率，mol/s；

K_y——气相吸收传质系数，mol/(m^5·s)；

A——气液接触传质面积，m^2；

Δy_m——塔顶、塔底气相平均传质推动力；

a——填料的比表面积，m^2；

V_P——填料体积，m^3。

严格来说，a 应该为单位体积填料的有效润湿表面积。由于 a 的大小与物系对填料表面的润湿性和气液流动状况有关，工程上为方便起见，将 K_y 和 a 合并为一个常数，即为 $K_ya=K_y\times a$。

K_ya 称为气相容积吸收传质系数，单位为 mol/(m^3·h)。这样，吸收传质速率式又可表示为

$$N_A=K_yaV_P\Delta y_m \tag{6-67}$$

（2）气相平均传质推动力 Δy_m

由吸收过程物料衡算：

$$L(x-x_2)=V(y-y_2) \tag{6-68}$$

可得

$$y=\frac{L}{V}(x-x_2)+y_2 \tag{6-69}$$

式中 y——气相组成摩尔比；

x——液相组成摩尔比；

L——吸收剂流量；

V——惰性气体流量。

式(6-69) 为吸收操作线方程式。

吸收过程中，气、液两相平衡关系近似满足线性关系，即 $y=mx$，其中 m 为相平衡常数。由图 6-8 可以看出，吸收过程的推动力即为吸收操作线与相平衡线之间的浓度差。则气相平均传质推动力可表示为

$$\Delta y_m=\frac{\Delta y_1-\Delta y_2}{\ln\frac{\Delta y_1}{\Delta y_2}} \tag{6-70}$$

式中，Δy_1 和 Δy_2 分别为塔底和塔顶位置的气相传质推动力，即

$$\Delta y_1=y_1-y_{1e}=y_1-mx_1$$
$$\Delta y_2=y_2-y_{2e}=y_2-mx_2$$

式中，y_1、y_2 为丙酮进、出口浓度。

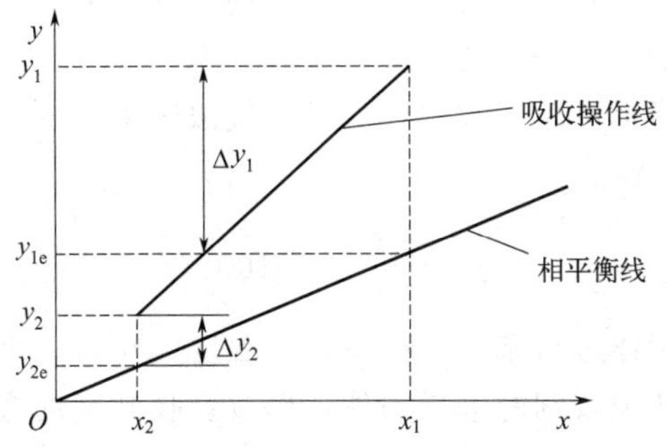

图 6-8　吸收过程操作线、相平衡线及推动力

（3）传质系数 K_ya

传质系数 K_ya 是吸收过程设计的重要工艺参数。由式(6-67) 可得

$$K_ya=\frac{N_A}{V_P\Delta y_m} \tag{6-71}$$

影响 K_ya 的因素很多，通过实验测定 K_ya，就是要找出 K_ya 与诸影响因素之间的关系。根据相际传质理论，可将吸收传质过程分解为以下三个步骤：

① 溶质由气相主体传递至气、液两相界面，即气相主体内的物质传递过程；

② 溶质在相界面上的溶解，由气相转入液相，即发生在界面上的溶解过程；

③ 溶质自相界面传递至液相主体，即液相主体内的物质传递过程。

界面溶解过程极易进行，传质阻力极小，可认为相界面上保持着两相平衡关系，因此，过程的传质速率实际上由气、液两相的传质速率所决定。

根据双膜理论，认为气、液相界面两侧各存在一层稳定的气膜和液膜，传质阻力全部集中于这两层膜中，膜中的传质是定态的分子扩散，因此，总传质系数 K_ya 可表示为

$$\frac{1}{K_ya}=\frac{1}{k_ya}+\frac{m}{k_xa} \tag{6-72}$$

式中　k_ya——气膜吸收传质系数，mol/(m^3·h)；

k_xa——液膜吸收传质系数，mol/(m^3·h)。

一般情况下，k_xa 和 k_ya 分别仅受液相流量 L 和气相流量 V 的影响，即

$$k_ya=AV^m \tag{6-73}$$

$$k_xa=BL^n \tag{6-74}$$

则 K_ya 与气体流量 V、液体流量 L 都密切相关，其关系式可以表示为

$$K_ya=CV^eL^f \tag{6-75}$$

式中，A、B、C、e、f、m、n 均为常数。

传质系数 N_A 可通过全塔的物料衡算求得

$$N_A=V(y_1-y_2) \tag{6-76}$$

或

$$N_A=L(x_1-x_2) \tag{6-77}$$

2. 吸收塔的操作与调节

为完成某气体混合物的分离任务，工业塔设备必须具备足够的塔高（足够高的填料高度

或塔板数）和足够大的塔径，它们是完成分离任务的条件。另外，操作应在正常的气液负荷条件下进行，通过对吸收剂进口条件的调节，实现稳态的连续化操作。

吸收操作的质量评价指标可用回收率或气相尾气浓度来表示。对于低浓度气体吸收，回收率可近似用下式计算：

$$\eta=\frac{y_1-y_2}{y_1}\times 100\% \tag{6-78}$$

对于工业吸收过程，气体进口条件（如流量、温度、压力、组成等）通常由前一个工序决定，因此，只能通过改变吸收剂的进口条件，即改变吸收剂的进塔浓度 x_2、温度 t_2 及流量 L，来实现对吸收操作过程的调节。吸收剂的进塔浓度 x_2、温度 t_2 及流量 L 也被称为吸收剂的三要素。

（1）吸收剂流量对吸收效果的影响

改变吸收剂用量是对吸收过程进行调节的最常用方法。

如图 6-9 所示，当气体流量和浓度不变时，增大吸收剂流量，吸收速率将随之增大，溶质吸收量增加，气体出口组成 y_2 减小，回收率 η 增大。

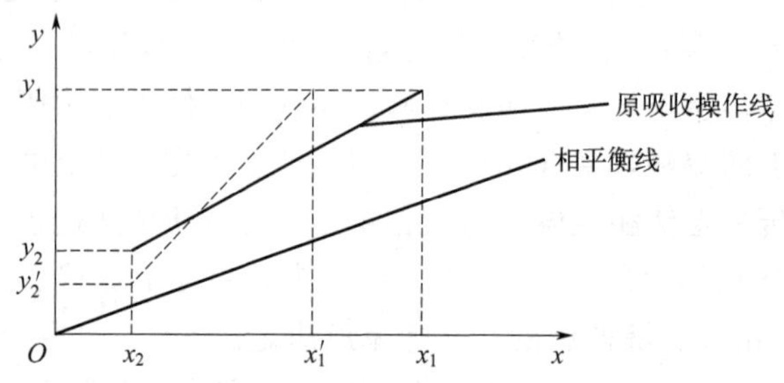

图 6-9　吸收剂流量增加对吸收效果的影响

当液相阻力较小时，增加液体的流量，对传质系数影响不大，溶质吸收量的增加主要是由于传质推动力的增大；当液相阻力较大时，吸收剂流量的增加将使得传质系数明显增大，从而使传质速率加快，溶质吸收量增大。因此，一般情况下，增加吸收剂的用量对吸收分离总是有利的。但是，吸收剂流量的增大有时要受到塔内流体力学条件的制约（如压降、液泛等），也要综合考虑吸收液解吸操作过程的费用。

（2）吸收剂进塔浓度变化对吸收效果的影响

吸收剂进塔浓度 x_2 的变化主要是改变了传质推动力的大小。如图 6-10 所示，x_2 降低，吸收塔顶部的传质推动力 Δy_2 增大，全塔平均传质推动力将随之增大，有利于塔顶气体出口浓度 y_2 的降低和回收率 η 的提高。

在吸收-解吸联合操作的过程中，x_2 一般由解吸操作的结果决定。这也说明，解吸效果的好坏直接影响到吸收操作。

（3）吸收剂进塔温度变化对吸收效果的影响

吸收剂进塔温度对吸收过程影响很大，也是控制和调节吸收操作的一个重要因素。如图 6-11 所示，如果吸收剂进塔温度降低，相平衡常数减小，导致平衡线下移，使传质推动力 Δy_m 增加，吸收过程阻力 $\frac{1}{k_y a}$ 减小，结果使吸收速率增大，y_2 减小，回收率提高。因此，在工业生产中，总希望吸收操作尽可能在较低的温度下进行。

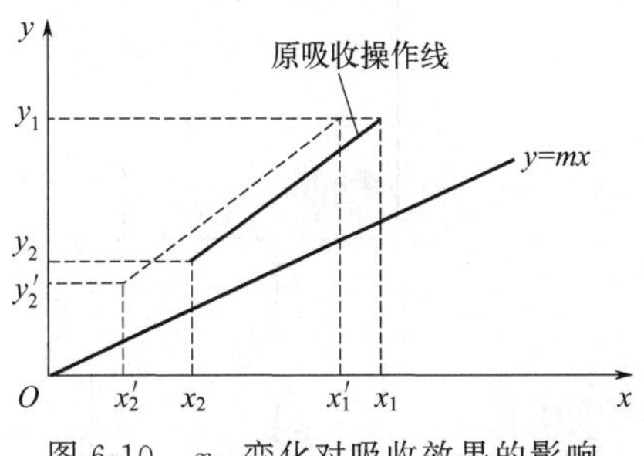

图 6-10 x_2 变化对吸收效果的影响

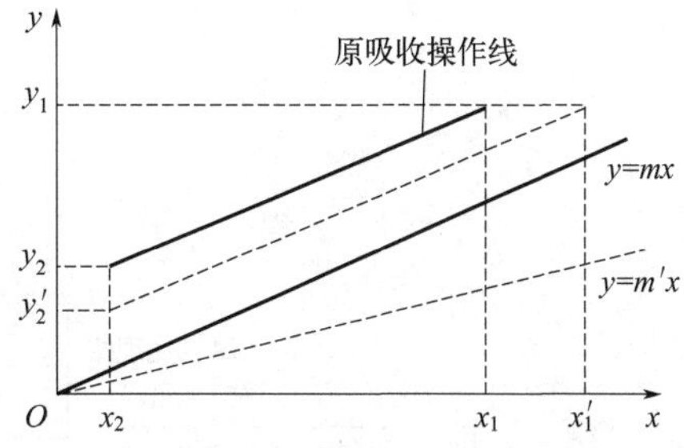

图 6-11 吸收剂进塔温度对吸收效果的影响

应当注意的是，当气、液两相在塔底接近平衡时（$L/V<m$），如图 6-12 所示，欲降低 y_2，提高回收率，用增大吸收剂 L 的方法更有效，但是，当气、液两相在塔顶接近平衡（$L/V>m$）时，如图 6-13 所示，提高吸收剂 L 用量，即增大 L/V，并不能使 y_2 明显降低，只有降低吸收剂进塔浓度 x_2 才是最有效的。

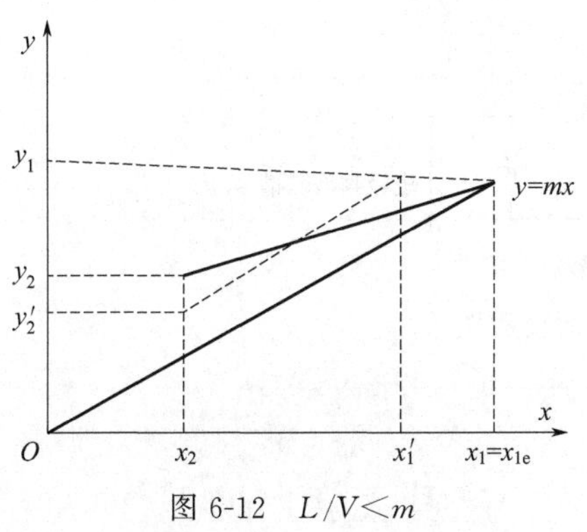

图 6-12 $L/V<m$

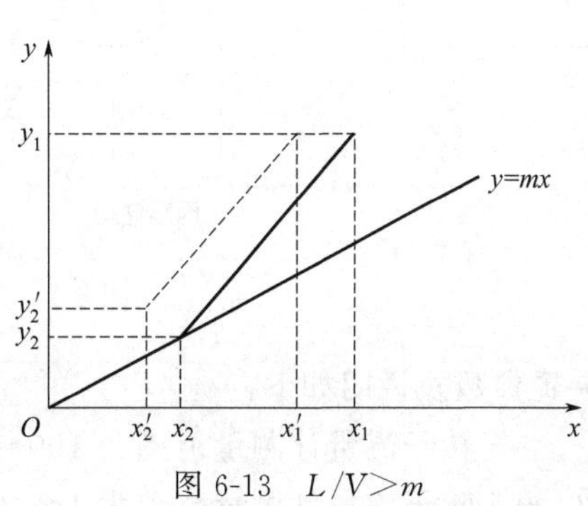

图 6-13 $L/V>m$

[实验装置及流程]

吸收实验装置主要设备：填料吸收塔，其中填料采用陶瓷拉西环；丙酮鼓泡汽化容器；空气压缩机；气相色谱仪；液封装置（为防止气相短路，需要设置液封装置即 π 形管，如图 6-14 所示）。

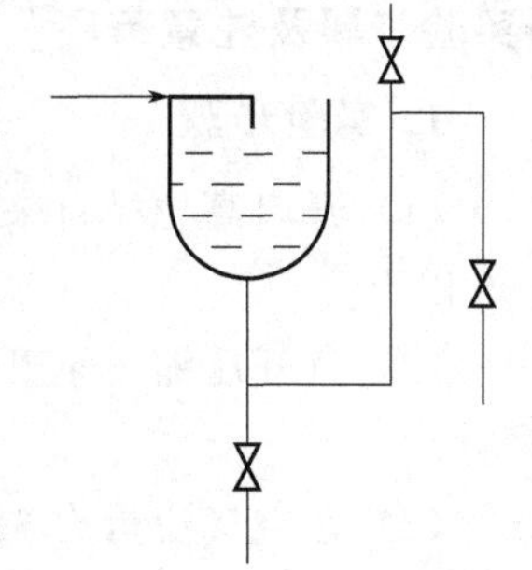
图 6-14 液封装置

本实验用自来水（$x_2=0$）作为吸收剂，吸收空气混合物中的丙酮，实验操作压力为常压。使气、液两相在填料塔中逆流接触，分别改变气、液两相的流量和吸收剂的温度，测定气相的进、出口浓度 y_1 和 y_2，即可计算获得各种条件下的传质系数及吸收回收率。

实验流程图见图 6-15。空气由空气压缩机提供，用压力定值器调节至 0.02MPa（表压），经气体转子流量计计量后通入丙酮容器，空气穿过丙酮液层鼓泡，使微量丙酮汽化并与之形成混合原料气，从填料吸收塔底部进入塔内与塔顶流下的液体逆流接触，废气由塔顶出口流出。塔顶废气再经过鼓泡吸收器进一步吸收其中所含的微量丙酮后排空。吸收剂为来自高位槽的自来水，经转子流量计计量，通过电加热器，自吸收塔顶进入塔内，吸收后的废液经过液封装置流入吸收液贮槽。

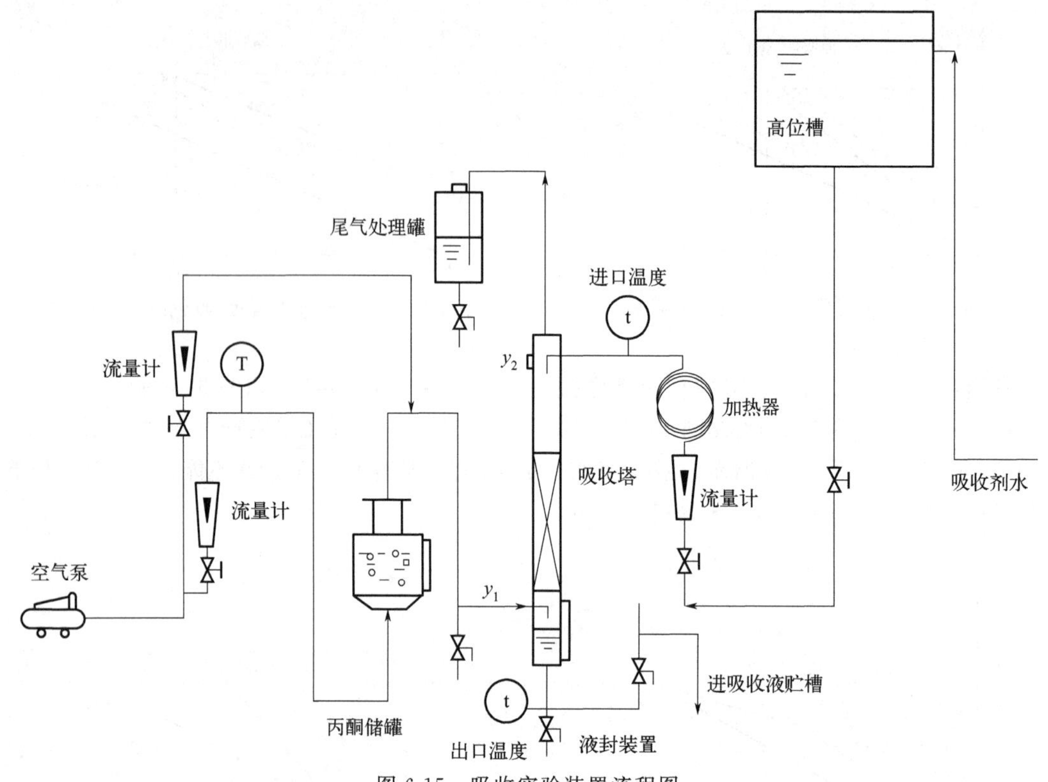

图 6-15　吸收实验装置流程图

装置参数及说明如下：

① 空气转子流量计测量范围为 100～1000L/h。

② 液体转子流量计测量范围为 1～10L/h。

③ 玻璃塔节，塔径 45mm。

④ 6mm 拉西环填料，填料高度 350mm。

⑤ 丙酮储罐 20L。

［实验步骤及注意事项］

1. 实验步骤

（1）开启高位槽自来水补水阀门，检查丙酮储罐中液位高度，确保液位高度位于储罐的 1/3 以上。

（2）打开压缩气泵开关，关闭直通空气流量计，开启丙酮储罐流量计，打开吸收剂流量计。

（3）在空气流量为 300～600L/h、水流量为 2～6L/h 内适当安排 4～6 个实验点。前几个实验点在常温下进行，最后的实验点在吸收剂进塔温度为 35℃的升温条件下进行。在每个实验点的吸收剂出口温度稳定 5min 后，分别取样分析气体的进、出口组成 y_1、y_2，为保证系统稳定起见，先取 y_2，后取 y_1。取样针筒应在取样分析前用待测气体洗两次，取样量近 30mL。

（4）在考察吸收剂温度的升高对吸收效果的影响时，打开加热器开关，加热器在固态继电器的控制下自动稳定在 35℃。由于系统加热平衡较滞后的影响，系统稳定的时间要比常温实验点长。

（5）实验结束时，要先关闭吸收剂加热电源，继之关闭气体流量计和压力定值器，最后关闭液体流量计。

（6）空气流量计校正，其校正公式为

$$\frac{V}{V_N}=\sqrt{\frac{\rho_N(\rho_f-\rho)}{\rho(\rho_f-\rho_N)}}\approx\sqrt{\frac{\rho_N}{\rho}}=\sqrt{\frac{P_N T}{T_N P}} \tag{6-79}$$

式中　V——实际被测流体的体积流量，m^3/s；

ρ——实际被测流体的密度，kg/m^3，取空气进口温度的密度；

V_N——标定用流体的体积流量，m^3/s；

ρ_N——标定用流体的密度，kg/m^3，对空气 $\rho=1.205kg/m^3$；

ρ_f——转子材料密度，本装置 $\rho_f=7.9\times10^3 kg/m^3$。

2. 注意事项

（1）开启实验之前，需检查丙酮储罐中液位高度，确保液位位于储罐的1/3以上。

（2）分析时动作迅速，以免丙酮溢出。

（3）实验过程中要保证通风设备运行良好，避免室内丙酮含量超标。

（4）相平衡常数 $m=f(t,p)$，因实验为常压下进行，故忽略 p 对 m 的影响，即认为 $m=f(t)$，由实验测得的温度查资料得到 m。

［实验原始数据记录］

记录实验原始数据于表6-14中。

实验日期：______　塔高：______　塔径：______　填料型号：______

环境温度：______　环境压力：______　色谱系数：______

表6-14　吸收总传质系数测定实验原始数据记录表

序号	L/(L/h)	V/(L/h)	t_1/℃	t_2/℃	气相进口峰面积分数（丙酮摩尔分数）/%	气相出口峰面积分数（丙酮摩尔分数）/%
1						
2						
3						
⋮						

［实验结果及分析报告］

（1）丙酮在水和空气中的相平衡常数可用下述经验关联式计算（亦可通过内插法从附录5中查取）。

$$m=\exp(-0.517658+0.057669t-1.76149\times10^{-4}t^2-8.21091x+49.9976x^2) \tag{6-80}$$

式中，t 为体系温度，$10℃\leqslant t\leqslant 50℃$；$x$ 为液相溶质的摩尔分数，$0.01\leqslant x\leqslant 0.04$。

$$m=0.5855e^{0.0518t} \tag{6-81}$$

其中 $t=\frac{t_1+t_2}{2}$。

（2）分析并讨论 L、V、t_1 的变化对 y_2 和 η 的影响。

（3）讨论 L、V、t_1 的改变引起传质系数、传质平均推动力的变化。

(4) 根据实验结果，从传质阻力的角度，讨论传质过程阻力控制步骤之所在。

(5) 提出进一步的建议或设想。

[思考题]

(1) 吸收操作与调节的三要素是什么？它们对吸收过程的影响如何？

(2) 从实验结果分析 K_ya 的变化，确定本吸收过程的控制环节。

(3) 液封装置的作用是什么？如何设计？液封高度如何计算？

(4) 试设计改造现有实验流程，使其能满足测定各种不同气体浓度及不同吸收剂进塔浓度下的吸收过程，并写出实验所需的主要设备、辅助设备、仪器仪表及实验操作要求和结果计算方法。

(5) 液体喷淋密度对总体积传质系数有何影响？

(6) 从实验数据分析水吸收丙酮是气膜控制还是液膜控制，还是两者兼而有之？

[实验数据处理表]

实验数据处理表如表 6-15 所示。

表 6-15　吸收总传质系数测定实验数据处理表

序号	L /(L/h)	V /(L/h)	气相进口峰面积分数(丙酮摩尔分数)/%	气相出口峰面积分数(丙酮摩尔分数)/%	液相出口浓度	传质推动力	回收率/%	传质系数 K_ya /[mol/(m^3·h)]
1								
2								
3								
⋮								

实验 8　精馏实验

[实验目的]

(1) 了解筛板精馏塔及其附属设备的基本结构，掌握精馏过程的基本操作方法。

(2) 观察板式塔塔板上气、液接触状况。

(3) 学会判断精馏过程达到稳定的方法，掌握测定塔顶、塔釜溶液浓度的实验方法。

(4) 掌握精馏塔全回流和部分回流的操作方法，学会测定全回流以及部分回流操作时精馏塔全塔效率的实验方法。

(5) 在部分回流条件下进行连续精馏操作，在规定的时间内收集 500mL 塔顶产品，且要求 ($x_D \geqslant 91\%$，$x_W \leqslant 3\%$)。

[实验原理]

精馏是利用液体混合物中各组分挥发性能的不同实现分离的单元操作，其设备精馏塔根据塔内构件的不同，可分为板式塔和填料塔两大类。

在板式精馏塔中，塔板提供了气液两相接触的场所，在每块塔板上气液两相进行着传热和传质过程，因两相接触的时间和空间有限、塔内不正常的气液流动现象如雾沫夹带等，气液两相往往未达到平衡就已离开了塔板，从而给精馏过程进行数学模拟带来一定的困难。实际处理时，往往先假设每块塔板为理论板，即认为气液两相传热、传质达到相平衡，理论板与实际塔板的差异用板效率予以校正。

1. 全塔效率 E_T

全塔效率又称总板效率，是指达到指定分离效果所需的理论板数与实际板数的比值，即

$$E_T=\frac{N_T-1}{N_p} \tag{6-82}$$

式中 N_T——完成一定分离任务所需的理论塔板数，包括塔底再沸器；

N_p——完成一定分离任务所需的实际塔板数。

全塔效率简单地反映了整个塔内塔板的平均效率，说明了塔板结构、物性、操作状况对塔分离能力的影响。对于塔内所需理论塔板数 N_T，可由已知的双组分物系平衡关系，以及实验中测得的塔顶、塔釜馏出液的组成，回流比 R 和进料热状况参数 q 等，用图解法求得。

2. 图解法求理论塔板数 N_T

图解法又称麦克布-蒂利（McCabe-Thiele）法，简称 M-T 法，其原理与逐板计算法完全相同，只是将逐板计算过程在 y-x 图上直观地表示出来。

精馏段的操作线方程为

$$y_{n+1}=\frac{R}{R+1}x_n+\frac{x_D}{R+1} \tag{6-83}$$

式中 y_{n+1}——精馏段第 $n+1$ 块塔板上升的蒸气组成（摩尔分数）；

x_n——精馏段第 n 块塔板下流的液体组成（摩尔分数）；

x_D——塔顶溜出液的液体组成（摩尔分数）；

R——回流比。

回流比 R 的确定

$$R=\frac{L}{D} \tag{6-84}$$

式中 L——回流液流量，kmol/s；

D——馏出液流量，kmol/s。

提馏段的操作线方程为

$$y_{m+1}=\frac{RD+qF}{RD+qF-W}x_m-\frac{Wx_W}{RD+qF-W} \tag{6-85}$$

式中 y_{m+1}——提馏段第 $m+1$ 块塔板上升的蒸气组成（摩尔分数）；

x_m——提馏段第 m 块塔板下流的液体组成（摩尔分数）；

x_W——塔釜残液的液体组成（摩尔分数）；

F——原料流量，kmol/s；

D——塔顶馏出液流量，kmol/s；

W——塔釜馏出液流量，kmol/s；

q——进料热状况参数，量纲为 1。

q 线方程可表示为

$$y=\frac{q}{q-1}x-\frac{x_F}{q-1} \tag{6-86}$$

其中

$$q=1+\frac{c_{pF}(t_s-t_F)}{r_F} \tag{6-87}$$

式中　q——进料热状况参数；

r_F——进料液组成下的摩尔汽化热，kJ/kmol；

t_s——进料液的泡点温度，℃；

t_F——进料液温度，℃；

c_{pF}——进料液在平均温度（t_s+t_F）/2下的比热容，kJ/(kmol·℃)；

x_F——进料液组成（摩尔分数）。

若精馏在全回流下操作，即无原料加入、无产品采出，则此时操作线在 y-x 图上为对角线，如图 6-16 所示。根据塔顶、塔釜的组成在操作线和平衡线间作梯级，即可得到理论塔板数。

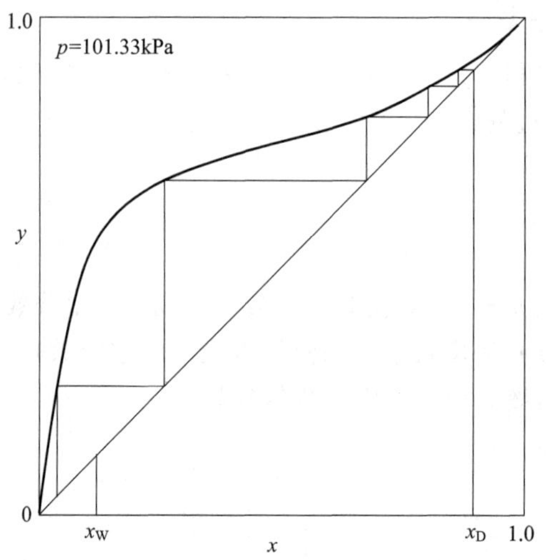

图 6-16　全回流时理论塔板数的确定

全回流操作简单且容易达到稳定，所以虽然全回流在实际生产中无任何意义，但常应用于科学研究及工业生产的开停车。

若精馏在部分回流下操作，可用如下图解方法求理论塔板数，如图 6-17 所示。

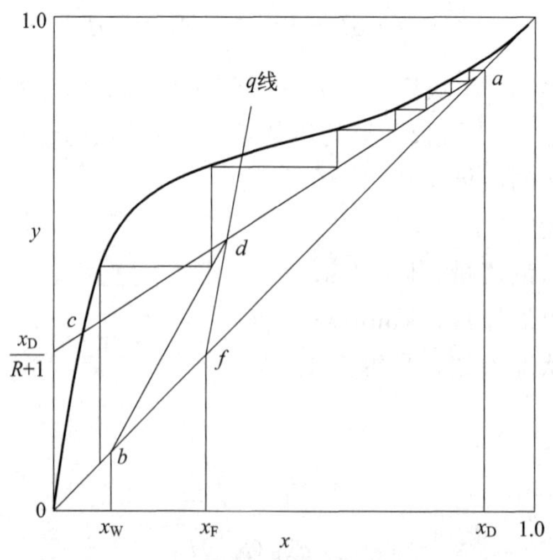

图 6-17　部分回流时理论塔板数的确定

（1）根据物系和操作压力在 y-x 图上作出相平衡曲线，并画出对角线作为辅助线；

（2）在 x 轴上定出（x_D，0）、（x_F，0）、（x_W，0）三点，依次通过这三点作垂线分别交对角线于点 a、f、b；

（3）在 y 轴上定出点 c，连接 a、c 作出精馏段操作线；

（4）由进料热状况求出 q 线的斜率 $q/(q-1)$，过点 f 作出 q 线，交精馏段操作线于点 d；

（5）连接点 d、b 作出提馏段操作线；

（6）从点 a 开始在相平衡线和精馏段操作线之间画阶梯，当梯级跨过点 d 时，就改在相平衡线和提馏段操作线之间画阶梯，直至梯级跨过点 b 为止；

（7）所画的总梯级数就是全塔所需的理论塔板数（包含再沸器），跨过点 d 的那块板就是加料板，其上的梯级数为精馏段的理论板数。

[实验装置及流程]

本实验装置的主体设备是筛板精馏塔，配套设备有加料系统、回流系统、产品出料管路、残液出料管路、进料泵和一些测量、控制仪表。

实验料液为乙醇溶液，釜内液体由电加热器产生蒸气逐板上升，经与各板上的液体传质后，进入盘管式换热器壳程，冷凝成液体后再从集液器流出，一部分作为回流液从塔顶流入塔内，另一部分作为产品馏出液，进入产品罐。残液流入塔釜残液罐。精馏过程如图 6-18 所示。

实验设备主要技术参数：

① 卧式冷凝器：0.23m^2，双管程列管换热器。

② 立式再沸器：体积 15L，功率 3kW。

③ 塔体塔板：筛板，塔径 50mm，塔板数 15 块，板间距 110mm，管式降液管，塔高 3.2m。

④ 玻璃转子流量计：1.6～16L/h。

⑤ 原料罐、产品罐要求：不锈钢 304 材质。

⑥ 压力表：0.25MPa 压力表，精度 1.5 级。

[实验步骤及注意事项]

1. 实验步骤

（1）实验前准备、检查工作

① 检查实验装置上的各个旋塞、阀门，均应处于关闭状态，电压控制仪表在零位。

② 配制一定浓度（质量分数 20%左右）的乙醇-水混合液，然后倒入原料罐。（或由指导教师事前做好这一步。）

③ 打开直接进料阀门和进料泵开关，向塔釜内加料到指定的高度（冷液面在塔釜总高 2/3 处），而后关闭流量计阀门。

（2）实验操作

① 全回流操作

a. 打开塔顶冷凝器的冷却水，保证冷却水足量（流量为 60L/h 即可）。

b. 记下室温值。接上电源闸，按下装置上总电源开关。

c. 打开塔釜加热开关，利用塔釜加热仪表上的＜、＞、^按键，调节加热电压，设定塔釜加热温度为 70℃，待塔板上建立液层时，可适当加大电压，待塔釜液沸腾，塔顶回流罐积存一定液层后，启动回流泵，并调节回流流量计使回流罐液层高度保持恒定。

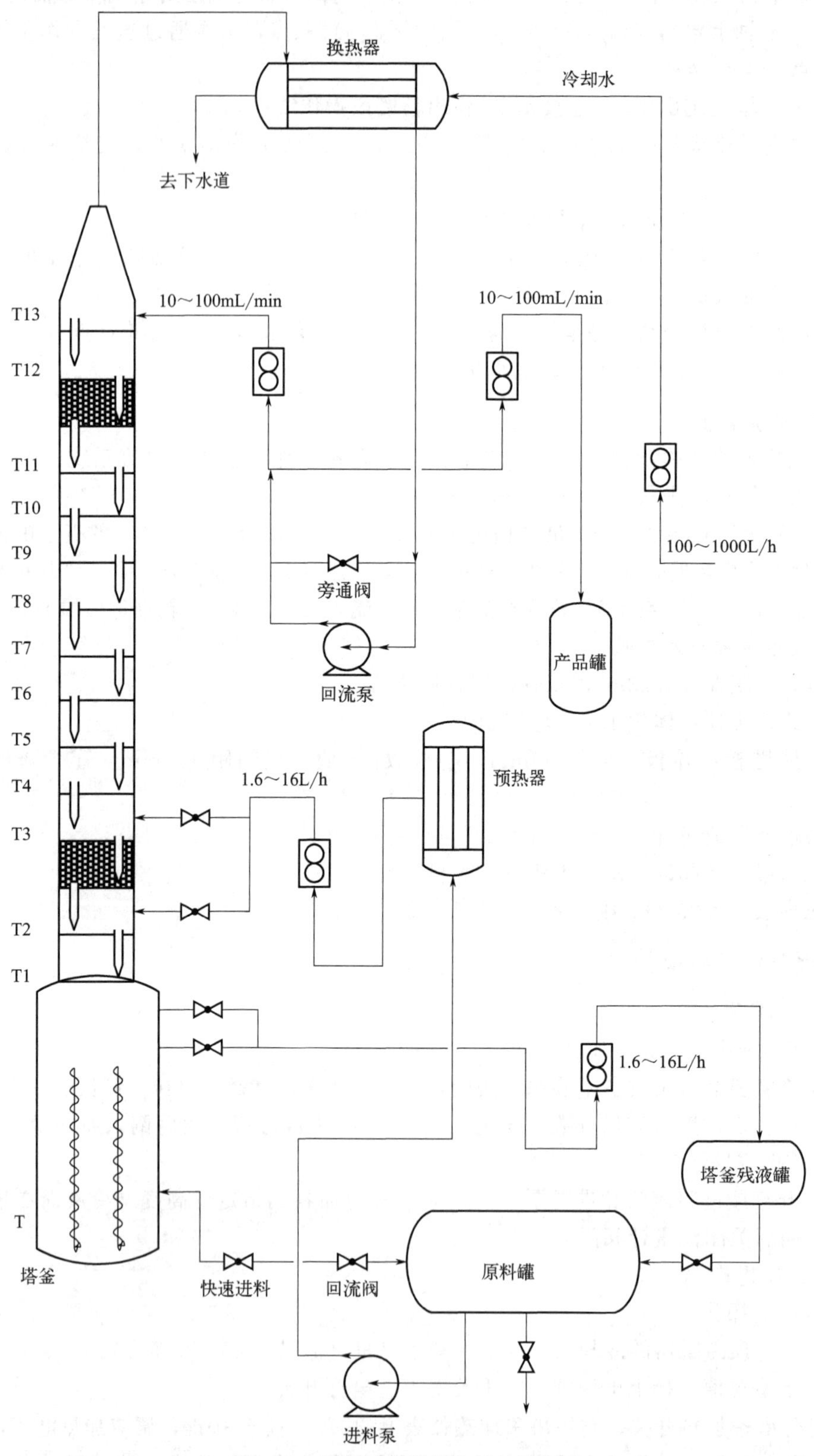

图 6-18　筛板精馏塔精馏过程示意图

d. 根据塔釜压力变化或通过塔体视镜观察塔板上的漏液或雾沫夹带情况，适当调节塔釜加热功率，使塔板上气、液两相保持正常流体力学状态。

e. 在全回流情况下稳定15～20min，随时观察全塔传质情况，待操作稳定后，分别在塔顶、塔釜取样口同时取样，用色谱仪或比重计分析样品组成。

② 部分回流操作

a. 启动原料进料泵，通过进料流量计调节进料流量（建议流量范围在5～8L/h）。

b. 打开塔釜出料阀门至适当开度，使废水由塔底流出至塔釜残液罐；用塔顶馏出液流量计调节塔顶产品流量，产品送至产品罐。

c. 保持进料流量计流量稳定，注意密切观察灵敏板温度、塔釜液位、塔底压力及塔板上气、液两相流动接触的变化情况，根据精馏操作原理分析实验现象产生的原因并采取正确的措施，通过调节再沸器加热功率、回流比、塔顶和塔底的采出率（流量）来保证精馏塔在连续、稳定的状态下正常运行。

d. 收集塔顶馏出产品300～500mL，可以对塔顶产品和塔底废水取样分析。

（3）实验结束

① 检查数据合理后，关闭进料阀门，并将加热电压调为零，关闭回流比调节器开关。

② 停止加热后10min，关闭冷却水，一切复原。

2. 注意事项

（1）实验所用物系是易燃物品，实验过程中要特别注意安全，操作过程中避免洒落，以免发生危险。

（2）本实验设备加热功率由电压控制器调节，故在加热时应注意控制升温要缓慢，以免发生暴沸（过冷沸腾），使釜液从塔顶冲出，若遇此现象应立即断电，重新加料到指定冷液面，再缓慢升电压，重新操作。升温和正常操作中塔釜的电功率不能过大。

（3）开车时先开冷却水，再向塔釜供热；停车时则反之。

（4）如果是用比重计，则要在物料温度冷却至室温以后，测量、记录数据后转换成摩尔分数。

（5）为便于对全回流和部分回流的实验结果（塔顶产品和质量）进行比较，应尽量使两组实验的加热电压及所用料液浓度相同或相近。连续实验时，在做实验前应将前一次实验时留存在塔釜和塔顶以及塔釜残液罐内的料液倒回原料罐中。

[实验原始数据记录]

记录实验原始数据于表6-16中。

实验日期：______ 精馏塔塔板类型：筛板塔 实际塔板数：15块

室温：______ 实验物系：______

表6-16 板式塔精馏实验原始数据记录表

序号	塔釜			塔顶			灵敏板
	温度 t_W/℃	比重计读数	组成 x_W	温度 t_D/℃	比重计读数	组成 x_D	温度 t/℃
1							
2							
平均值							

[实验结果及分析报告]

(1) 分析并讨论实验过程中观察到的现象。

(2) 将塔顶、塔釜取样测定的数据换算成物质的量浓度。查附录得乙醇-水的平衡数据，在直角坐标系中作 y-x 相平衡曲线图。由图解法，求得所需理论塔板数。求得全回流时的全塔效率，并将实验结果与经验值作比较分析，分析可能的误差来源。

(3) 在部分回流连续精馏操作时，根据进料组成 x_F 和分离要求（$x_D \geqslant 91\%$，$x_W \leqslant 3\%$），初估操作回流比 R 的大小，根据进料流量估算 D 和 W。

(4) 在实验报告中，要着重于实验过程操作现象的分析，详细讨论塔釜压力、塔顶温度、塔釜温度、灵敏板温度等操作参数的变化所反映的过程本质以及所采取的切实有效的调节控制措施。

[思考题]

(1) 测定全回流和部分回流时的全塔效率需测几个参数？取样位置在何处？

(2) 查取进料液的摩尔汽化热时定性温度取何值？

(3) 试分析实验结果成功或失败的原因，提出改进意见。

(4) 如何判别精馏塔的操作已达稳定？

(5) 在精馏操作中，如果回流比为设计时的最小回流比，是否意味着精馏操作无法进行下去了？

(6) 进料板的位置是否对理论塔板数有影响？

(7) 为什么一般可以把塔釜当成一块理论板处理？

(8) 什么是全回流？全回流操作有何特点？全回流在精馏塔操作中有什么实际意义？

(9) 什么是灵敏板？

(10) 对于乙醇-水物系，本塔能否得到无水乙醇？若增加塔板数能吗？

(11) 精馏塔操作实验中，若进料热状况为冷液进料，当进料量太大时，为什么会出现精馏段干板，甚至出现塔顶既没有回流也没有出料的现象？应如何调节？

(12) 精馏塔塔釜加热功率的大小对塔的操作有何影响？怎样维持正常的操作？

实验 9　洞道干燥实验

[实验目的]

(1) 熟悉洞道干燥装置的基本结构、工艺流程、工作原理以及掌握其操作方法。

(2) 学习测定物料在恒定干燥条件下干燥特性的实验方法。

(3) 掌握根据实验干燥曲线求取干燥速率曲线以及恒速阶段干燥速率、临界含水量、平衡含水量的实验分析方法。

(4) 实验研究干燥条件对干燥过程特性的影响。

[实验原理]

化工生产中的固体产品（或半成品）为便于贮藏、使用或进一步加工的需要，需除去其中的湿分（水或有机溶剂）。干燥是指采用某种方式将热量传递给湿物料，使湿物料中的水分（或者有机溶剂）汽化并除去的单元操作。

干燥过程不仅涉及气、固两相间的传热和传质，而且涉及湿分以气态或液态的形式自物料内部向表面传质的机理。由于物料的含水性质和物料的形状及内部结构不同，干燥过程速率受到物料性质、含水量、含水性质、热介质性质和设备类型等各种因素的影响。目前，尚无成熟的理论方法来计算干燥速率，工程上仍依赖实验解决干燥问题。

按照干燥过程中空气状态参数是否发生变化，可将干燥过程分为恒定干燥条件操作和非恒定（或变动）干燥条件操作两大类。若用大量空气干燥少量物料，则可以认为湿空气在干燥过程中温度、湿度均不变，再维持空气流速以及与物料的接触方式不变，则这种操作称为恒定干燥条件下的干燥操作。干燥实验的目的是测定物料的干燥曲线和干燥速率曲线，它是在恒定干燥条件下进行的。

1. 干燥速率的定义

干燥速率定义为单位干燥面积（提供湿分汽化的面积）、单位时间内所除去的湿分质量。即

$$U=\frac{dW'}{S d\tau}=-\frac{G' dX}{S d\tau} \tag{6-88}$$

式中　U——干燥速率，又称干燥通量，$kg/(m^2 \cdot s)$；

S——干燥面积，m^2；

W'——一批操作中汽化的湿分量，kg；

τ——干燥时间，s；

G'——一批操作中绝干物料的质量，kg；

X——物料干基湿水量，kg（湿分）/kg（干物料）。

负号表示 X 随干燥时间的增加而减少。

2. 干燥速率的测定方法

将湿物料试样置于恒定空气流中进行干燥实验，随着干燥时间的延长，水分不断汽化，湿物料质量减少。若记录物料不同干燥时间时的质量 G，直到物料质量不变为止，也就是物料在该条件下达到干燥极限为止，此时留在物料中的水分就是平衡水分 X^*。再将物料烘干后称重得到绝干物料重 G'，则物料中瞬间干基含水量 X 为

$$X=\frac{G-G'}{G'} \tag{6-89}$$

计算出每一时刻的瞬间干基含水量 X，然后将 X 对干燥时间 τ 作图，即为干燥曲线，如图 6-19 所示。

上述干燥曲线还可以变换得到干燥速率曲线。由已测得的干燥曲线求出不同 X 下的斜率 $\frac{dX}{d\tau}$，再由式(6-88) 计算得到干燥速率 U，将 U 对 X 作图，就是干燥速率曲线，如图 6-20 所示。

3. 干燥过程分析

(1) 预热阶段

见图 6-19、图 6-20 中的 AB 段或 $A'B$ 段。物料在预热阶段中，空气中部分热量用于加热物料，物料的含水量略有下降，温度则升至空气的湿球温度 t_W，干燥速率可能呈上升趋势变化，也可能呈下降趋势变化。预热阶段经历的时间很短，通常在干燥计算中忽略不计，有些干燥过程甚至没有预热阶段。本实验中也没有预热阶段。

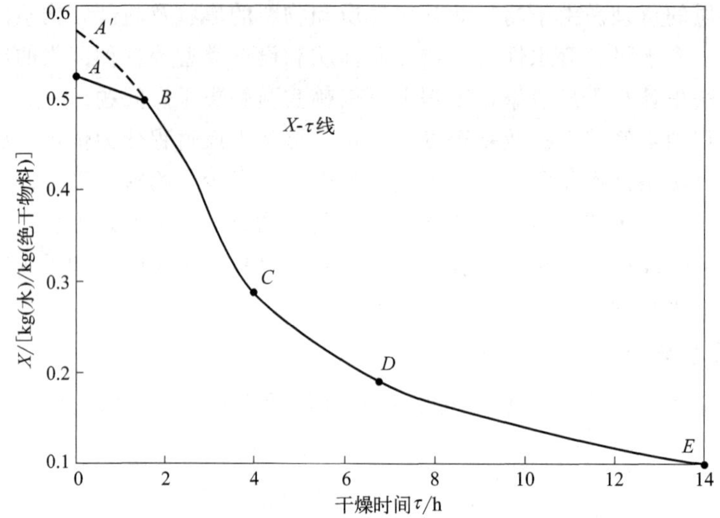

图 6-19　恒定干燥条件下的干燥曲线

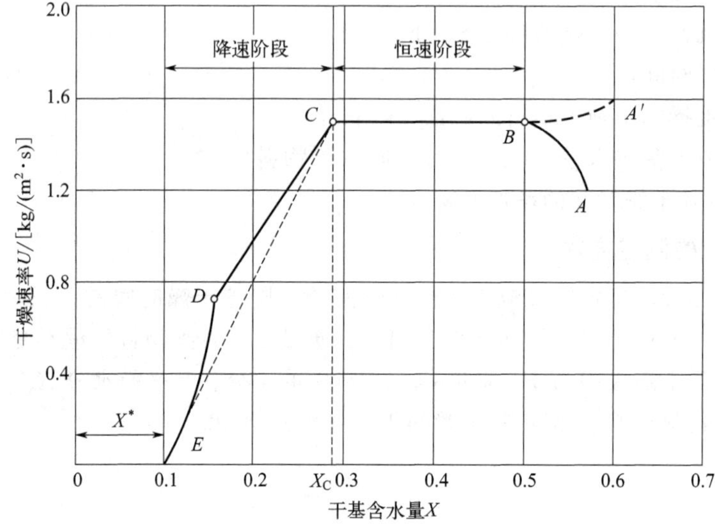

图 6-20　恒定干燥条件下的干燥速率曲线

（2）恒速干燥阶段

见图 6-19、图 6-20 中的 BC 段。该阶段内空气传给物料的显热恰等于水分从物料中汽化所需的汽化热，物料表面始终保持为空气的湿球温度 t_W，而物料水分不断汽化，含水量不断下降。但由于这一阶段去除的是物料表面附着的非结合水分，水分去除的机理与纯水相同，故在恒定干燥条件下，传质推动力保持不变，因而干燥速率也不变。于是，在图 6-20 中，BC 段为水平线。

只要物料表面保持足够湿润，物料的干燥过程中总有恒速阶段。而该阶段的干燥速率大小取决于物料表面水分的汽化速率，即取决于物料外部的空气干燥条件，故该阶段又称为表面汽化控制阶段。

（3）降速干燥阶段

随着干燥过程的进行，物料内部水分移动到表面的速度赶不上物料表面水分的汽化速率，物料表面不能维持全部湿润，局部出现“干区”，空气传给物料的热量只有部分用于汽化水分，另一部分用于加热物料。尽管这时物料其余表面的平衡蒸气压仍与纯水的饱和蒸气压相同，传质推动力也仍为湿度差，但以物料全部外表面计算的干燥速率因“干区”的出现而降低，此时物料中的含水量称为临界含水量，用 X_C 表示，对应图 6-20 中的 C 点，称为临界点。过 C 点以后，干燥速率逐渐降低至 D 点，CD 段称为降速第一阶段。

干燥到 D 点时，物料全部外表面都成为干区，汽化面逐渐向物料内部移动，汽化所需的热量必须通过已被干燥的固体层才能传递到汽化面，从物料中汽化的水分也必须通过这层干燥层才能传递到空气主流中。干燥速率因热、质传递的途径加长而下降。此外，在 D 点以后，物料中的非结合水分已被除尽。接下来汽化的是各种形式的结合水，因而，平衡蒸气压将逐渐下降，传质推动力减小，干燥速率也随之较快降低，直至到达 E 点时，干燥速率降为零。这一阶段称为降速第二阶段。

降速阶段干燥速率曲线的形状随物料内部的结构而异，不一定都呈现前面所述的曲线 CDE 段形状。对于某些多孔性物料，可能两个降速阶段的界限不是很明显，曲线好像只有 CD 段；对于某些无孔性吸水物料，汽化只在表面进行，干燥速率取决于固体内部水分的扩散速率，故降速阶段只有类似 DE 段的曲线。

与恒速阶段相比，降速阶段从物料中除去的水分量相对少许多，但所需的干燥时间却长得多。总之，降速阶段的干燥速率取决于物料本身结构、形状和尺寸，而与干燥介质状况关系不大，故降速阶段又称物料内部迁移控制阶段。

[实验装置及流程]

本实验装置流程如图 6-21 所示。

本实验设备的主要技术数据：

① 洞道干燥器：空气流通的横截面积为 $0.03m^2$。

② 鼓风机：CZR-L80 型三相低噪声中压风机，最大出口风压为 1.7kPa。

③ 空气预热器：两个电热器并联，每个电热器的额定功率为 1000W，额定电压为 220V。

④ 重量变送器（天平）：量程 0～500g，精度 0.1 级。

⑤ 差压变送器：量程 0～10kPa，精度 0.5 级。

⑥ 被干燥物的试样：每一套装置所用某种纺织布料的干燥面积、绝干物料量可能稍有差别。

[实验步骤及注意事项]

1. 实验步骤

（1）实验前的准备工作

① 将被干燥物料试样进行充分浸泡。

② 向湿球温度计的水杯中，补充适量的水，使水面上升至适当位置。

③ 将风机侧方上、中、下 3 个空气阀门调到合适位置（内循环，上、下阀门关闭，中间打开；外循环，上、下阀门打开，中间关闭）。

（2）装置的实验操作

① 打开实验台电源，再按变频器上启动键，启动风机。

② 调节变频器上旋钮，将孔板流量计压差调至指定值。

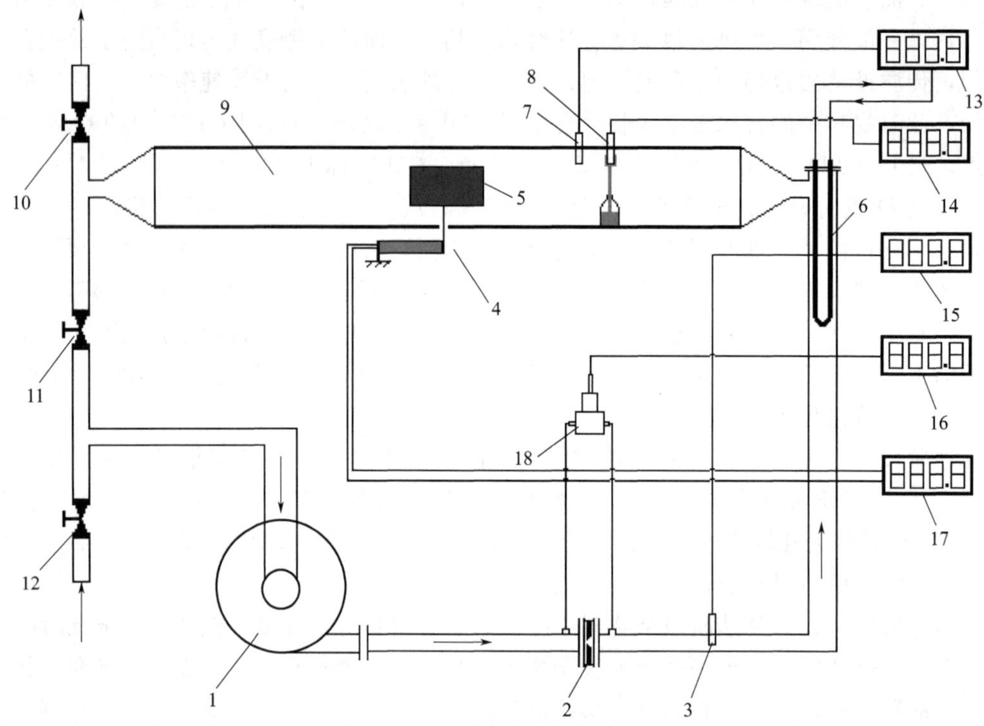

图 6-21　实验装置流程示意图

1—风机；2—孔板流量计；3—空气进口温度计；4—重量传感器（天平）；5—被干燥物料；6—加热器；7—干球温度计；8—湿球温度计；9—洞道干燥器；10—废气排出阀；11—废气循环阀；12—空气进气阀；13—干球温度显示仪表；14—湿球温度显示仪表；15—进口温度显示仪表；16—流量压差显示仪表；17—重量显示仪表（天平面板）；18—差压变送器

③ 按下加热开关，在加热控制显示仪表上，利用<、>、^键调节实验所需温度值。

④ 干燥器的压差（流量）和干球温度恒定 5min 后，即可开始实验。此时，打开天平电源，天平初始化清零后，将试样支架安装在干燥器内，关闭干燥器门，天平上读取该值作为试样支撑架的质量（G_D）。

⑤ 将被干燥物料试样从水盆内取出，除去浮挂在其表面上的水分（使用呢子物料时，最好用力挤去所含的水分，以免干燥时间过长）。将支架从干燥器内取出，再将物料夹好后插回。

⑥ 将支架连同试样放入洞道内，并安插在其支撑杆上。注意：不能用力过大，以免使传感器受损。

⑦ 立即按下秒表开始计时，并记录天平的显示值，然后每隔一段时间记录一次数据（记录总质量和时间），直至质量的减少是恒速阶段所用时间的 8 倍时，即可结束实验。

注意：最后若发现时间已过去很久，但减少的质量还达不到要求，则可立即记录数据。

⑧ 将干燥物烘干后称重，测出干燥物的长、宽、厚。

⑨ 关闭加热电源，关闭风机，切断总电源，清理实验设备。

2. 注意事项

（1）在安装试样时，一定要小心保护传感器，以免用力过大使传感器造成机械性损伤；切记安装支架时，支架杆不得与干燥器穿孔有接触，否则影响读数的准确性。

（2）在设定温度给定值时，不要改动其他仪表参数，以免影响控温效果。

（3）为了设备的安全，开车时，一定要先开风机后开空气加热器的电热器。停车时则反之。

（4）突然断电后，再次开启实验时，检查风机开关、加热器开关是否已被按下，如果被按下，请再按一下使其弹起，不再处于导通状态。

[实验原始数据记录]

记录实验原始数据于表 6-17 中。

实验日期：________　绝干物料质量 G'：________

物料尺寸：________　干燥面积：________

表 6-17　实验原始数据记录表

实验序号	干燥时间/min	湿物料质量/g	干球温度 t/℃	湿球温度 t_W/℃
1				
⋮				

[实验结果及分析报告]

（1）计算不同时间物料含水量，绘制干燥曲线 X-τ。

（2）计算不同时间干燥速率，绘制干燥速率曲线 U-X。

（3）读取物料的临界湿含量。

（4）对实验结果进行分析讨论。

[思考题]

（1）什么是恒定干燥条件？本实验装置中采用了哪些措施来保持干燥过程在恒定干燥条件下进行？

（2）控制恒速干燥阶段速率的因素是什么？控制降速干燥阶段干燥速率的因素又是什么？

（3）为什么要先启动风机，再启动加热器？实验过程中干、湿球温度计温度是否变化？为什么？如何判断实验已经结束？

（4）若加大热空气流量，干燥速率曲线有何变化？恒速干燥速率、临界湿含量又如何变化？为什么？

（5）物料形状、尺寸不同时对干燥速率曲线有何影响？

（6）空气温度、空气流速不同时，干燥速率曲线有何变化？

（7）如何判断干燥速率已经为零？

[实验数据处理表]

实验数据处理表如表 6-18 所示。

表 6-18　实验数据处理表

实验序号	干燥时间/min	湿物料质量/g	干基含水量 X/[kg(水)/kg(绝干物料)]	平均含水量 X_{AV}/[kg(水)/kg(绝干物料)]	干燥速率 $U\times10^4$/[kg/(m^2·s)]
1					
⋮					

实验 10　板式塔流体力学性能实验

[实验目的]

（1）观察板式塔各类型塔板的结构，比较各类型塔板上的气液接触状况。

（2）实验研究各类型板式塔的极限操作状态，确定各类型塔板的漏液点和液泛点。

[实验原理]

板式塔是一种应用广泛的气、液两相接触并进行传热、传质的塔设备，可用于吸收（解吸）、精馏和萃取等化工单元操作。与填料塔不同，板式塔属于分段接触式气液传质设备，塔板上气液接触的良好与否和塔板结构及气、液两相相对流动情况有关，后者即是本实验研究的流体力学性能。

1. 塔板的组成

各种塔板板面大致可分为三个区域，即溢流区、鼓泡区和无效区，见图 6-22。

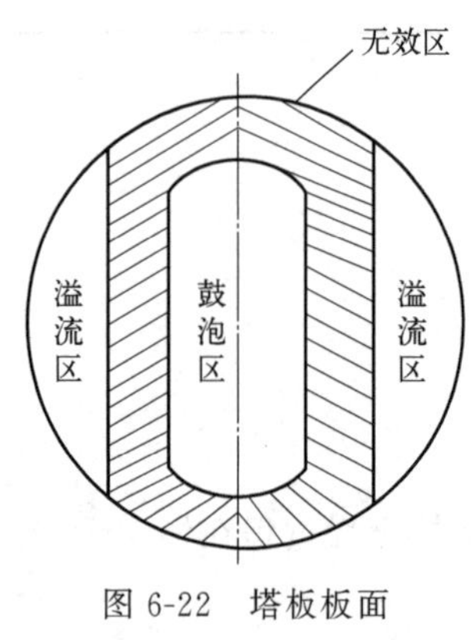

图 6-22　塔板板面

降液管所占部分称为溢流区。降液管的作用除使液体下流外，还须使泡沫中的气体在降液管中得到分离，不至于使气泡带入下一塔板而影响传质效率。因此液体在降液管中应有足够的停留时间以使气体得以解脱，一般要求停留时间大于 3～5s。一般溢流区所占总面积不超过塔板总面积的 25%，对于液体流量很大的情况，可超过此值。

塔板开孔部分称为鼓泡区，即气液两相传质的场所，也是区别各种不同塔板的依据。

图 6-22 阴影部分则为无效区。因为在液体进口处液体容易自板上孔中漏下，故设一传质无效的不开孔区，称为进口安定区；而在出口处，由于进入降液管的泡沫较多，也应设定不开孔区来破除一部分泡沫，又称破沫区。

2. 常用塔板类型

（1）泡罩塔板

这是最早应用于生产上的塔板之一，因其操作性能稳定，故一直到 20 世纪 40 年代还在板式塔中占绝对优势。后来逐渐被其他塔板代替，但至今仍占有一定地位，泡罩塔板特别适用于容易堵塞的物系。

泡罩塔板见图 6-23(a)。塔板上装有许多升气管，每根升气管上覆盖着一只泡罩（多为圆形，也可以是条形或是其他形状）。泡罩下边缘或开齿缝或不开齿缝，操作时气体从升气管上升再经泡罩与升气管的环隙，然后从泡罩下边缘或经齿缝排出进入液相层。

泡罩塔板操作稳定，传质效率（对塔板而言称为塔板效率）也较高。但有不少缺点：结构复杂、造价高、塔板阻力大。液体通过塔板的液面落差较大，因而易使气流分布不均造成气液接触不良。

（2）筛板

筛板也是最早出现的塔板之一。从图 6-23(b) 可知，筛板就是在板上打很多筛孔，操作时气体直接穿过筛孔进入液相层。这种塔板早期一直被认为很难操作，只要气流发生波动，液体就不从降液管下来，而是从筛孔中大量漏下，于是操作也就被破坏了。直到1949年以后才又对筛板进行实验，掌握了规律，发现能稳定操作，目前它在国内外已大量应用。

筛板的优点是构造简单、造价低，此外也能稳定操作，塔板效率也较高。缺点是小孔易堵（近年来发展了大孔径筛板，以适应大塔径、易堵塞物料的需要），操作弹性和塔板效率比下面介绍的浮阀塔板略差。

（3）浮阀塔板

这种塔板见图6-23(c)，是在20世纪40～50年代才发展起来的，现在使用范围很广。在国内浮阀塔板的应用占有重要地位，普遍获得好评。其优点是当气流在较大范围内波动时均能稳定地操作，弹性大，效率好，适应性强。

浮阀塔板结构特点是将浮阀装在塔板上的孔中，能自由地上下浮动，随气速的不同，浮阀打开的程度也不同。

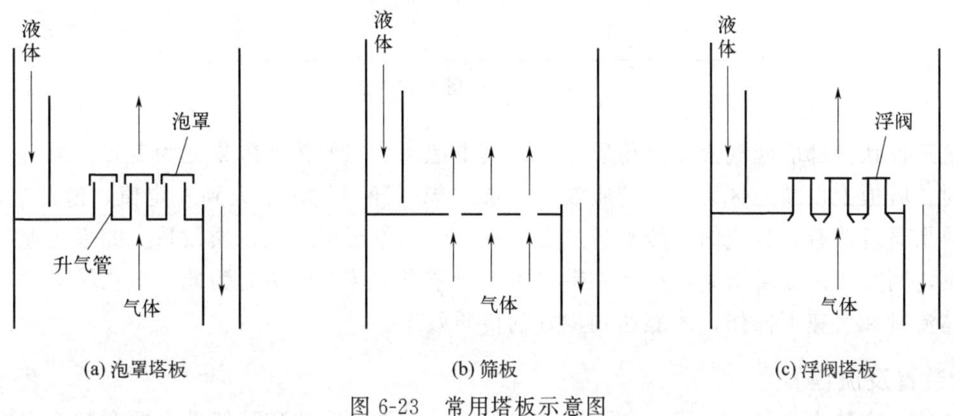

图6-23　常用塔板示意图

3. 板式塔的操作原理

塔板的操作上限与操作下限之比称为操作弹性（即最大气量与最小气量之比或最大液量与最小液量之比）。操作弹性是塔板的一个重要特性。操作弹性大，则该塔稳定操作范围大。

为了使塔板在稳定范围内操作，必须了解板式塔的几个极限操作状态。在本实验中，主要观察研究各塔板的漏液点和液泛点，即塔板的操作上、下限。

（1）漏液点

可以设想，在一定液量下，当气速不够大时，塔板上的液体会有一部分从筛孔漏下，这样就会降低塔板的传质效率。因此一般要求塔板应在不漏液的情况下操作。所谓“漏液点”是指刚使液体不从塔板上泄漏时的气速，也称为最小气速。

（2）液泛点

当气速大到一定程度，液体就不再从降液管下流，而是从下塔板上升，这就是板式塔的液泛。液泛速度也就是达到液泛时的气速。

现以筛板塔为例来说明板式塔的操作原理。如图6-24所示，上一层塔板上的液体由降液管流至塔板上，并经过板上由另一降液管流至下一层塔板上。而下一层板上升的气体（或蒸气）经塔板上的筛孔，以鼓泡的形式穿过塔板上的液体层，并在此进行气液接触传质。离开液相层的气体继续升至上一层塔板，再次进行气液接触传质。由此经过若干层塔板。鼓泡层高度由塔板结构和气液两相流量而定。在塔板结构和液相流量已定的情况下，鼓泡层高度随气速而变。通常在塔板以上形成三种不同状态的区间，靠近塔板的液层底部属鼓泡区；在液层表面属泡沫区；在液层上方空间属雾沫区。

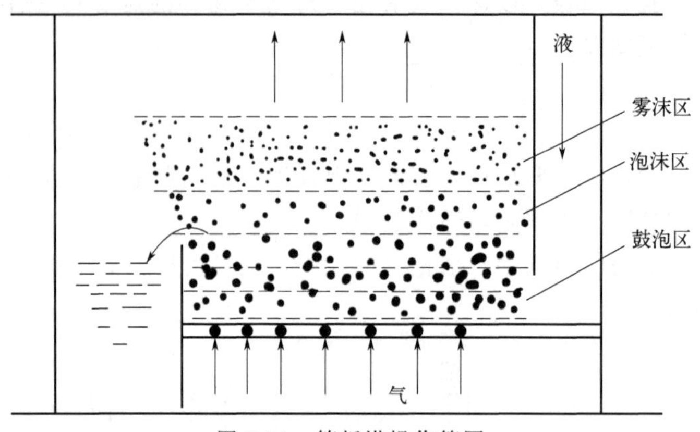

图 6-24　筛板塔操作简图

这三种状态都能起气液接触传质作用，其中泡沫状态的传质效果尤为良好。当气速不是很大时，塔板上以鼓泡区为主，传质效果不够理想。随着气速增大到一定值，泡沫区增加，传质效果显著改善，相应的雾沫夹带虽有增加，但还不至于影响传质效果。如果气速超过一定范围，则雾沫区显著增大，雾沫夹带过量，严重影响传质效果。为此，板式塔必须在适宜的液体流量和气速下操作，才能达到良好的传质效果。

[实验装置及流程]

本装置主体由直径 200mm、板间距为 300mm 的四个有机玻璃塔节与两个封头组成的塔体，配以风机、增压水泵和气、液转子流量计及相应的管线、阀门等部件构成。塔体内由上而下安装四块塔板，分别为泡罩塔板、浮阀塔板、有降液管的筛板和无降液管的筛板，降液管均为内径 25mm 的有机圆柱管。流程示意如图 6-25 所示。

[实验步骤及注意事项]

1. 实验步骤

实验时，采用固定的水流量，改变不同的气速，观察各种气速时的运行情况。

(1) 实验开始前，先检查增压水泵和风机电源，并保持所有阀门全关状态。以下以有降液管的筛板（即自下而上第二块塔板）为例，介绍该塔板流体力学性能实验操作。

(2) 增压水泵进口连接水槽，塔底排液阀循环接入水槽，打开增压水泵出口调节阀，开启增压水泵电源。观察液体从塔顶流出的速度，通过转子流量计调节液体流量在转子流量计显示适中的位置，并保持稳定流动。

(3) 打开风机出口阀，打开有降液管的筛板下对应的气流进口阀，开启风机电源。通过空气转子流量计自小而大调节气相流量，观察塔板上气液接触的几个不同阶段，即由漏液至鼓泡、泡沫和雾沫夹带到最后淹塔。

① 全开气阀　这种情况气速达到最大值，此时可看到泡沫层很高，并有大量液滴从泡沫层上方往上冲，这就是雾沫夹带现象。这种现象表示实际气速大大超过设计气速。

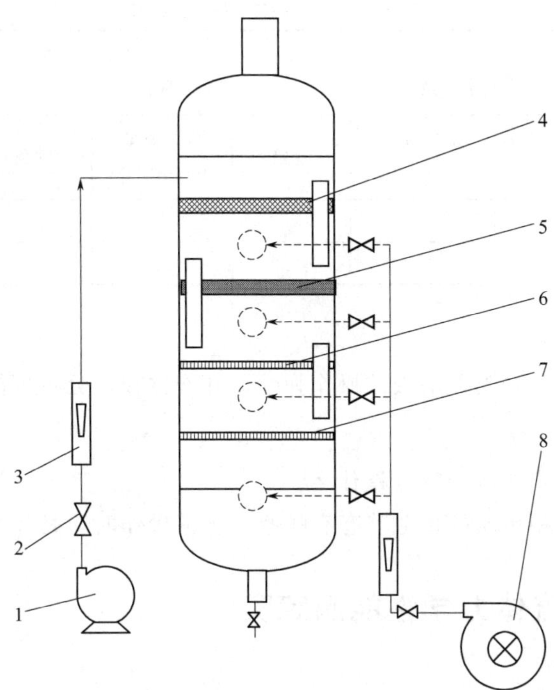

图 6-25　板式塔流体力学性能实验装置图

1—增压水泵；2—调节阀；3—转子流量计；4—泡罩塔板；5—浮阀塔板；6—有降液管筛孔；7—无降液管筛板；8—风机

② 逐渐关小气阀　这时飞溅的液滴明显减少，泡沫层高度适中，气泡很均匀，表示实际气速符合设计值，这是板式塔正常的运行状态。

③ 进一步关小气阀　当气速大大小于设计气速时，泡沫层明显减少，因为鼓泡少，气、液两相接触面积大大减少，显然，这是板式塔不正常的运行状态。

④ 慢慢关小气阀，可以看见塔板上既不鼓泡、液体也不下漏的现象。若再关小气阀，则可看见液体从塔板上漏出，这就是塔板的漏液点。

观察实验的两个临界气速，作为操作下限的“漏液点”，即刚使液体不从塔板上泄漏时的气速，和作为操作上限的“液泛点”，即使液体不再从降液管（对于无降液管的筛板，是指不降液）下流，而是从下塔板上升直至淹塔时的气速。

对于其余两种类型的塔板也是作如上的操作，最后记录各塔板的气液两相流动参数，计算塔板操作弹性，并作出比较。

(4) 实验结束，关闭风机电源，关闭增压水泵出口调节阀，关闭增压水泵电源，排尽装置中的水。

2. 注意事项

实验过程中，注意塔身与下水箱的接口处应液封，以免气体泄漏。

[实验原始数据记录]

记录实验原始数据于表 6-19 中。

实验日期：________

表 6-19　实验原始数据记录表

序号	泡罩塔板 水流量：		浮阀塔板 水流量：		有降液管筛板 水流量：		无降液管筛板 水流量：	
	空气流量 $V/(m^3/h)$	现象	空气流量 $V/(m^3/h)$	现象	空气流量 $V/(m^3/h)$	现象	空气流量 $V/(m^3/h)$	现象
1								
⋮								

[实验结果及分析报告]

根据实验现象计算各种类型塔板的操作弹性，并作比较，分析可能的误差来源。

[思考题]

(1) 板式塔气液两相的流动特点是什么?

(2) 塔板上气液两相传质的接触状态有哪些? 正常操作时应是什么状态?

实验 11　填料塔流体力学性能测定实验

[实验目的]

(1) 了解填料塔装置的基本结构、流程及其操作。

(2) 通过测定空气流过干、湿填料塔的压降，进一步掌握填料塔的流体力学性能规律。

[实验原理]

填料塔的流体力学性能直接影响到塔内的传质效果和塔的生产能力。填料塔的流体力学性能主要是指气体通过填料层的压降 Δp、液泛气速 u_{max} 等参数，气体通过干填料塔时，由于局部阻力及摩擦力而产生压降，此时压降 Δp 仅与空塔气速 u 有关，而气体通过湿填料塔时的压降 Δp 还与液体喷淋量 L 有关。气体通过填料塔的压降 Δp 与空塔气速 u、液体喷淋量 L 在双对数坐标纸上的关系曲线见图 6-26。

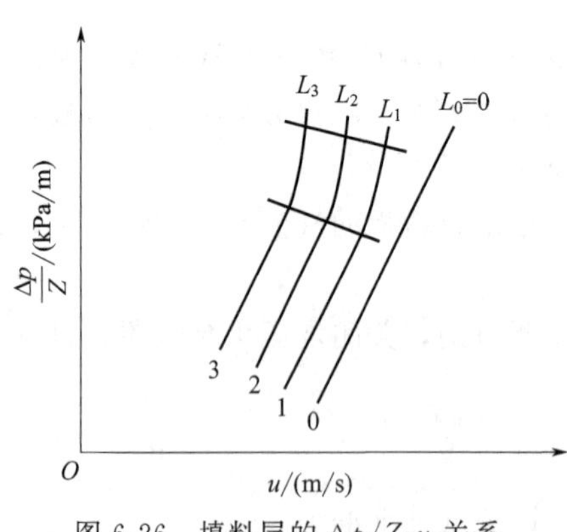

图 6-26　填料层的 $\Delta p/Z$-u 关系

当喷淋量为 0 时，干填料的 $\Delta p/Z$-u 的关系是直线，其斜率为 1.8～2.0。当有一定的喷淋量时，$\Delta p/Z$-u 的关系变成折线，并存在两个转折点，下转折点称为“载点”，上转折点称为“泛点”，这两个转折点将 $\Delta p/Z$-u 的关系分为三个区域，即恒持液量区、载液区与液泛区。

恒持液量区：当气速较小时，湿填料的 $\Delta p/Z$-u 关系线在干填料线的左上方（由于湿填料层内所持液体占据一定空间，气体的真实速度提高，压降增大）且几乎与干填料线平行。

载液区：当气速增大到某一数值时，上升气流与下降液体间的摩擦力开始阻碍液体的顺利下降，使填料层内的持液量随气速的增大而增加，这种现象称为拦液现象，开始发生拦液现象时的空塔气速称为载点气速，超过载点气速后的 $\Delta p/Z$-u 关系线的斜率大于 2。

液泛区：当气速进入载液区且持续增大，则填料层内的持液量不断增多，并且最终充满整个填料层间隙，在填料层内及顶部出现鼓泡，大量液体被气流带出塔顶，塔的操作极为不稳定，正常操作被破坏，这种现象称为填料塔的液泛现象，开始发生液泛现象时的空塔气速称为液泛气速或泛点气速，是填料塔正常操作气速的上限，超过泛点气速后压降几乎是垂直上升的，其 $\Delta p/Z\text{-}u$ 关系线的斜率大于10。

上述 $\Delta p/Z\text{-}u$ 关系线的转折点——载点和泛点，为填料塔选择适当操作条件提供了依据。填料塔的设计应保证在空塔气速低于泛点气速下操作，如果要求压降很稳定，则宜在载点气速下工作。由于载点气速难以准确地测定，通常取操作空塔气速为泛点气速的50%～80%。

空塔气速 u 可由下式计算：

$$u=\frac{V_h}{3600\Omega} \tag{6-90}$$

式中　Ω——填料塔截面积，m^2，$\Omega=\frac{\pi}{4}D^2$，D 为塔径，m；

V_h——操作条件下空气的体积流量，m^3/h，由转子流量计计量，并经校正后得到，校正公式如下：

$$V_h=V_1\sqrt{\frac{p_1}{p}\times\frac{273.2+T}{273.2+T_1}} \tag{6-91}$$

式中　V_1——空气转子流量计的流量指示值，m^3/h；

T——空气的操作温度，℃；

p——空气的操作压力，kPa；

T_1——空气转子流量计的标定温度，20℃；

p_1——空气转子流量计的标定压力，101.33kPa。

[实验装置及流程]

实验装置见图6-27，由自来水水源来的水经温度测量、转子流量计计量后送入填料塔塔顶经喷头喷淋在填料顶层，由风机送来的空气经气体中间贮罐、转子流量计计量后直接进入塔底，与水在塔内进行逆流流动，由塔顶排出空气，塔底排出水流入地沟。填料层的压降用压差计测量。

装置参数及说明如下：

① 吸收塔：高效填料塔，塔径100mm，塔内装有金属丝网波纹规整填料或 θ 环散装填料，填料层总高度2000mm。塔顶有液体初始分布器，塔中部有液体再分布器，塔底部有栅板式填料支承装置。填料塔底部有液封装置，以避免气体泄漏。

② 填料规格和特性：金属丝网波纹规整填料，型号JWB-700Y，规格 φ100mm×100mm，比表面积 $700m^2/m^3$。

③ 转子流量计：标定介质及标定条件见表6-20。

表6-20　转子流量计标定介质及标定条件

介质	条件			
	常用流量	最小刻度	标定介质	标定条件
空气	$4m^3/h$	$0.1m^3/h$	空气	20℃，1.0133×10^5Pa
水	600L/h	20L/h	水	20℃，1.0133×10^5Pa

④ 空气风机型号：旋涡式气泵。

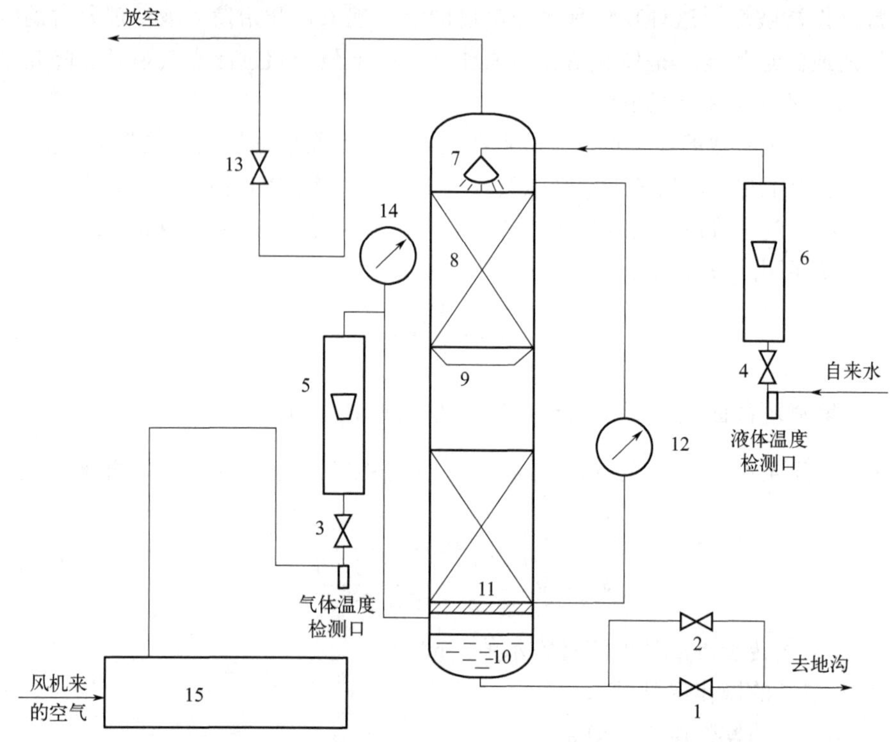

图 6-27 填料塔流体力学性能测定实验装置图

1,2,13—球阀；3—气体流量调节阀；4—液体流量调节阀；5—气体转子流量计；6—液体转子流量计；7—喷淋头；8—填料层；9—液体再分布器；10—塔底；11—填料支承板；12—压差计；14—压力表；15—气体中间贮罐

[实验步骤及注意事项]

1. 实验步骤

（1）熟悉实验流程。

（2）打开气体中间贮罐底部排空阀，排放掉罐中的冷凝水。

（3）打开总电源、仪表电源开关，进行仪表自检。

（4）干塔即水喷淋量为 0 时，检查塔底排液阀使处于关闭状态（否则气体会从此处排出）。

（5）启动风机，调节风机出口阀开度，记录不同空气流量下塔操作稳定后的空气的流量、压力、温度以及压差计读数。

（6）开启进水阀门，让水进入填料塔润湿填料，仔细调节液体转子流量计，使其流量稳定在某一实验值并记录下流量，同时控制好阀门 1、2 的开度，使塔底有适当的液封高度。

（7）调节风机出口阀开度，记录不同空气流量下塔操作稳定后的空气的流量、压力、温度以及压差计读数。

（8）选择另一水流量，重复步骤（7）。

（9）实验完毕，关闭水流量调节阀和水泵电源，再关闭风机出口阀门及风机电源，排空贮水槽中的水，清理实验场地。

2. 注意事项

(1) 固定好操作点后，应随时注意调整以保持各量不变。

(2) 本装置建议水流量取800～1000L/h。

(3) 本实验同学需相互分工合作，切记有水喷淋时，塔底液面不可高于塔底进气口，否则会使压差计中的指示剂冲出。

[实验原始数据记录]

记录实验原始数据于表6-21中。

实验日期：________　塔高：________　塔径：________　室温：________

表6-21　填料塔流体力学性能测定记录

序号	水喷淋量		空气参数			压差计读数 /mmH_2O①	塔内现象
	流量计指示值 L_1/(L/h)	温度 t/℃	流量计指示值 V_1/(m^3/h)	表压 p/MPa	温度 t/℃		
1							
⋮							

① $1mmH_2O=9.80665Pa$。

[实验结果及分析报告]

计算各实验点空塔气速、填料层压降，根据实验结果，在双对数坐标纸上标绘填料塔流体力学性能曲线 $\Delta p/Z$-u。

[思考题]

(1) 本实验中，为什么塔底要有液封？液封高度如何计算？

(2) 填料塔的流体力学性能指什么？测定填料塔的流体力学性能有何意义？

(3) 阐述干填料塔和湿填料塔 $\Delta p/Z$-u 曲线的特征。

(4) 什么是载点、泛点？

[实验数据处理表]

实验数据处理表如表6-22所示

表6-22　填料塔流体力学性能测定实验数据处理表

序号	实验原始数据记录部分							实验数据处理部分	
	水喷淋量		空气参数			压差计读数 /mmH_2O	塔内现象	填料层压降 ($\Delta p/Z$) /(kPa/m)	空塔气速 u/(m/s)
	流量计指示值 L_1/(L/h)	温度 t/℃	流量计指示值 V_1/(m^3/h)	表压 p/MPa	温度 t/℃				
1									
⋮									

实验12　振动筛板萃取实验

[实验目的]

(1) 了解振动筛板萃取塔的基本结构、操作方法及萃取的工艺流程。

（2）了解萃取操作的主要影响因素，研究萃取操作条件对萃取过程的影响。

（3）掌握单位萃取高度的传质单元数 N_{OR}、传质单元高度 H_{OR} 和萃取率 η 的实验测法。

［实验原理］

萃取是分离液体混合物的重要单元操作之一。在待分离的混合液中加入与之不互溶（或部分互溶）的萃取剂，形成共存的两个液相，利用萃取剂对原溶剂中各组分的溶解度的差别，使混合液中的各组分得到分离。

1. 液液传质特点

液-液萃取与精馏、吸收均属于相际传质操作，它们之间有不少相似之处。在液液系统中，两相的密度差和界面张力均较小，因此影响传质过程中两相充分混合。为了促进两相之间的传质，在液-液萃取过程中常常需要借用外力将一相强制分散于另一相中（如利用外加脉冲的脉冲塔、利用塔盘旋转的转盘塔、利用筛板振动的振动筛板塔等）。然而两相一旦混合，要使它们充分分离也很难，因此萃取塔通常在顶部与底部有扩大的相分离段。

在萃取过程中，两相混合与分离的好坏，直接影响到萃取设备的效率。影响混合、分离的因素有很多，除与液体的物性有关外，还有设备结构、外加能量、两相流体的流量等有关。表示传质好坏的级效率或传质系数的值多用实验直接研究，很难用数学方程直接求得。实验过程中观察实验现象十分重要，实验时应注意了解以下几点：

① 液滴分散与聚结现象；

② 塔顶、塔底分离段的分离效果；

③ 萃取塔的液泛现象；

④ 外加能量大小（改变频率）对操作的影响。

2. 传质单元法的计算

计算微分逆流萃取塔的塔高时，主要是采取传质单元法，即以传质单元数和传质单元高度来表征，传质单元数表示过程分离程度的难易，传质单元高度表示设备传质性能的好坏。

$$H=H_{OE}N_{OE}=H_{OR}N_{OR} \tag{6-92}$$

式中 H——萃取塔的有效接触高度，m；

H_{OE}——以萃取相为基准的总传质单元高度，m；

N_{OE}——以萃取相为基准的总传质单元数，量纲为1；

H_{OR}——以萃余相为基准的总传质单元高度，m；

N_{OR}——以萃余相为基准的总传质单元数，量纲为1。

按定义，N_{OR} 计算式为

$$N_{OR}=\int_{X_R}^{X_F}\frac{dx}{X-X^*} \tag{6-93}$$

式中 X_F——原料液的组成，kgA/kgS；

X_R——萃余相的组成，kgA/kgS；

X——塔内某截面处萃余相的组成，kgA/kgS；

X^*——塔内某截面处与萃取相平衡时的萃余相组成，kgA/kgS。

当萃余相浓度较低时，平衡曲线可近似为过原点的直线，操作线也简化为直线处理，如图 6-28 所示。

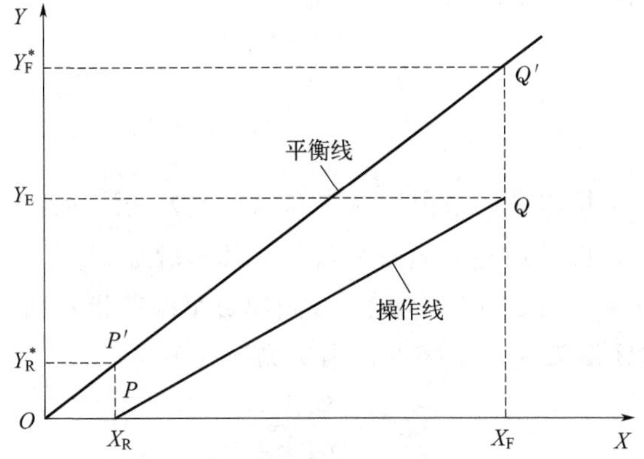

图 6-28 萃取平均推动力计算示意图

对式(6-93) 积分得

$$N_{OR}=\frac{X_F-X_R}{\Delta X_m} \tag{6-94}$$

其中，ΔX_m 为传质过程的平均推动力，在操作线、平衡线作直线近似的条件下为

$$\Delta X_m=\frac{(X_F-X^*)-(X_R-0)}{\ln\dfrac{X_F-X^*}{X_R-0}}=\frac{\left(X_F-\dfrac{Y_E}{K}\right)-X_R}{\ln\dfrac{X_F-\dfrac{Y_E}{K}}{X_R}} \tag{6-95}$$

式中 K——分配系数，对于本实验的煤油苯甲酸相-水相，$K=2.26$；

Y_E——萃取相的组成，kgA/kgS。

对于 X_F、X_R 和 Y_E，分别在实验中通过取样滴定分析而得，Y_E 也可通过如下的物料衡算而得

$$\begin{cases}F+S=E+R\\FX_F+S\times0=EY_E+RX_R\end{cases} \tag{6-96}$$

式中 F——原料液流量，kg/h；

S——萃取剂流量，kg/h；

E——萃取相流量，kg/h；

R——萃余相流量，kg/h。

对于稀溶液的萃取过程，因为 $F=R$，$S=E$，所以有

$$Y_E=\frac{F}{S}(X_F-X_R) \tag{6-97}$$

本实验中，取 $F/S=1/2$（质量流量比），则式(6-97) 简化为

$$Y_E=\frac{1}{2}(X_F-X_R) \tag{6-98}$$

3. 萃取率的计算

萃取率 η 为被萃取剂萃取的组分 A 的量与原料液中组分 A 的量之比

$$\eta=\frac{FX_F-RX_R}{FX_F} \tag{6-99}$$

对稀溶液的萃取过程，因为 $F=R$，所以有

$$\eta=\frac{X_F-X_R}{X_F} \tag{6-100}$$

4. 溶液浓度的测定

对于煤油苯甲酸相-水相体系，采用酸碱中和滴定的方法测定进料液组成 X_F、萃余液组成 X_R 和萃取液组成 Y_E，即苯甲酸的质量分数，具体步骤如下：

① 用移液管量取待测样品 25mL，加 1～2 滴溴百里酚蓝指示剂。

② 用 KOH-CH_3OH 溶液滴定至终点，则所测浓度为

$$X=\frac{N\Delta VM}{\rho_{油}V_{样}} \tag{6-101}$$

式中 N——KOH 溶液的浓度，mol/mL；

ΔV——滴定用去的 KOH 溶液体积，mL；

M——溶质分子量；

$\rho_{油}$——煤油密度，kg/L；

$V_{样}$——样品体积，mL。

③ 萃取相组成 Y_E 也可按式(6-98) 计算得到。

[实验装置及流程]

本实验以水为萃取剂，从煤油中萃取苯甲酸。

实验装置如图 6-29 所示，主要设备为往复式振动筛板塔（又名 Karr 柱）。它是一种外加能量的高效液-液萃取设备。本实验所用的往复式振动筛板塔塔身、塔板通过电动机和偏心轮可以往复运动。重相经转子流量计进入塔顶，轻相经转子流量计流进内径 38mm，长 1200mm 的玻璃管。塔上、下两端各有一个内径 60mm 的扩大沉降室，作用是延长每相在沉降室内的停留时间，有利于两相分离。在塔内装有 18 块塔板，板间距为 50mm，开孔率约 30%。重相由贮槽经流量计进入塔顶，轻相用泵由贮槽流经流量计送入塔底。

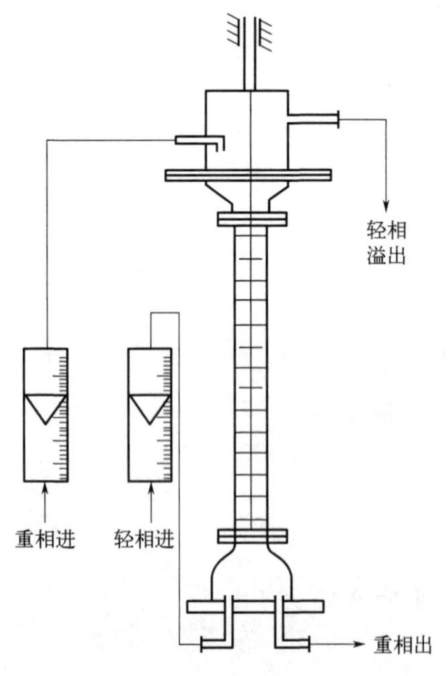

图 6-29 萃取流程示意图

[实验步骤及注意事项]

1. 实验步骤

(1) 将原料和溶剂分别加入原料槽和溶剂槽到 1/2～2/3 液位。

(2) 打开轻相（油槽）底阀，先排气，待管中满液时再开转子流量计，使塔内油量升至塔 1/5 处。

(3) 将重相（水相）经转子流量计加入，至塔顶油溢出，开启油泵，控制两相流量，调节界面调节阀使相界面稳定。

(4) 调节两相流量，观察不同流量比下的两相流动情况。

(5) 以水为连续相、煤油为分散相进行逆流萃取，控制水相和油相流量比为 2∶1。

(6) 测定一定振幅（如 5mm）、两种频率下的传

质单元高度。通过改变振幅来分别测取效率 η 或 H_{OR} 从而判断外加能量对萃取过程的影响。

（7）取样分析。取塔顶油相 50～60mL，用移液管移取 25mL，滴定分析。采用酸碱中和滴定的方法测定进料液组成 X_F、萃余液组成 X_R 和萃取液组成 Y_E，即苯甲酸的质量分数。

2. 注意事项

（1）以水为连续相、煤油为分散相时，相界面在塔顶，调节界面调节阀（出水阀），注意控制界面恒定。

（2）改变频率时，调节振动频率要慢，以免频率过高损坏设备。长久未运转时应检查偏心轮与振动柱是否连接牢固，盘动偏心轮再开电源，缓慢调大频率。

（3）磁力泵切忌空转，请先排气，并注意油槽不能抽干。

（4）煤油的实际体积流量并不等于流量计的读数，对流量计的读数进行校正后才能得到煤油的实际体积流量。

[实验原始数据记录]

记录实验原始数据于表 6-23 中。

实验日期：________　氢氧化钾的浓度：c_{KOH}=________mol/mL

表 6-23　实验原始数据记录表

序号	原料流量 F/(L/h)	溶剂流量 S/(L/h)	振幅 /mm	滴定分析所用 KOH 的体积		
				ΔV_F/mL	ΔV_R/mL	ΔV_S/mL
1						
⋮						

[实验结果及分析报告]

计算不同振幅下的萃取效率、传质单元高度，并对实验结果进行分析讨论。

[思考题]

（1）分析比较萃取实验装置与吸收、精馏实验装置的异同点。

（2）说说本萃取实验装置的转盘转速是如何调节和测量的。从实验结果分析转盘转速变化对萃取传质系数与萃取率的影响。

（3）测定原料液、萃取相、萃余相的组成可用哪些方法？采用中和滴定法时，标准碱为什么选用 KOH-CH_3OH 溶液，而不选用 KOH-H_2O 溶液？

（4）在萃取过程中选择连续相、分散相的原则是什么？

[实验数据处理表]

实验数据处理表如表 6-24 所示。

表 6-24　实验数据处理表

序号	实验原始数据记录部分						实验数据处理部分					
	原料流量 F/(L/h)	溶剂流量 S/(L/h)	振幅 /mm	滴定分析所用 KOH 的体积			组成			传质单元数 N_{OR}	传质单元高度 H_{OR}/m	效率 η/%
				ΔV_F/mL	ΔV_R/mL	ΔV_E/mL	X_F	X_R	Y_E			
1												
⋮												

实验 13　固体流态化实验

[实验目的]

(1) 观察聚式和散式流态化的实验现象。

(2) 学会流体通过颗粒层时流动特性的测量方法。

(3) 测定临界流化速度，并作出流化曲线图。

[实验原理]

流态化是一种使固体颗粒通过与流体接触而转变成类似于流体状态的操作。近年来，这种技术发展很快，许多工业部门在处理粉粒状物料的输送、混合、涂层、换热、干燥、吸附、煅烧和气-固反应等过程中，都广泛地应用了流态化技术。

1. 固体流态化过程的基本概念

如果流体自下而上地流过颗粒层，则根据流速的不同，会出现三种不同的阶段，如图 6-30 所示。

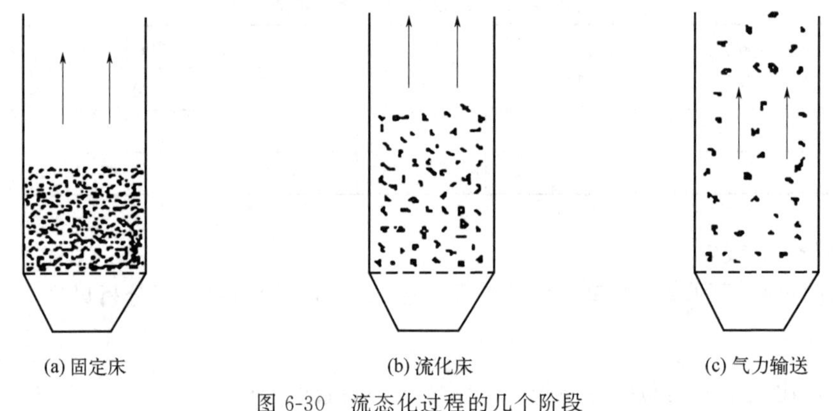

(a) 固定床　　(b) 流化床　　(c) 气力输送

图 6-30　流态化过程的几个阶段

(1) 固定床阶段

如果流体通过颗粒床层的表观速度 u（即空床速度）较低，使颗粒空隙中流体的真实速度 u_1 小于颗粒的沉降速度 u_t，则颗粒基本上保持静止不动，这种床层称为固定床，如图 6-30(a) 所示。

(2) 流化床阶段

当流体的表观速度 u 增大到某一数值时，真实速度 u_1 比颗粒的沉降速度 u_t 大了，此时床层内较小的颗粒将松动或浮起，颗粒层高度也有明显增大。但随着床层的膨胀，床内空隙率 ε 也增大，而 $u_1=u/\varepsilon$，所以，真实速度 u_1 随后又下降，直至降到沉降速度 u_t 为止。也就是说，在一定的表观速度下，颗粒床层膨胀到一定程度后将不再膨胀，此时颗粒悬浮于流体中，床层有一个明显的上界面，与沸腾水的表面相似，这种床层称为流化床，如图 6-30(b) 所示。

因为流化床的空隙率随流体表观速度增大而变大，所以，能够维持流化床状态的表观速度可以有一个较宽的范围。实际流化床操作的流体速度原则上要大于起始流化速度，又要小于带出速度，而这两个临界速度一般均由实验测出。

(3) 气力输送阶段

如果继续提高流体的表观速度 u，使真实速度 u_1 大于颗粒的沉降速度 u_t，则颗粒将被气流带走，此时床层上界面消失，这种状态称为气力输送，如图 6-30(c) 所示。

2. 固体流态化的分类

流态化按其性状的不同，可以分成两类，即散式流态化和聚式流态化。

散式流态化一般发生在液-固系统。此种床层从开始膨胀直到气力输送，床内颗粒的扰动程度是平缓加大的，床层的上界面较为清晰。

聚式流态化一般发生在气-固系统，这也是目前工业上应用较多的流化床形式，见图 6-31。从起始流态化开始，床层的波动逐渐加剧，但其膨胀程度却不大。因为气体与固体的密度差别很大，气流要将固体颗粒推起来比较困难，所以只有小部分气体在颗粒间通过，大部分气体则汇成气泡穿过床层，而气泡穿过床层时造成床层波动，它们在上升过程中逐渐长大并互相合并，到达床层顶部则破裂而将该处的颗粒溅散，使得床层上界面起伏不定。床层内的颗粒则很少分散开来各自运动，而多是聚结成团地运动，成团地被气泡推起或挤开。

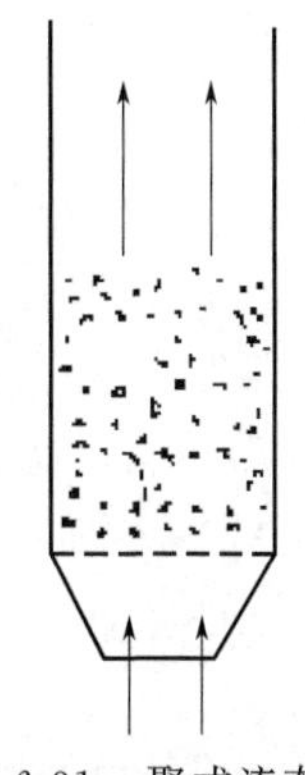

图 6-31 聚式流态化

聚式流化床中有以下两种不正常现象。

(1) 腾涌现象

如果床层高度与直径的比值过大、气速过高时，就容易产生气泡的相互聚合，而成为大气泡，在气泡直径长大到与床径相等时，就将床层分成几段，床内物料以活塞推进的方式向上运动，在到达上部后气泡破裂，部分颗粒又重新回落，这就是腾涌，又称节涌。腾涌严重地降低床层的稳定性，使气-固之间的接触状况恶化，并使床层受到冲击，发生震动，损坏内部构件，加剧颗粒的磨损与带出。

(2) 沟流现象

在大直径床层中，由于颗粒堆积不匀或气体初始分布不良，可在床内局部地方形成沟流。此时，大量气体经过局部地区的通道上升，而床层的其余部分仍处于固定床阶段而未被流化(死床)。显然，当发生沟流现象时，气体不能与全部颗粒良好接触，将使工艺过程严重恶化。

3. 流化床压降与流速关系

床层一旦流化，全部颗粒处于悬浮状态。现取床层为控制体，并忽略流体与容器壁面间的摩擦力，对控制体作力的衡算，则

$$\Delta pA = m_s g + m_1 g \tag{6-102}$$

式中 Δp——床层的压差，N/m^2；

A——空床截面积，m^2；

m_s——床层颗粒的总质量，kg；

m_1——床层内流体的质量，kg；

g——重力加速度，$9.81m/s^2$。

而

$$m_1 = \left(AL - \frac{m_s}{\rho_p}\right)\rho \tag{6-103}$$

式中　L——床层高度，m；

ρ——流体密度，kg/m^3；

ρ_p——固体颗粒的密度，kg/m^3。

将式(6-103) 代入式(6-102)，并引用广义压差概念，整理得

$$\Delta\Gamma=\Delta p-L\rho g=\frac{m_s}{A\rho_p}(\rho_p-\rho)g \tag{6-104}$$

式中　$\Delta\Gamma$——广义压差，Pa。

由于流化床中颗粒总量保持不变，故广义压差 $\Delta\Gamma$ 恒定不变，与流体速度无关，在图 6-32 中可用一水平线表示，如 BC 段所示。注意，图中 BC 段略向上倾斜是流体与器壁及分布板间的摩擦阻力随流速增大而造成的。又由流体的机械能衡算方程可知，$\Delta\Gamma$ 数值上等于流体通过床层的阻力损失。

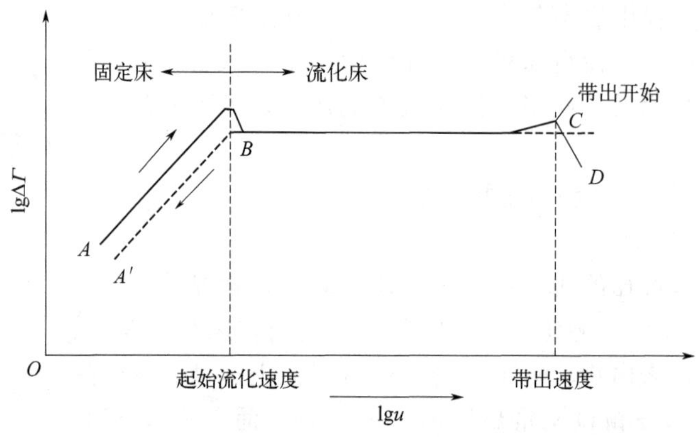

图 6-32　流化床压降与气速关系

图中 AB 段为固定床阶段，由于流体在此阶段流速较低，通常处于层流状态，广义压差与表观速度的成正比，因此该段为斜率等于 1 的直线。图中 $A'B$ 段表示从流化床恢复到固定床时的广义压差变化关系，由于颗粒由上升流体中落下所形成的床层较人工装填的疏松一些，因而广义压差也小一些，故 $A'B$ 线段处在 AB 线段的下方。

图中 CD 段向下倾斜，表示此时由于某些颗粒开始被上升流体带走，床内颗粒量减少，平衡颗粒重力所需的压力自然不断下降，直至颗粒全部被带走。

根据流化床恒定压差的特点，在流化床操作时可以通过测量床层广义压差来判断床层流化的优劣。如果床内出现腾涌，广义压差将有大幅度的起伏波动；若床内发生沟流，则广义压差较正常时低。

[实验装置及流程]

该实验设备是由水、气两个系统组成的，其流程如图 6-33 所示。两个系统各有一透明二维床，床底部为多孔板均布器，床层内的固体颗粒为石英砂。

采用空气系统做实验时，空气由风机供给，经过流量调节阀、转子流量计、气体分布器进入分布板，空气流经二维床层后由床层顶部排出。通过调节空气流量，可以进行不同流动状态下的实验测定。设备中装有压差计指示床层压降，标尺用于测量床层高度的变化。

采用水系统实验时，用泵输送的水经过流量调节阀、转子流量计、液体分布器送至分布板，水经二维床层后从床层上部溢流至下水槽。

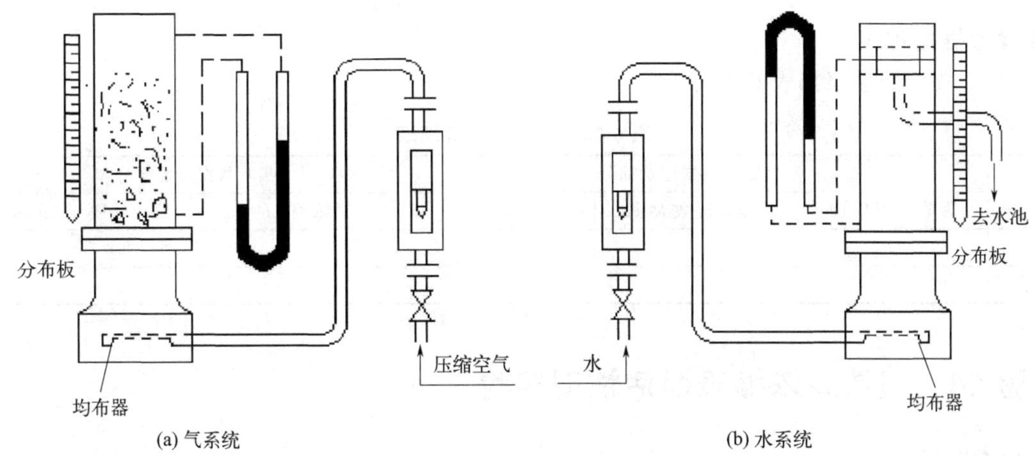

图 6-33　固体流态化装置流程图

[实验步骤及注意事项]

1. 实验步骤

（1）检查装置中各个开关及仪表是否处于备用状态。

（2）用木棒轻敲床层，使固体颗粒填充较紧密，然后测定静床高度。

（3）启动风机或泵，由小到大改变进气（或液）流量（注意，不要把床层内的固体颗粒带出），记录压差计和流量计读数变化。观察床层高度变化及临界流化状态时的现象。

（4）由大到小改变气（或液）流量，重复步骤（3），注意操作要平稳细致。

（5）关闭电源，测量静床高度，比较两次静床高度的变化。

2. 注意事项

在临界流化点前必须保证有六组以上数据，且在临界流化点附近应多测几组数据。

[实验原始数据记录]

记录实验原始数据于表 6-25 中。

实验日期：________　床层截面积：________　实验前静床高度：________

实验后静床高度：________

表 6-25　实验原始数据记录表

序号	流量 V_s/(L/h)	压差计读数 R/cm	现象
1			
⋮			

[实验结果及分析报告]

（1）在双对数坐标纸上作出 $\Delta\Gamma$-u 曲线，并找出临界流化速度。

（2）对实验中观察到的现象，运用气（液）体与颗粒运动的规律加以解释。

[思考题]

（1）实际流化时，由压差计测得的广义压差为什么会波动？

（2）由小到大改变流量与由大到小改变流量测定的流化曲线是否重合？为什么？

（3）流化床底部流体分布板的作用是什么？

[实验数据处理表]

实验数据处理表如表 6-26 所示。

表 6-26 实验数据处理表

序号	实验原始数据记录部分			实验数据处理部分	
	流量 V_s/(L/h)	压差计读数 R/cm	现象	广义压差 $\Delta\Gamma$/Pa	空床速度 u/(m/s)
1					
⋮					

实验 14 超滤膜浓缩表面活性剂实验

[实验目的]

(1) 了解和熟悉超滤膜分离的主要工艺参数。

(2) 了解液相膜分离技术的特点。

(3) 培养并掌握超滤膜分离的实验操作技能。

[实验原理]

膜分离法是用天然或人工合成的膜，以外界能量或化学势差为推动力，对双组分或多组分的溶质与溶剂进行分离、分级、提纯和富集的方法，因而它可用于液相和气相。目前，膜分离包括反渗透（RO）、纳滤（NF）、超滤（UF）、微滤（MF）、渗透汽化（PVAP）和气体分离（GS）等，其中超滤膜分离过程具有无相变、设备简单、效率高、占地面积小、操作方便、能耗少和适应性强等优点，一般来说，超滤膜截留分子量为 500～1000000（孔径为 1～100nm），它广泛应用于电子、食品、医药和环保等各个领域。本实验采用中空纤维超滤膜浓缩表面活性剂，借此了解和熟悉新的膜分离技术。

图 6-34 是各种渗透膜对不同物质的截留示意图。对于超滤（UF）而言，一种被广泛用来形象地分析超滤膜分离机理的说法是“筛分”理论。该理论认为，膜表面具有无数微孔，这些实际存在的不同孔径的孔眼像筛子一样，截留住了分子直径大于孔径的溶质和颗粒，从而达到分离的目的。最简单的超滤器的工作原理（如图 6-35 所示）为：在一定的压力作用下，当含有高分子 A 和低分子 B 溶质的混合溶液流过被支撑的超滤膜表面时，溶剂（如水）和低分子溶质（如无机盐类）将透过超滤膜，作为透过物被搜集起来；高分子溶质（如有机胶体）则被超滤膜截留，作为浓缩液被回收。应当指出的是，若超滤完全用“筛分”的概念来解释，则会非常含糊。在有些情况下，似乎孔径大小是物料分离的唯一支配因素，但对于有些情况，超滤膜材料表面的化学特性却起到了决定性的截留作用。如有些膜的孔径既比溶剂分子大，又比溶质分子大，本不应具有截留功能，但令人意外的是，它却仍具有明显的分离效果。由此可知，比较全面一些的解释是：在超滤膜分离过程中，膜的孔径大小和膜表面的化学性质等，将分别起着不同的截留作用，因此，不能简单地分析超滤现象，孔结构是重要因素，但不是唯一因素，另一重要因素是膜表面的化学性质。一般情况下，超滤膜的性能有渗透通量和截留率。

[实验装置及流程]

实验装置示意图见图 6-36，主要设备是中空纤维超滤膜组件，其参数为：组件型号 XZL-UF-10-1，膜面积 $0.25m^2$，适宜流量 20～50L/h。

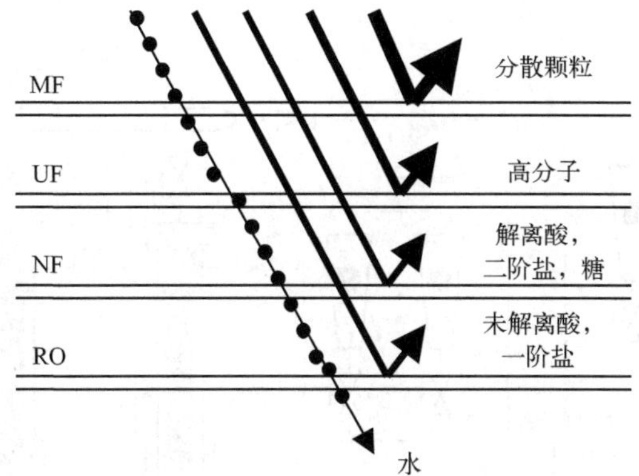

图 6-34 各种渗透膜对不同物质的截留示意图

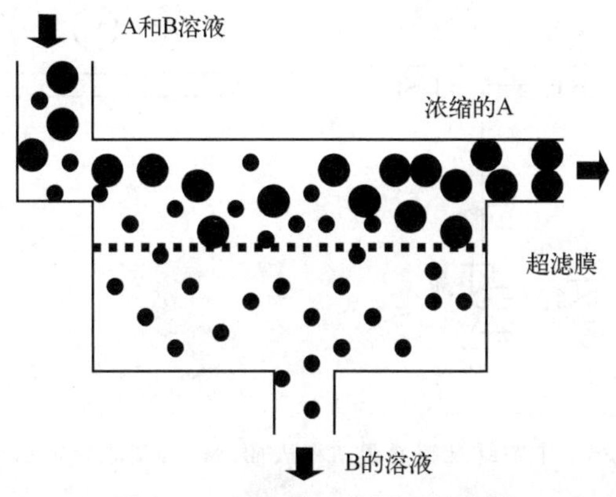

图 6-35 超滤器工作原理示意图

膜组件由 20～100 根内径为 1.0mm 的中空纤维组成，膜材料为聚醚砜。该组件为内压式中空纤维超滤膜组件，包括一台离心泵、四个转子流量计、一个 20L 料液桶、两个压力表（压力范围 6MPa）。

实验时表面活性剂料液经泵输送到中空纤维超滤膜组件，并从下部进入膜组件，之后表面活性剂料液被分为两部分：一是透过液，即透过膜的稀溶液，该稀溶液由转子流量计计量后回到表面活性剂料液桶；二是浓缩液，即未透过膜的溶液（浓度高于料液）。浓缩液经转子流量计计量后也回到料液桶。在本流程中，阀门处可为膜组件加保护液（1%甲醛溶液），可放出保护液；预过滤器是 200 目不锈钢网过滤器，作用是拦截料液中的不溶性杂质，以保护膜不受阻塞。

实验采用 UV751GD 紫外-可见分光光度计测定溶液浓度。

[实验步骤及注意事项]

1. 实验步骤

(1) UV751GD 紫外-可见分光光度计通电预热 20min 以上。

(2) 若长时间内不进行膜分离实验，为防止中空纤维膜被微生物侵蚀而损伤，在超滤膜组件内必须加入保护液。在实验前必须将超滤膜组件中的保护液放净。

(3) 清洗中空纤维超滤膜组件，为洗去残余的保护液，用去离子水清洗 2～3 次，然后放净清洗液。

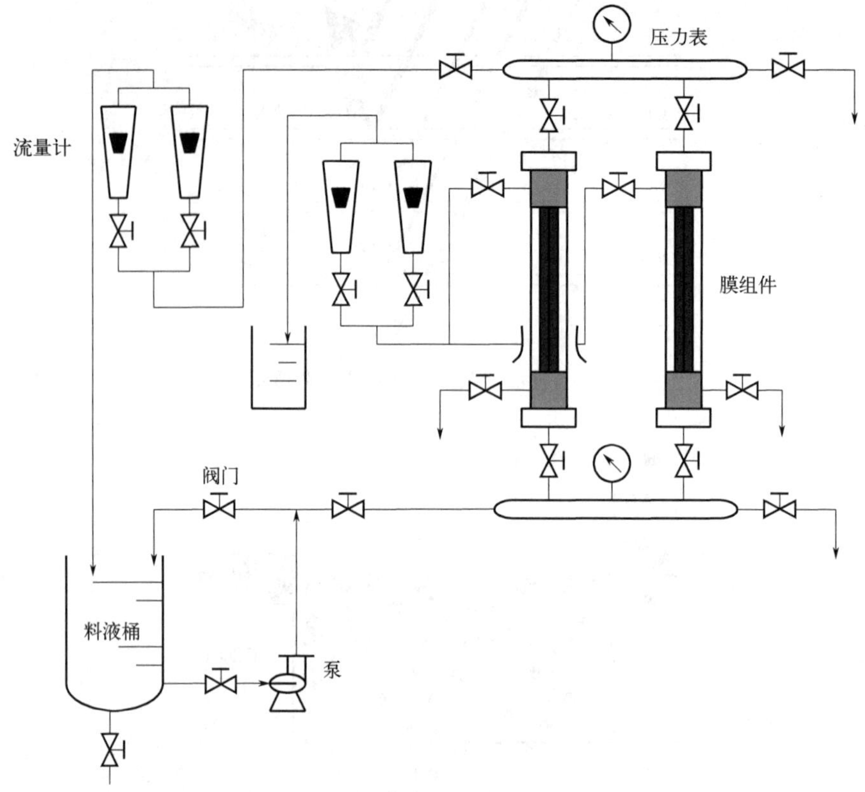

图 6-36　中空纤维超滤膜浓缩表面活性剂实验装置示意图

(4) 检查实验系统阀门开关状态，使系统各部位的阀门处于正常运转的“开”或“关”状态。

(5) 预先配制表面活性剂料液，并加入料液桶计量，记录表面活性剂料液的体积。用移液管移取料液 5mL 放入 100mL 的容量瓶中，用 UV751GD 紫外-可见分光光度计测定原料液的初始浓度。UV751GD 紫外-可见分光光度计的使用方法参见 3.7 节。

(6) 向泵内灌满原料液，然后启动泵。调节流量至所需值。

(7) 待泵稳定运转 30min 后，取样分析。取样分析方法是：从表面活性剂料液桶中用移液管移取 5mL 原料液于 100mL 容量瓶中，与此同时，在透过液出口端用 100mL 烧杯接取透过液约 50mL，然后用移液管从烧杯中移取 10mL 于第二个容量瓶中；在浓缩液出口端用 100mL 烧杯接取浓缩液约 50mL，并用移液管从烧杯中移取 5 mL 于第三个容量瓶中。注意各容量瓶必须做好标签，以免混淆。利用 UV751GD 紫外-可见分光光度计（波长 224nm），分别测定三个容量瓶中的表面活性剂浓度并作好记录。

(8) 分析完毕后将烧杯中剩余原料液、透过液和浓缩液全部倾入表面活性剂料液桶中，充分混匀。然后改变原料液流量，重复步骤（7）进行下一个流量实验。

(9) 实验完毕后即可停泵。

(10) 清洗中空纤维超滤膜组件。待超滤膜组件中的表面活性剂溶液放净之后，用去离子水代替原料液，在较大流量下运转 20min 左右，清洗超滤膜组件中的残余表面活性剂溶液。

(11) 加保护液。如果一天以上不使用超滤膜组件，须加入保护液至中空纤维超滤膜组件的 2/3 高度，然后密闭系统，避免保护液损失。

(12) 将 UV751GD 紫外-可见分光光度计清洗干净，放在指定位置，以及切断电源。

2. 注意事项

(1) 启动泵之前，必须向泵内灌满原料液。

(2) 取样的样品料液须回收。

[实验原始数据记录]

记录实验条件和原始数据于表 6-27 中。

表 6-27　实验原始数据记录表

压力(表压)：______MPa；温度：______℃；吸收波长 λ：______nm

序号	起止时间	吸光度 A			流量/(L/h)		
		原料液	浓缩液	透过液	原料液	浓缩液	透过液
1							
⋮							

[实验结果及分析报告]

(1) 配制不同浓度的表面活性剂，测其吸光度，绘制标准曲线。由标准曲线，根据原料液、浓缩液和透过液的吸光度，读取其各自对应的浓度。

(2) 由公式：

$$表面活性剂截留率\ R=\frac{原料液初始浓度-透过液浓度}{原料液初始浓度}\times 100\%$$

$$透过液通量\ J=\frac{渗透液体积}{实验时间\times 膜面积}$$

$$表面活性剂浓缩倍数\ N=\frac{浓缩液中表面活性剂浓度}{原料液中表面活性剂浓度}$$

计算表面活性剂截留率 R、透过液通量 J、表面活性剂浓缩倍数 N，列于实验数据处理表中。

(3) 绘制表面活性剂截留率 R、透过液通量 J、表面活性剂浓缩倍数 N 与原料液流量的关系曲线，并分析原料液流量对表面活性剂截留率 R、透过液通量 J、表面活性剂浓缩倍数 N 的影响。

(4) 绘制表面活性剂截留率 R、透过液通量 J、表面活性剂浓缩倍数 N 与表面活性剂浓度 c 的关系曲线，并分析表面活性剂浓度 c 对表面活性剂截留率 R、透过液通量 J 和表面活性剂浓缩倍数 N 的影响。

(5) 绘制透过液通量 J 与实验时间 t 的关系曲线。

[思考题]

(1) 超滤膜组件长期不用时，为何要加保护液？

(2) 在实验中，如果操作压力过高会有什么结果？

(3) 提高料液的温度对膜通量有什么影响？

(4) 在启动泵之前为何要灌泵？

[实验数据处理表]

实验数据处理表如表 6-28 所示。

表 6-28 实验数据处理表

序号	实验时间 t/h	浓度 c/(g/L)			流量/(L/h)			截留率 R/%	透过液通量 J/[L/(m^2·h)]	表面活性剂浓缩倍数 N
		原料液	浓缩液	透过液	原料液	浓缩液	透过液			
1										
⋮										

实验 15 填料吸收塔吸收总传质系数的测定实验（水吸收 CO_2）

[实验目的]

（1）了解填料吸收塔装置的基本结构、流程及其操作。

（2）掌握吸收液相总体积传质系数 K_Xa 和总传质单元高度 H_{OL} 的测定方法。

（3）了解吸收剂用量对传质系数的影响，确定用水吸收二氧化碳的液膜体积传质系数 k_La 与喷淋密度 U 之间的函数关系。

（4）了解气相色谱仪和六通阀的使用方法。

[实验原理]

1. 总体积传质系数的测定

气体吸收是典型的传质过程之一。由于 CO_2 气体无味、无毒、廉价，所以气体吸收实验常选择 CO_2 作为溶质组分。本实验采用水吸收空气中的 CO_2 组分。一般 CO_2 在水中的溶解度很小，即使预先将一定量的 CO_2 气体通入空气中混合以提高空气中的 CO_2 浓度，水中的 CO_2 含量仍然很低，所以吸收的计算方法可按低浓度来处理，并且此体系 CO_2 气体的吸收过程属于液膜控制。因此，本实验主要测定液相总体积传质系数 K_Xa 和总传质单元高度 H_{OL}。

当吸收过程所涉及浓度范围内的平衡关系为直线时，以 ΔX 为推动力的液相总体积传质系数 K_Xa 可根据填料层高度 Z 的计算式计算：

$$Z=H_{OL}N_{OL} \tag{6-105}$$

式中 H_{OL}——液相总传质单元高度，m；

N_{OL}——液相总传质单元数，量纲为 1。

液相总传质单元高度与液相总体积传质系数 K_Xa 的关系为

$$H_{OL}=\frac{L}{K_Xa\Omega} \tag{6-106}$$

式中 Ω——塔截面积，m^2；

L——通过塔截面的水的摩尔流量，kmol/h。

本实验用转子流量计测得水的体积流量，然后根据实验条件（温度和压力）校正刻度，进一步换算得到水的摩尔流量，计算公式如下：

$$L=\frac{L_1\times10^{-3}}{18}\sqrt{\rho\rho_1\frac{\rho_f-\rho}{\rho_f-\rho_1}} \tag{6-107}$$

式中　L_1——水转子流量计的流量指示值，L/h；

ρ——操作条件下水的密度，kg/m^3；

ρ_1——转子流量计标定条件下水的密度，kg/m^3；

ρ_f——水转子流量计转子材料的密度，$7800kg/m^3$。

本实验用转子流量计测得空气的体积流量，并根据实验条件（温度和压力）换算成空气的摩尔流量。换算公式如下：

$$V=\frac{V_1}{22.4\times\frac{273.2+T}{273.2+T_0}\times\frac{p_0}{p}}\sqrt{\frac{\rho_1}{\rho}\times\frac{\rho_f-\rho}{\rho_f-\rho_1}} \tag{6-108}$$

式中　V_1——空气转子流量计的流量指示值，m^3/h；

T_0——标准状态下的温度，0℃；

p_0——标准状态下的压力，101.33kPa；

ρ_1——空气转子流量计标定条件下气体密度，$1.2kg/m^3$；

ρ_f——空气转子流量计转子材料密度，$7800kg/m^3$；

ρ——操作条件下空气密度，kg/m^3，可用式(6-109) 计算，其中空气压力本实验近似取为常压，即 101.33kPa。

$$\rho=\frac{353.3}{273.2+T} \tag{6-109}$$

故式(6-108) 简化为

$$V=\frac{V_1\times0.15129}{273.2+T}\sqrt{\frac{7800-\rho}{\rho}} \tag{6-110}$$

液相总传质单元数可用下式计算：

$$N_{OL}=\frac{1}{1-\frac{1}{S}}\ln\left[\left(1-\frac{1}{S}\right)\frac{Y_1-Y_2^*}{Y_1-Y_1^*}+\frac{1}{S}\right] \tag{6-111}$$

式中　Y_1——塔顶气相中溶质的摩尔比，由实验测定，用气相色谱仪分别测出塔顶和塔底气相中溶质的质量分数 a_1 和 a_2，然后换算到摩尔比，换算公式为：

$$Y=\frac{\frac{a}{44}}{\frac{100-a}{29}} \tag{6-112}$$

Y_1^*，Y_2^* 分别为与塔顶和塔底液相成平衡的气相中溶质的摩尔比，由亨利定律得到。

$$Y_1^*=mX_1 \tag{6-113}$$

$$Y_2^*=mX_2 \tag{6-114}$$

式中　X_1，X_2——塔底和塔顶液相中溶质的摩尔比。

因清水吸收，故式中塔顶液相溶质的摩尔比 $X_2=0$，塔底液相溶质的摩尔比 X_1 由全塔物料衡算得到：

$$V(Y_1-Y_2)=L(X_1-X_2) \tag{6-115}$$

式中　Y_2——塔顶气相中溶质摩尔比，由实验测定，用气相色谱仪测出塔顶气相中溶质的质量分数 a_2，然后用式(6-112) 换算得到摩尔比。

2. 传质系数准数方程的关联

常压下在填料塔中用水吸收二氧化碳的液膜体积传质系数 $k_L a$ 与喷淋密度 U 之间的函数关系可由下列方程描述：

$$k_L a = BU^m \tag{6-116}$$

式中 U——喷淋密度，$U=\frac{L}{\Omega}$，$m^3/(m^2 \cdot h)$，即 m/h；

$k_L a$——液膜体积传质系数，$kmol/(m^3 \cdot h \cdot kmol/m^3)$，即 h^{-1}，与 $K_X a$ 的关系为

$$K_X a = c k_L a \tag{6-117}$$

式中 c——单位体积溶液中溶质与溶剂的总物质的量，$kmol/m^3$。

因 CO_2 在水中的溶解度很小，所以有

$$k_L a \approx K_X a \tag{6-118}$$

式(6-116) 两边取对数得

$$\lg(k_L a) = m\lg U + \lg B \tag{6-119}$$

改变液相流量，用上述方法测定不同流量下的传质系数 $k_L a$，把不同的 $k_L a$ 和 U 标绘在双对数坐标纸上，可得一直线，其斜率就是 U 的指数 m，而由截距可得常数 B。

[实验装置及流程]

吸收实验装置见图 6-37，由自来水水源来的水经温度测定、转子流量计计量后送入填

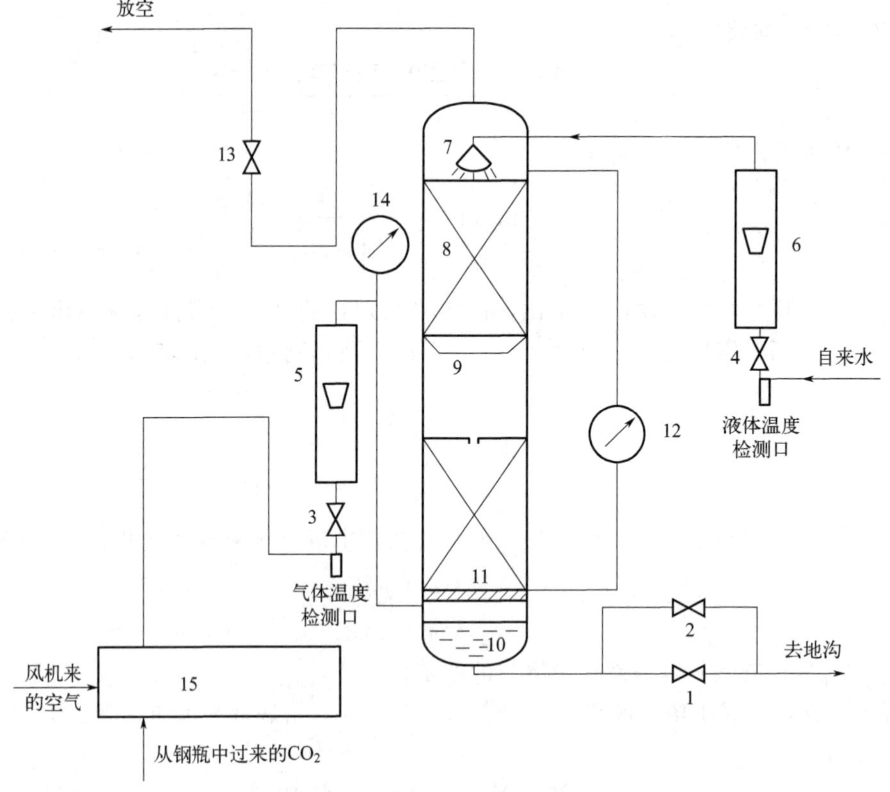

图 6-37 吸收装置流程图

1,2,13—球阀；3—气体流量调节阀；4—液体流量调节阀；5—气体转子流量计；6—液体转子流量计；7—喷淋头；8—填料层；9—液体再分布器；10—塔底；11—填料支承板；12—压差计；14—压力表；15—气体中间贮罐

料塔塔顶经喷头喷淋在填料顶层，由风机送来的空气和由二氧化碳钢瓶来的二氧化碳混合后，一起进入气体中间贮罐，然后直接进入塔底，与水在塔内进行逆流接触，进行质量和热量的交换，塔顶出来的尾气放空，吸收液从塔底排入地沟。

由于本实验为低浓度气体的吸收，所以热量交换可忽略，整个实验过程可看成是等温操作。

装置参数及说明如下：

① 吸收塔：高效填料塔，塔径 100mm，塔内装有金属丝网波纹规整填料或 θ 环散装填料，填料层总高度 2000mm。塔顶有液体初始分布器，塔中部有液体再分布器，塔底部有栅板式填料支承装置。填料塔底部有液封装置，以避免气体泄漏。

② 填料规格和特性：金属丝网波纹规整填料，型号 JWB-700Y，规格 $\varphi100\text{mm}\times100\text{mm}$，比表面积 $700\text{m}^2/\text{m}^3$。

③ 转子流量计：标定介质及标定条件见表 6-29。

表 6-29　转子流量计标定介质及标定条件

介质	条件			
	常用流量	最小刻度	标定介质	标定条件
空气	$4\text{m}^3/\text{h}$	$0.1\text{m}^3/\text{h}$	空气	20℃，1.0133×10^5Pa
CO_2	60L/h	10L/h	空气	20℃，1.0133×10^5Pa
水	600L/h	20L/h	水	20℃，1.0133×10^5Pa

④ 空气风机型号：旋涡式气泵。

⑤ 二氧化碳钢瓶，40L。

⑥ 气相色谱仪：SP-6800A 型。

[实验步骤及注意事项]

1. 实验步骤

(1) 熟悉实验流程，弄清气相色谱仪及其配套仪器结构、原理、使用方法及注意事项。

(2) 打开混合罐底部排空阀，待空气混合贮罐中的冷凝水排放完毕后关闭。

(3) 打开总电源、仪表电源开关，进行仪表自检。

(4) 开启水泵电源和进水阀门，让水进入填料塔润湿填料，仔细调节液体流量，使流量稳定在某一实验值，同时通过调节阀门 1 和阀门 2 的开度控制好塔底液封，让塔底液位缓慢地在一段区间内变化，液面一般在 1/2 处，以免塔底液封过高溢满或过低而泄气。注意实验过程中必须时刻控制好塔底液封高度。

(5) 启动风机，仔细调节风机出口阀门的开度，使其稳定在某一值。

(6) 打开 CO_2 钢瓶总阀，并缓慢调节钢瓶的减压阀，注意减压阀的开关方向与普通阀门的开关方向相反，顺时针为开，逆时针为关，使其压力稳定在 0.1～0.2MPa。调节 CO_2 的流量，使其稳定在某一值。

(7) 待塔中的压力靠近某一实验值时，仔细调节尾气放空阀的开度，直至塔中压力稳定在实验值。

(8) 待塔操作稳定后，读取各流量、温度、塔顶压力、塔顶塔底压差的值，通过六通阀在线进样，利用气相色谱仪分析出塔顶、塔底气相组成。

（9）改变液体流量，重复测量。

（10）实验完毕，依次关闭 CO_2 流量调节阀和钢瓶总阀、水流量调节阀和水泵电源，再关闭风机出口阀门及风机电源开关，清理实验仪器和实验场地。（实验完成后一般先停止水再停止气体，以防液体从进气口倒压破坏管路及仪器。）

2. 注意事项

（1）固定好操作点后，应随时注意调整以保持各量不变。

（2）在填料塔操作条件改变后，需要有较长的稳定时间，一定要等到稳定以后方能读取有关数据。

（3）由于 CO_2 在水中的溶解度很小，因此，在分析组成时一定要仔细认真，这是做好本实验的关键。

（4）因水吸收 CO_2 为液膜控制，故实验时只需调节液体流量。

（5）CO_2 和空气混合 20min 左右认为混合均匀了，混合时可先测几个浓度值，认为稳定后再进行后续实验。

（6）相平衡常数 $m=f(t,p)$，因实验压力在 0.4MPa 以下，相对较小，故忽略 p 对 m 的影响，即认为 $m=f(t)$，由实验测得的温度查资料得到 m。相平衡常数与温度的关系见表 6-30 或由式(6-120) 给出。

$$m=0.23532\times T_0^2+30.556\times T_0+722.75 \tag{6-120}$$

式中，$T_0=(t+T)/2$。

表 6-30　相平衡常数与温度的关系

T_0/℃	0	10	20	30	40	50
m	727.5	1046.4	1421.5	1855.9	2329.7	2833.2

[实验原始数据记录]

记录实验原始数据于表 6-31 中。

实验日期：______　塔高：______　塔径：______　室温：______　塔顶压强：______

表 6-31　吸收总传质系数测定实验原始数据记录表

序号	水		CO_2	混合气体			塔压降 /cm · H_2O	CO_2	
	流量 L_1/(L/h)	温度 /℃	流量 /(L/h)	流量 V_1/(m^3/h)	表压 /MPa	温度 /℃		塔顶浓度 /%	塔底浓度 /%
1									
⋮									

[实验结果及分析报告]

（1）计算用水吸收二氧化碳的总体积传质系数、总传质单元高度。

（2）根据实验结果，在双对数坐标纸上绘图表示用水吸收二氧化碳的液膜体积传质系数 k_La 与液体喷淋密度之间的关系，关联方程 $k_La=BU^m$ 中的系数 B、指数 m，对照《化工原理》中的经验关联式，分析可能的误差。

［思考题］

（1）本实验中，为什么塔底要有液封？液封高度如何计算？

（2）测定 K_Xa 有什么工程意义？

（3）为什么二氧化碳吸收过程属于液膜控制？

（4）当气体温度和液体温度不同时，应用什么温度计算亨利系数？

（5）气体钢瓶开启、关闭时应如何正确操作？

（6）液体喷淋密度对总体积传质系数有何影响？

第7章

仿真实验

随着互联网、多媒体等多项高端科技的飞速发展，人们的学习方式和获取知识的途径变得越来越多。基于信息技术和互联网络应运而生的新教学模式不断涌现，这使得教育教学迎来了重大的历史性变革。实验教学对于化工类相关专业至关重要，也是培养学生动手能力和提高学生创新思维的关键环节。近年来，很多高校不断尝试将信息技术作为实验教学手段，其中虚拟仿真实验教学的教学效果明显，在教学中占据重要的地位。

《化工原理实验》是一门带有很强工程性和实践性的课程，虚拟仿真技术在这门课程中应用，对培养学生的实践能力、创新思维，以及工程能力有着至关重要的影响。虚拟仿真实验教学效率高、实验过程周期短、完成实验的成本低、内容丰富，使学生可以发散思维、勇于创新，不用受场地与设备的限制，深刻理解理论知识，掌握更多的技能。因此，将虚拟仿真技术应用于化工原理实验课程的教学活动中，对于改善课程教学效果具有十分重大的意义。

实验1　流体阻力测定实验

［仿真实验的目的］

（1）掌握流体流动阻力测定实验。

（2）测定直管的摩擦阻力系数 λ 及突然扩大管路和阀门的局部阻力系数 ξ。

（3）验证湍流区内摩擦阻力系数 λ 为雷诺数 Re 和相对粗糙度的函数。

（4）将所得光滑管的 λ-Re 方程与 Blasius 方程相比较。

［软件运行界面］

主要的3D场景仿真系统运行界面如图7-1所示。

点击运行界面右上角的任务提示

按钮即可打开任务系统，查看详细任务

列表，如图 7-2 所示。通过右下角的图标，可以进行设置参数、查看仪表、处理数据和思考题等四项操作。

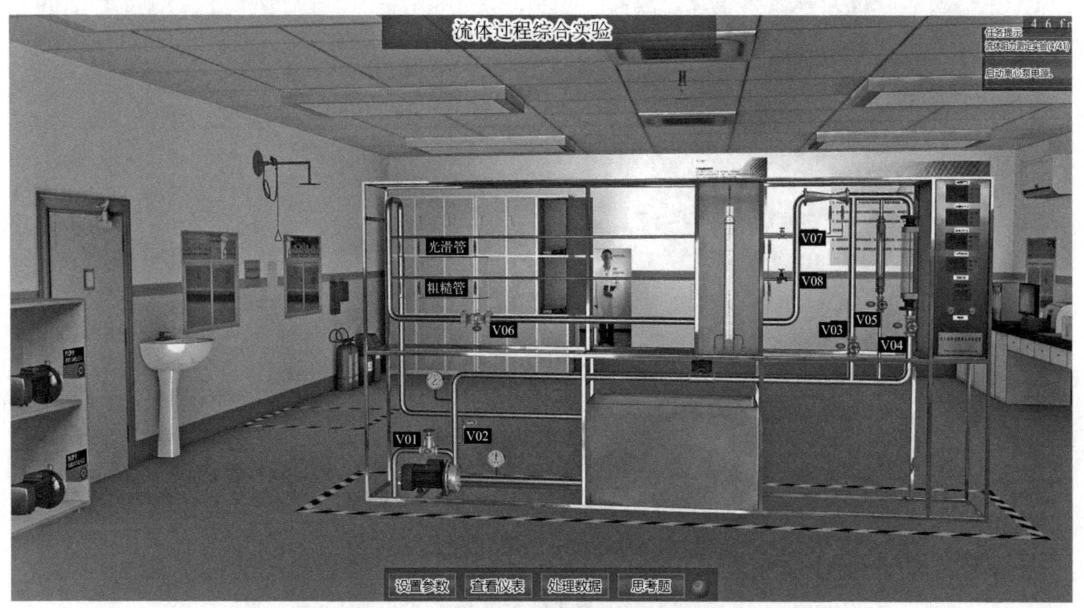

图 7-1　3D 场景仿真系统运行界面 1

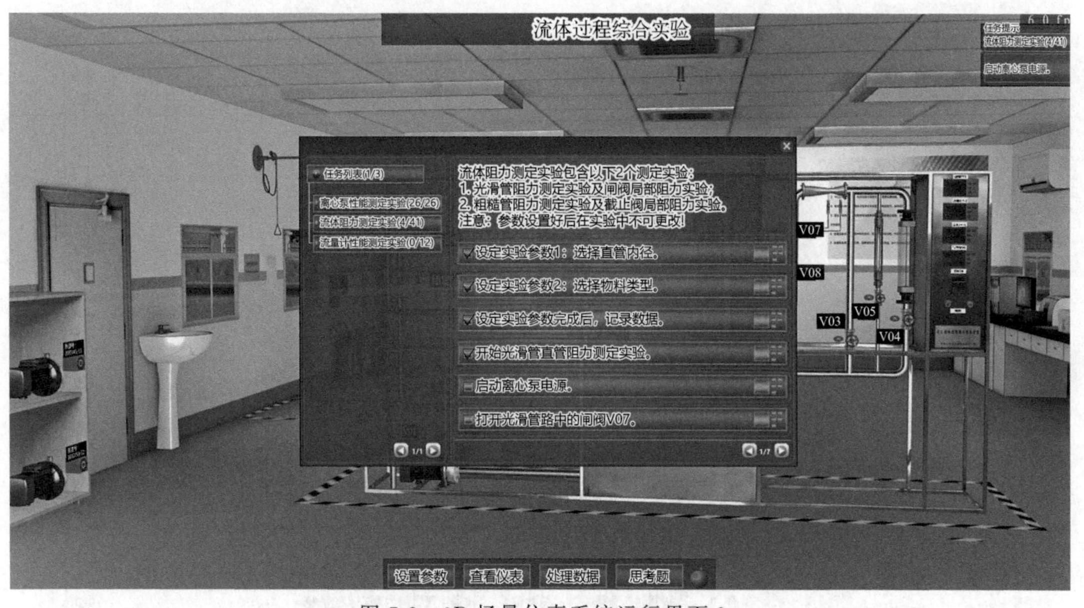

图 7-2　3D 场景仿真系统运行界面 2

详细任务列表界面如图 7-3 所示，左侧是任务列表，任务名称后边标有已完成任务步骤的数量和任务步骤的总数量，右侧是任务的具体步骤，当某任务步骤完成时，该任务步骤会出现对号表示已经完成，同时已完成任务步骤的数量也会发生变化。

评分界面可以查看实验任务的完成情况（指示灯变绿表示可以进行下一步操作，当对号变成绿色表示已完成该操作）及得分情况，如图 7-4 所示。

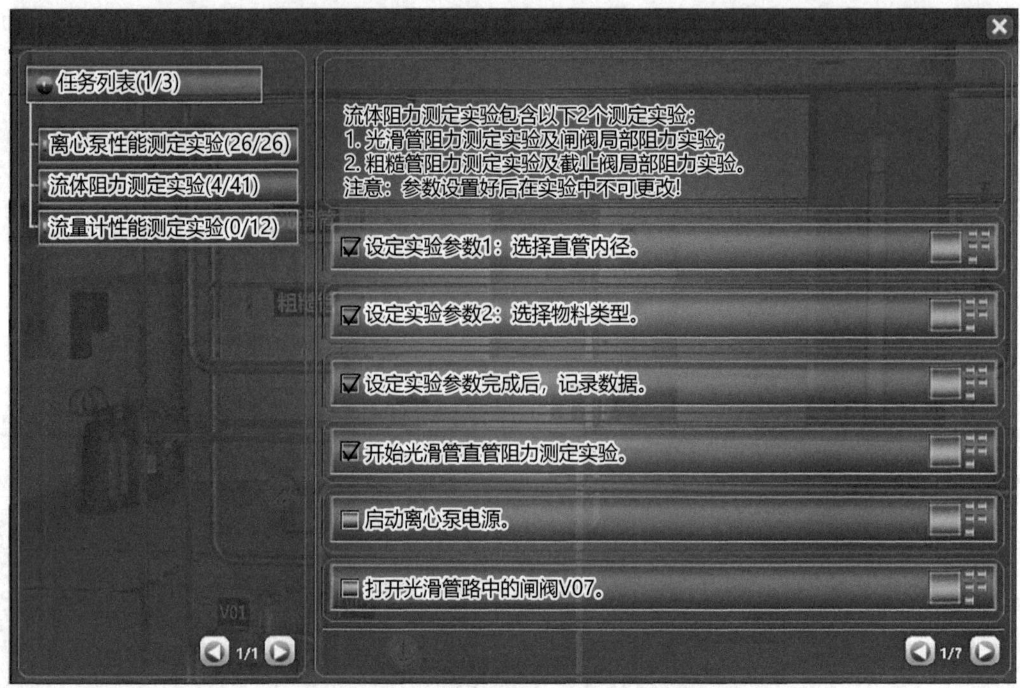

图 7-3　详细任务列表界面

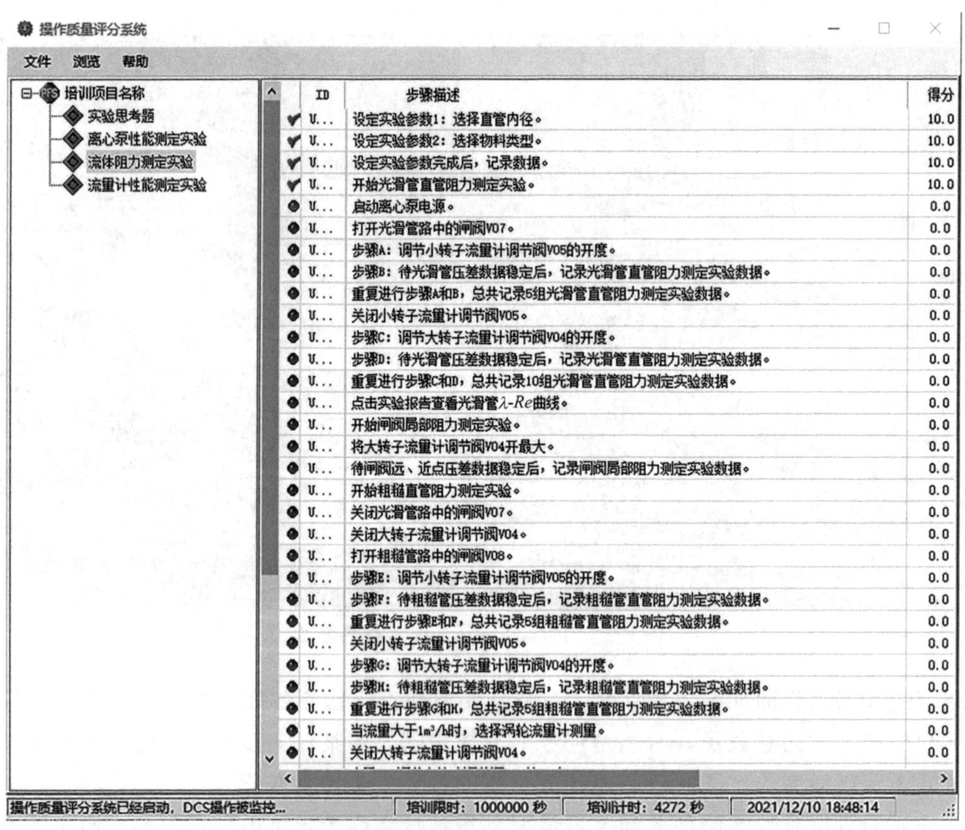

图 7-4　操作质量评分系统运行界面

[仿真实验步骤]

（1）设定实验参数 1：选择直管内径。设定实验参数 2：选择物料类型。设定实验参数完成后，记录数据。

（2）打开光滑管路中的闸阀 V07。

（3）调节小转子流量计调节阀 V05 的开度。

（4）待光滑管压差数据稳定后，记录数据。

（5）重复进行步骤（3）和（4），总共记录 5 组数据。

（6）关闭小转子流量计调节阀 V05。

（7）调节大转子流量计调节阀 V04 的开度。

（8）待光滑管压差数据稳定后，记录数据。

（9）重复进行步骤（7）和（8），总共记录 10 组数据。点击实验报告查看光滑管的 λ-Re 曲线。

（10）将大转子流量计调节阀 V04 开到最大。

（11）待闸阀远、近点压差数据稳定后，记录数据。

（12）关闭光滑管路中的闸阀 V07，关闭大转子流量计调节阀 V04。

（13）打开粗糙管路中的闸阀 V08。

（14）调节小转子流量计调节阀 V05 的开度。

（15）待粗糙管压差数据稳定后，记录数据。

（16）重复进行步骤（14）和（15），总共记录 5 组数据。

（17）关闭小转子流量计调节阀 V05。

（18）调节大转子流量计调节阀 V04 的开度。

（19）待粗糙管压差数据稳定后，记录数据。

（20）重复进行步骤（18）和（19），总共记录 5 组数据。

（21）当流量大于 $1m^3/h$ 时，选择涡轮流量计测量。

（22）关闭大转子流量计调节阀 V04。

（23）调节主管路调节阀 V03 的开度。

（24）待粗糙管压差数据稳定后，记录数据。

（25）重复进行步骤（23）和（24），总共记录 5 组数据，点击实验报告查看粗糙管的 λ-Re 曲线。

（26）关闭主管路调节阀 V03。

（27）将大转子流量计调节阀 V04 开到最大。

（28）待截止阀远、近点压差数据稳定后，记录数据。

（29）关闭粗糙管路中的闸阀 V08。

（30）关闭大转子流量计调节阀 V04。

（31）关停离心泵电源。

实验 2　离心泵性能测定实验

[仿真实验的目的]

（1）掌握测定离心泵特性曲线的实验。

（2）测定离心泵的性能参数：流量 Q、扬程 H、轴功率 N、效率 η 及转速 n。

（3）绘制离心泵特性曲线。

（4）将所得离心泵的特性曲线与厂家数据进行比较。

［软件运行界面］

主要的 3D 场景仿真系统运行界面如图 7-5 所示。

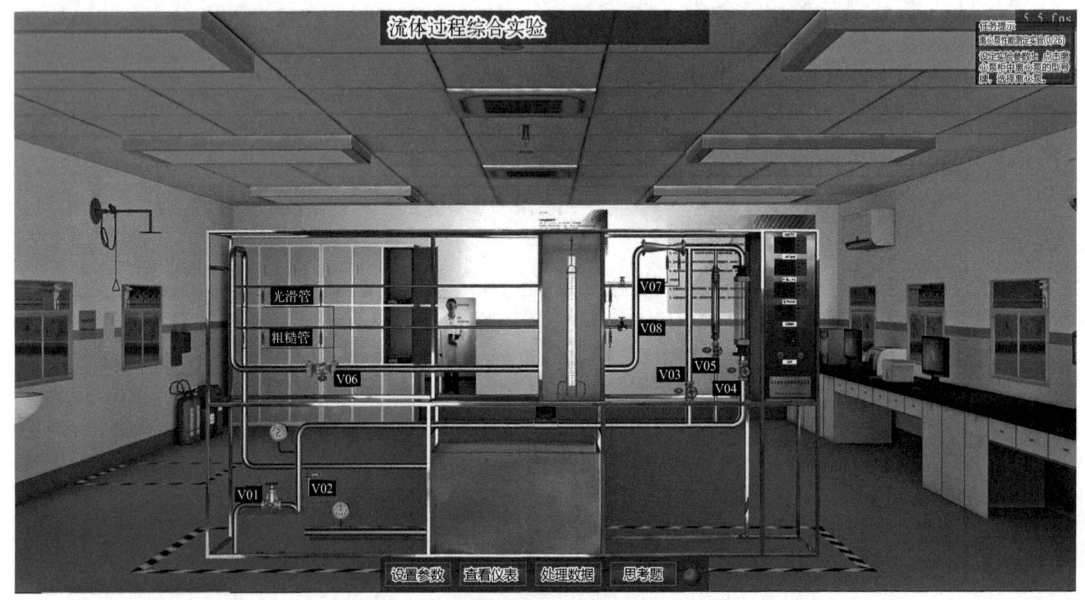

图 7-5　3D 场景仿真系统运行界面 1

点击运行界面右上角的任务提示 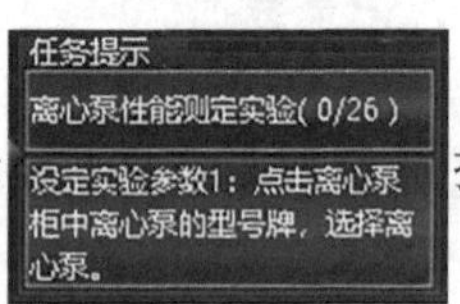

按钮即可打开任务系统，查看详细任务列表，如图 7-6 所示。通过右下角的图标，可以进行设置参数、查看仪表、处理数据和思考题等四项操作。

详细任务列表界面如图 7-7 所示，左侧是任务列表，任务名称后边标有已完成任务步骤的数量和任务步骤的总数量，右侧是任务的具体步骤，当某任务步骤完成时，该任务步骤会出现对号表示已经完成，同时已完成任务步骤的数量也会发生变化。

评分界面可以查看实验任务的完成情况（指示灯变绿表示可以进行下一步操作，当对号变成绿色表示已完成该操作）及得分情况，如图 7-8 所示。

［仿真实验步骤］

（1）设定实验参数 1：设置离心泵型号。设定实验参数 2：调节离心泵转速（默认开关开度为 50）。设定实验参数 3a：设置泵进口管路内径（默认 20mm）。设定实验参数 3b：设置泵出口管路内径（默认 20mm）。设定实验参数完成后，记录数据。

（2）打开离心泵的灌泵阀 V01，打开放气阀 V02，进行排气。

（3）成功放气后关闭灌泵阀 V01，关闭放气阀 V02。

（4）点击泵电源开关的绿色按钮接通电源，启动离心泵，打开主管路的球阀 V06。

图 7-6　3D 场景仿真系统运行界面 2

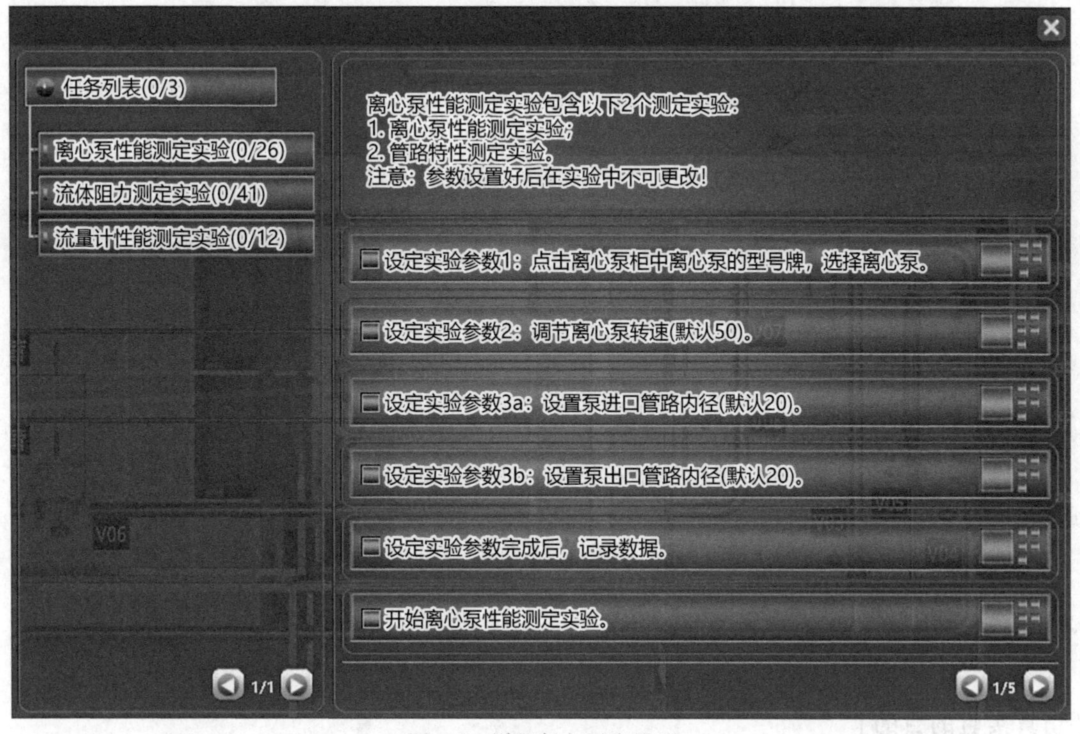

图 7-7　详细任务列表界面

（5）调节主管路调节阀 V03 的开度。

（6）待真空表和压力表读数稳定后，记录数据。

（7）重复进行步骤（5）和（6），总共记录 10 组数据，点击实验报告查看离心泵扬程、功率和效率曲线。

图 7-8　操作质量评分系统运行界面

(8) 控制主管路管路调节阀 V03 开度在 50%到 100%之间。

(9) 待真空表和压力表读数稳定后，调节离心泵电机频率（调节范围 0～50Hz)。

(10) 待压力和流量稳定后，记录数据。

(11) 重复进行步骤 (9) 和 (10)，总共记录 10 组数据，点击实验报告查看管路特性曲线。

(12) 关闭主管路球阀 V06，关闭主管路调节阀 V03，关停离心泵电源。

实验 3　恒压过滤综合实验

[仿真实验的目的]

(1) 了解板框过滤机的结构，掌握其操作方法。

(2) 测定恒压过滤操作时的过滤常数 K 及 q_e、θ_e。

[软件运行界面]

主要的 3D 场景仿真系统运行界面如图 7-9 所示。

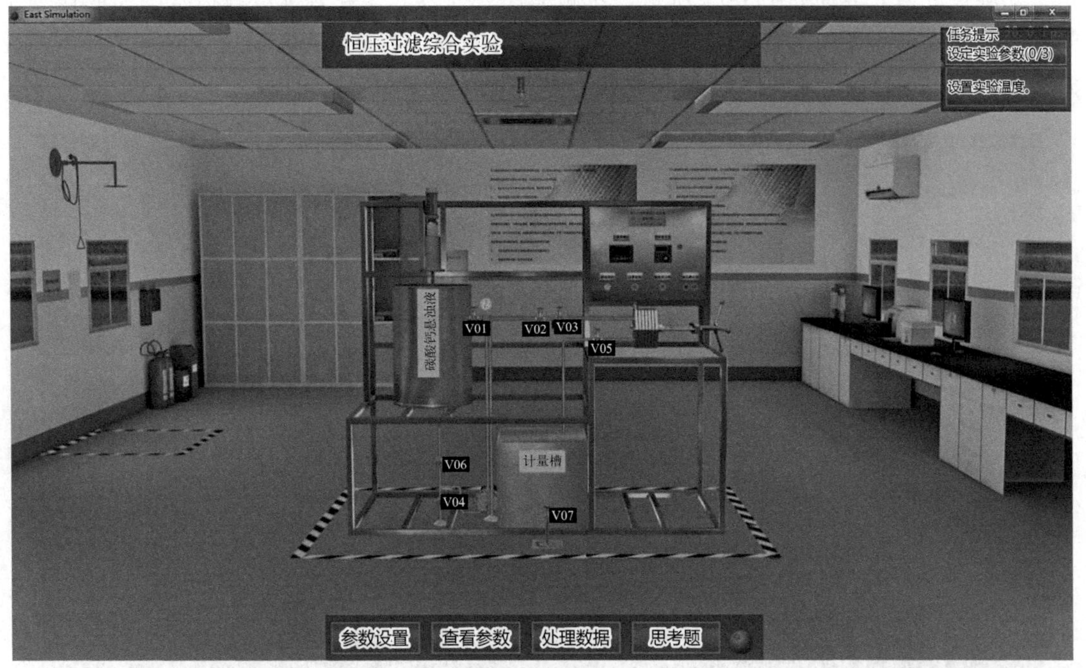

图 7-9　3D 场景仿真系统运行界面 1

点击运行界面右上角的任务提示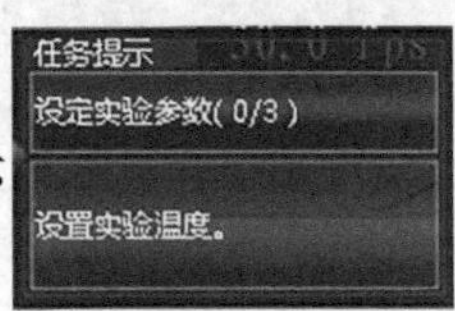

按钮即可打开任务系统，查看详细任务列表，如图 7-10 所示。通过右下角的图标，可以进行参数设置、查看参数、处理数据和思考题等四项操作。

图 7-10　3D 场景仿真系统运行界面 2

详细任务列表界面如图 7-11 所示，左侧是任务列表，任务名称后边标有已完成任务步骤的数量和任务步骤的总数量，右侧是任务的具体步骤，当某任务步骤完成时，该任务步骤会出现对号表示已经完成，同时已完成任务步骤的数量也会发生变化。

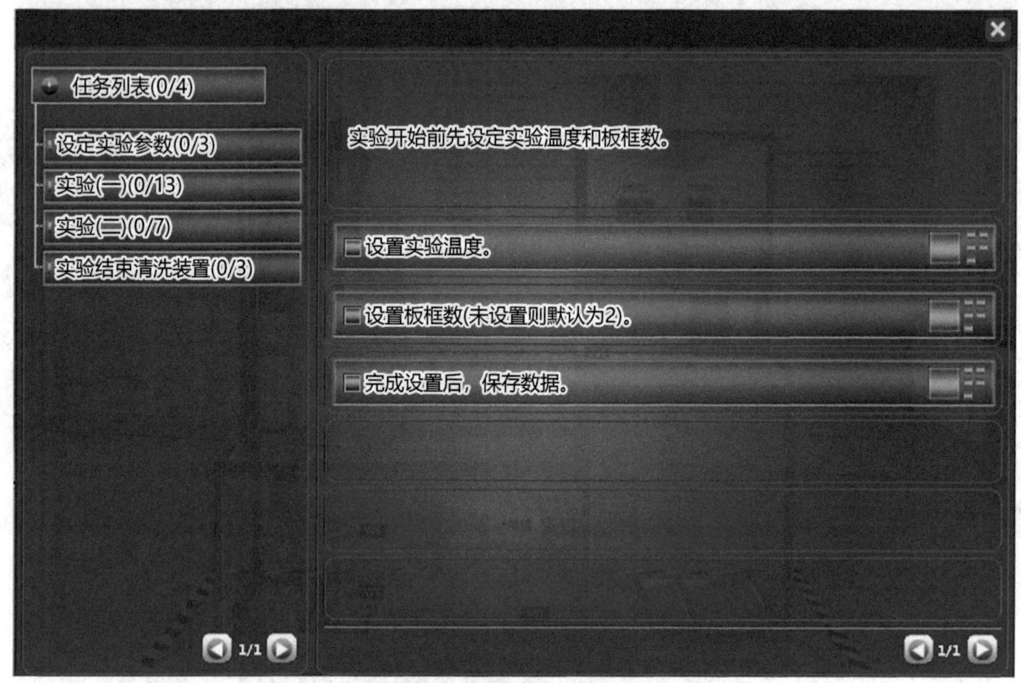

图 7-11　详细任务列表界面

评分界面可以查看实验任务的完成情况（指示灯变绿表示可以进行下一步操作，当对号变成绿色表示已完成该操作）及得分情况，如图 7-12 所示。

操作质量评分系统

文件　浏览　帮助

培训项目名称
- 实验思考题
- 设定实验参数
- 实验(一)
- 实验(二)
- 实验结束清洗装置

ID	步骤描述	得分	组信息	操作说明
S0	思考题1. 滤饼过滤中，过滤介质常用多孔织物，其网孔尺寸和...	0.0		
S1	思考题2. 当操作压力增大一倍，K的值如何变化?	0.0		
S2	思考题3. 深层过滤中，固体颗粒尺寸与介质空隙的关系?	0.0		
S3	思考题4. 不可压缩滤饼是指?	0.0		
S4	思考题5. 助滤剂是什么形状的颗粒?	0.0		
S5	思考题6. 板框过滤的推动力为?	0.0		
S6	思考题7. 如果测量用的秒表偏慢，则所测得的K值将?	0.0		
S7	思考题8. 用本实验装置对清水过滤，则测得曲线为?	0.0		
S8	思考题9. 如果滤布没有清洗干净，则所测得的q_e值?	0.0		
S9	思考题10. 在板框过滤过程中，过滤阻力主要是?	0.0		
S10	思考题11. 本实验中，液体在滤饼内细微孔道中的流动是?	0.0		
S11	思考题12. 实验开始阶段得到的滤液通常浑浊，可能因为?	0.0		
S12	思考题13. 一定压差下，滤液通过速率随过滤时间延长而?	0.0		
S13	思考题14. 实验中需要保持压缩空气压强稳定的目的?	0.0		
S14	思考题15. 下面哪个说法是正确的?	0.0		
S15	思考题16. 过滤介质阻力忽略不计，滤饼不可压缩进行恒速过...	0.0		
S16	思考题17. 恒压过滤，如介质阻力不计，过滤压差增大一倍时...	0.0		
S17	思考题18. 下面有关板框压滤机的哪个说法是正确的?	0.0		
S18	思考题19. 颗粒的沉降速度不是指?	0.0		
S19	思考题20. 自由沉降的意思是?	0.0		

操作质量评分系统已经启动，DCS操作被监控...　培训限时：1000000 秒　培训计时：289 秒　2016/5/16 9:32:13

图 7-12　操作质量评分系统运行界面

[仿真实验步骤]

1. 设定实验参数

(1) 设置实验温度。

(2) 设置板框数（未设置则默认为 2）。

(3) 完成设置后，保存数据。

2. 实验一

(1) 打开总电源开关，打开搅拌器开关。

(2) 调节搅拌器转速大于 500r/min。

(3) 打开旋涡泵前阀 V06，打开旋涡泵电源开关，全开阀门 V01，建立回流。

(4) 观察泵后压力表示数，等待指针稳定。压力表稳定后，打开过滤入口阀 V03，压紧板框，打开过滤出口阀 V05。

(5) 滤液流出时开始计时，液面高度每上升 10cm 记录一次数据。

(6) 重复进行步骤 (5)，记录 8 组数据。

(7) 当每秒滤液量接近 0 时停止计时。

3. 实验二

(1) 关闭过滤入口阀 V03。

(2) 打开阀门 V07，把计量槽内的滤液放空。

(3) 等待滤液放空，关闭阀门 V07。

(4) 卸渣清洗。

(5) 调节阀门 V01 的开度，改变过滤压力。

(6) 做 3～5 组并行实验。

4. 实验结束清洗装置

(1) 实验结束后，打开自来水阀门 V04。

(2) 打开阀门 V02，对泵及滤浆进出口管子进行冲洗。

(3) 关闭阀门 V01。

实验 4 气气传热综合实验

[仿真实验的目的]

(1) 通过对空气-水蒸气简单套管换热器的实验研究，掌握对流传热系数 α_i 的测定方法，加深对其概念和影响因素的理解，并应用线性回归分析方法，确定关联式 $Nu=ARe^m Pr^{0.4}$ 中常数 A、m 的值。

(2) 通过对管程内部插有螺旋线圈和采用螺旋扁管为内管的空气-水蒸气强化套管换热器的实验研究，测定其准数关联式 $Nu=BRe^m$ 中常数 B、m 的值和强化比 Nu/Nu_0，了解强化传热的基本理论和基本方式。

(3) 了解套管换热器的管内压降 Δp 和 Nu 之间的关系。

[软件运行界面]

主要的 3D 场景仿真系统运行界面如图 7-13 所示。

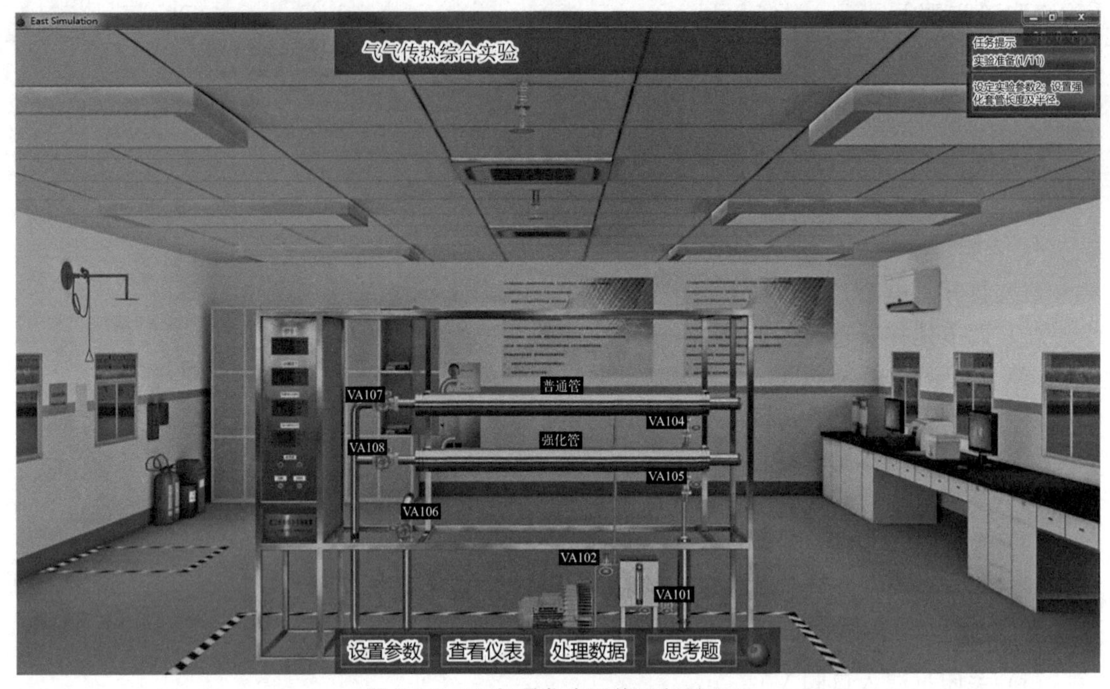

图 7-13　3D 场景仿真系统运行界面 1

点击运行界面右上角的任务提示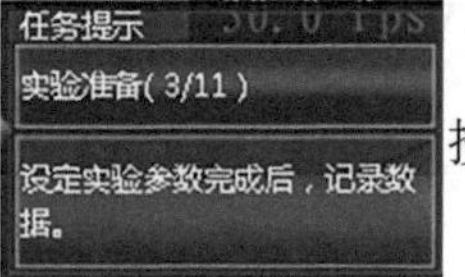

按钮即可打开任务系统，查看详细任务列表，如图 7-14 所示。通过右下角的 图标，可以进行设置参数、查看仪表、处理数据和思考题等四项操作。

图 7-14　3D 场景仿真系统运行界面 2

详细任务列表界面如图 7-15 所示，左侧是任务列表，任务名称后边标有已完成任务步骤的数量和任务步骤的总数量，右侧是任务的具体步骤，当某任务步骤完成时，该任务步骤会出现对号表示已经完成，同时已完成任务步骤的数量也会发生变化。

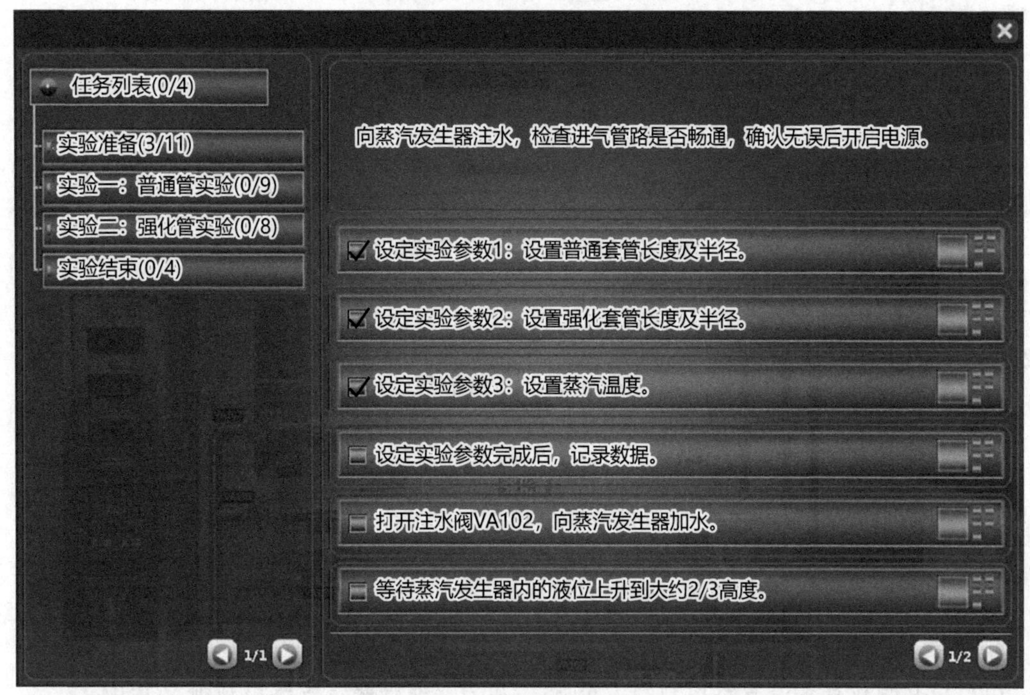

图 7-15　详细任务列表界面

评分界面可以查看实验任务的完成情况（指示灯变绿表示可以进行下一步操作，当对号变成绿色表示已完成该操作）及得分情况，如图 7-16 所示。

操作质量评分系统

文件　浏览　帮助

培训项目名称
- 实验思考题
- 扣分操作
- 实验准备
- 实验一：普通管实验
- 实验二：强化管实验
- 实验结束

ID	步骤描述	得分	组信息	操作说明
V...	设定实验参数1：设置普通套管长度及半径。	10.0		
V...	设定实验参数2：设置强化套管长度及半径。	10.0		
V...	设定实验参数3：设置蒸汽温度。	10.0		
V...	设定实验参数完成后，记录数据。	0.0		
V...	打开注水阀VA102，向蒸汽发生器加水。	0.0		
V...	等待蒸汽发生器内的液位上升到大约2/3高度。	0.0		
V...	关闭注水阀VA102。	0.0		
V...	检查空气流量旁路调节阀VA106是否全开。	0.0		
V...	检查普通管空气支路控制阀VA107是否打开。	0.0		
V...	打开连通阀VA101，使水槽与蒸汽发生器相通。	0.0		
V...	检查普通管蒸汽支路控制阀VA104是否打开。	0.0		

图 7-16　操作质量评分系统运行界面

[仿真实验步骤]

1. 实验准备

(1) 设置普通套管长度及半径，设置强化套管长度及半径，设置蒸汽温度。

(2) 设定实验参数完成后，记录数据。

(3) 打开注水阀 VA102，向蒸汽发生器加水。

(4) 等待蒸汽发生器内的液位上升到大约 2/3 高度，关闭注水阀 VA102。

(5) 检查空气流量旁路调节阀 VA106 是否全开，检查普通管空气支路控制阀 VA107 是否打开。

(6) 打开连通阀 VA101，使水槽与蒸汽发生器相通。

(7) 检查普通管蒸汽支路控制阀 VA104 是否打开。

2. 实验一（普通管实验）

(1) 启动总电源，启动蒸汽发生器电源，开始加热。

(2) 等待普通管蒸汽排出口有恒量蒸汽排出。

(3) 普通管蒸汽排出口有恒量蒸汽排出，代表实验可以开始。启动风机电源。

(4) 调节阀 VA106 开度，调到所需流量值，待稳定后，记录数据。

(5) 重复进行步骤（4），总共记录 6 组数据。

(6) 空气最小流量和空气最大流量一定要做。

3. 实验二（强化管实验）

(1) 打开强化管蒸汽支路控制阀 VA105，关闭普通管蒸汽支路控制阀 VA104。

(2) 等待强化管蒸汽排出口有恒量蒸汽排出。

(3) 强化管蒸汽排出口有恒量蒸汽排出，代表实验可以开始。

(4) 打开强化管空气支路控制阀 VA108，关闭普通管空气支路控制阀 VA107。

(5) 调节阀 VA106 开度，调到所需流量值，待稳定后，记录数据。

(6) 重复进行步骤（5），总共记录 6 组数据。

4. 实验结束

(1) 关停蒸汽发生器电源。

(2) 关停风机电源。

(3) 全开空气流量旁路调节阀 VA106。

(4) 关停总电源。

实验 5 精馏塔综合实验

[仿真实验的目的]

(1) 充分利用计算机采集和控制系统具有的快速、大容量和实时处理的特点，进行精馏过程多实验方案的设计，并进行实验验证，得出实验结论，以掌握实验研究的方法。

(2) 学会识别精馏塔内出现的几种操作状态，并分析这些操作状态对塔性能的影响。

(3) 学习精馏塔性能参数的测量方法，并掌握其影响因素。

(4) 测定精馏过程的动态特性，提高学生对精馏过程的认识。

[软件运行界面]

主要的 3D 场景仿真系统运行界面如图 7-17 所示。

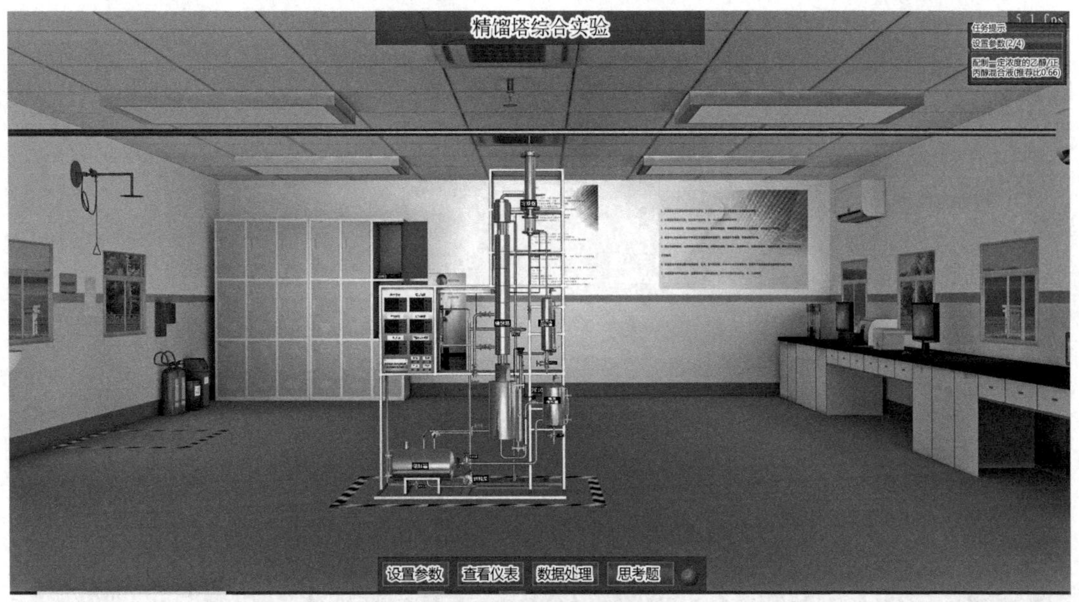

图 7-17　3D 场景仿真系统运行界面 1

点击运行界面右上角的任务提示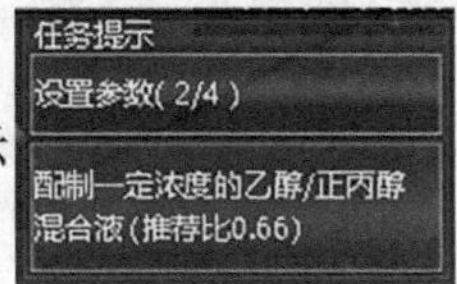

按钮即可打开任务系统，查看详细任务列表，如图 7-18 所示。通过右下角的图标，可以进行设置参数、查看仪表、数据处理和思考题等四项操作。

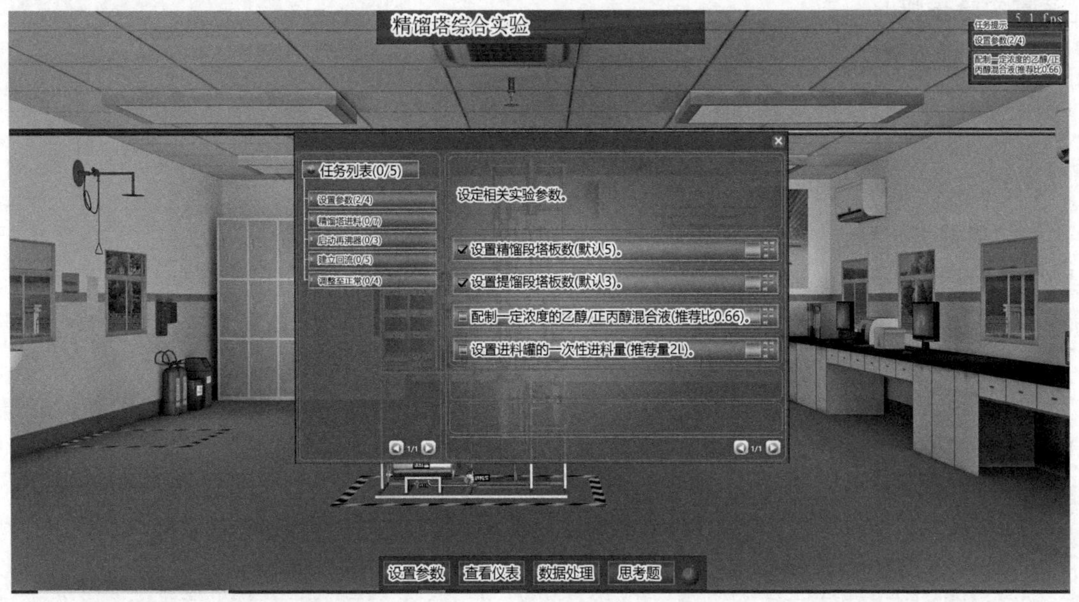

图 7-18　3D 场景仿真系统运行界面 2

详细任务列表界面如图 7-19 所示，左侧是任务列表，任务名称后边标有已完成任务步骤的数量和任务步骤的总数量，右侧是任务的具体步骤，当某任务步骤完成时，该任务步骤会出现对号表示已经完成，同时已完成任务步骤的数量也会发生变化。

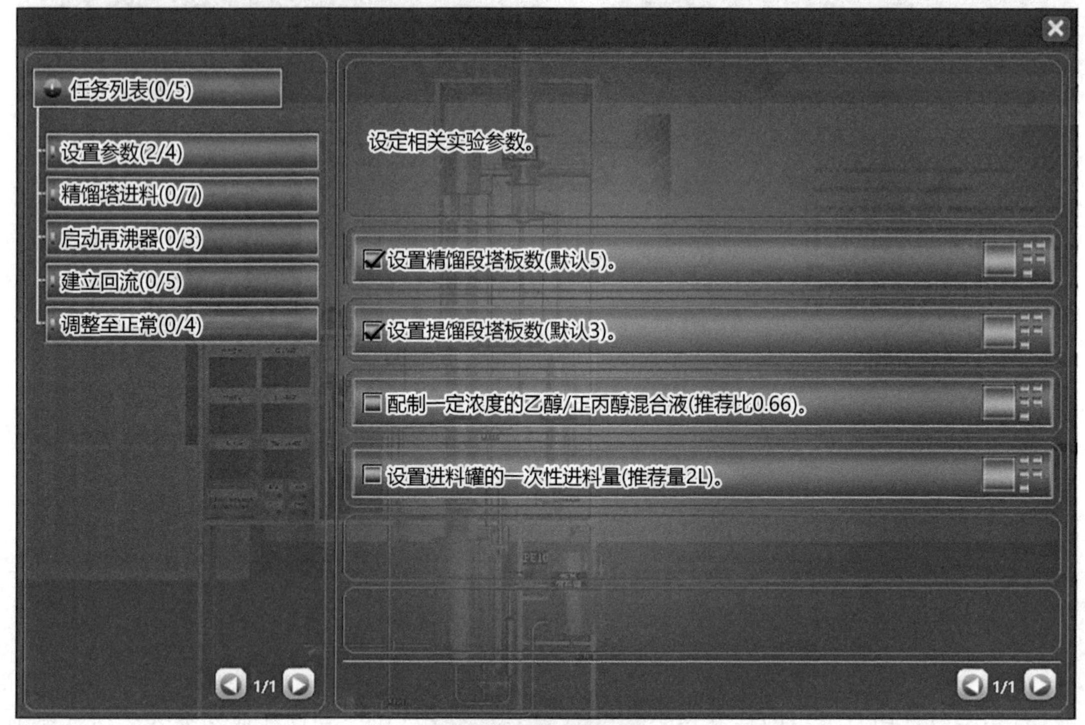

图 7-19　详细任务列表界面

评分界面可以查看实验任务的完成情况（指示灯变绿表示可以进行下一步操作，当对号变成绿色表示已完成该操作）及得分情况，如图 7-20 所示。

［仿真实验步骤］

1. 设置参数

（1）设置精馏段塔板数（默认 5），设置提馏段塔板数（默认 3）。

（2）配制一定浓度的乙醇/正丙醇混合液（推荐体积比 0.66）。

（3）设置进料罐的一次性进料量（推荐量 2L）。

2. 精馏塔进料

（1）连续点击“进料”按钮，进料罐开始进料，直到罐内液位达到 70%以上。

（2）打开总电源开关。

（3）打开进料泵 P101 的电源开关，启动进料泵。

（4）在“查看仪表”中设定进料泵功率，将进料流量控制器的输出值（OP 值）设定为 50%。

（5）打开进料阀门 V106，开始进料。

（6）在“查看仪表”中设定预热器功率，将进料温度控制器的 OP 值设定为 60%，开始加热。

（7）打开塔釜液位控制器，控制液位在 70%～80%之间。

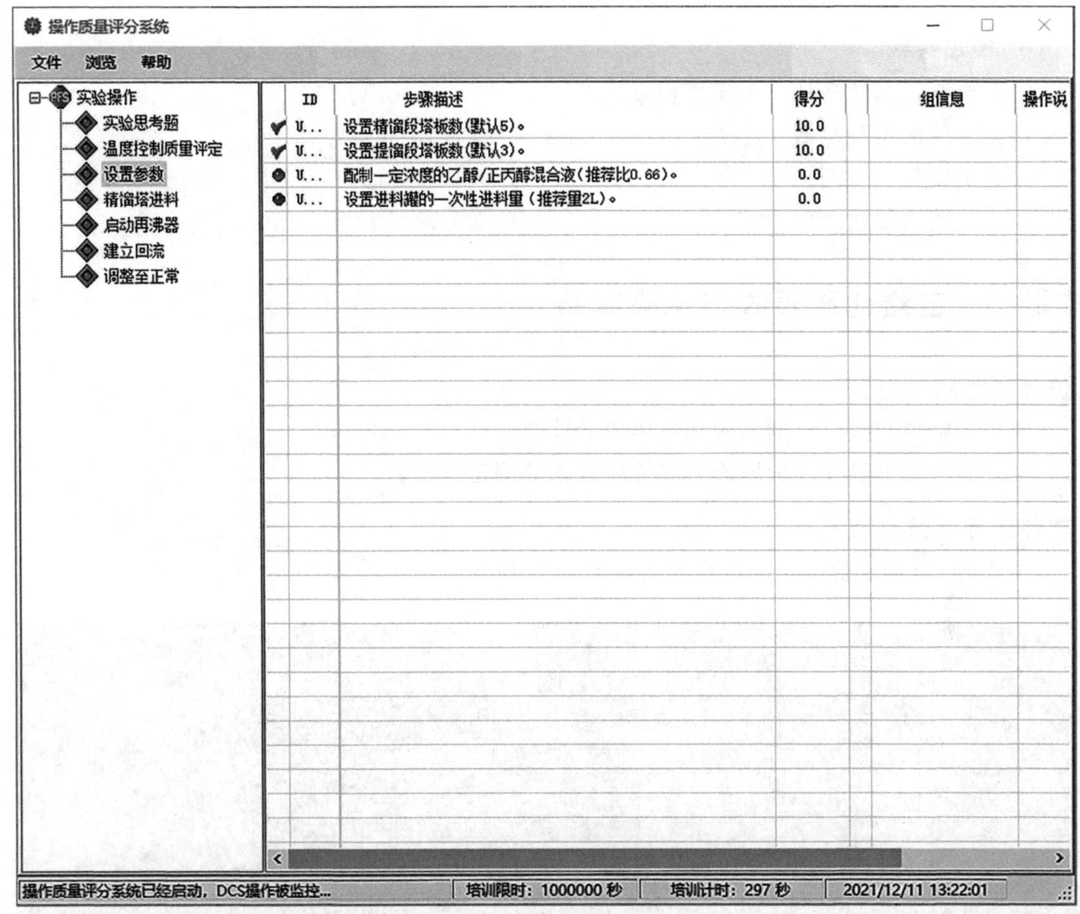

图 7-20　操作质量评分系统运行界面

3. 启动再沸器

(1) 打开阀门 PE103，将塔顶冷凝器内通入冷却水。

(2) 打开塔釜加热电源开关。

(3) 设定塔釜加热功率，将塔釜温度控制器的 OP 值设定为 50%。

4. 建立回流

(1) 打开回流比控制器电源。

(2) 在“查看仪表”中打开回流比控制器，将回流值设为 20。

(3) 将采出值设为 5，即回流比控制在 4。

(4) 在“查看仪表”中将塔釜温度控制器的 OP 值设为 60%，加大蒸出量。

(5) 将塔釜液位控制器的 OP 值设为 10%左右，控制塔釜液位在 50%左右。

5. 调整至正常

(1) 进料温度稳定在 95.3℃左右时，将控制器设为自动，将设定值（SP 值）设为 95.3℃。

(2) 塔釜液位稳定在 50%左右时，将控制器设为自动，将 SP 值设为 50%。

(3) 塔釜温度稳定在 90.5℃左右时，将控制器设为自动，SP 值设为 90.5℃。

（4）保持稳定操作几分钟，取样记录分析组成成分。

6. 停止实验

（1）关闭进料流量计，关闭进料泵。

（2）关闭塔釜加热器。

（3）关闭各出料阀。

（4）关闭冷却水。

实验 6 二氧化碳吸收与解吸实验

[仿真实验的目的]

（1）了解填料吸收塔的结构和流体力学性能。

（2）学习填料吸收塔传质能力和传质效率的测定方法。

[软件运行界面]

主要的 3D 场景仿真系统运行界面如图 7-21 所示。

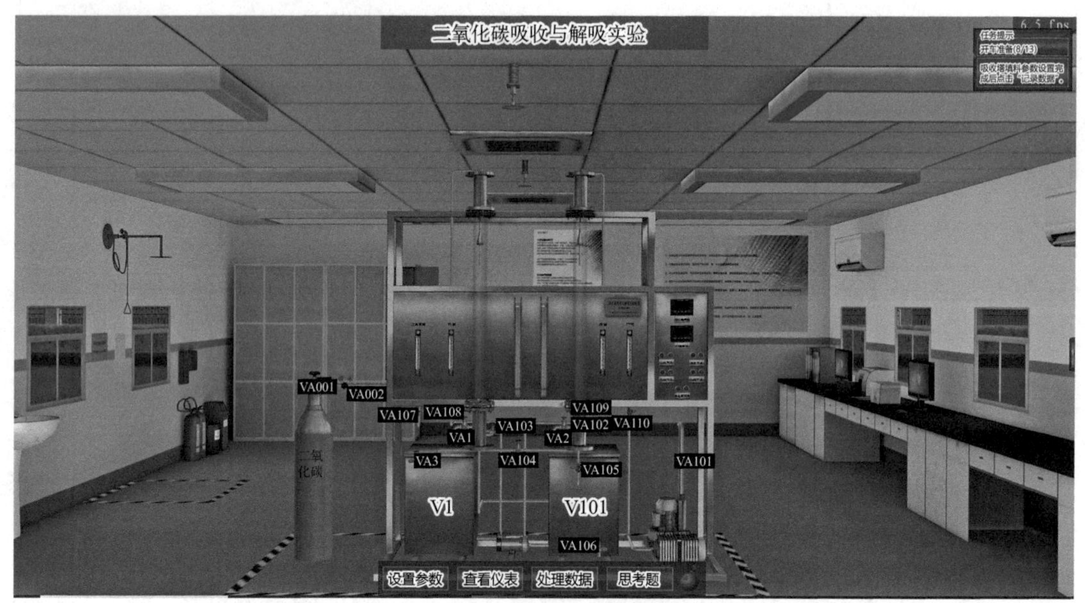

图 7-21 3D 场景仿真系统运行界面 1

点击运行界面右上角的任务提示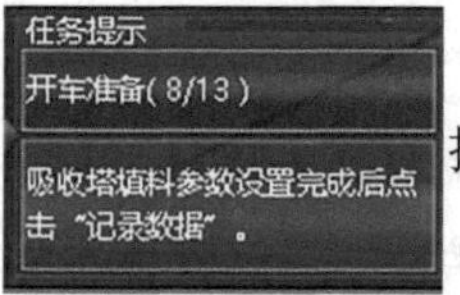

按钮即可打开任务系统，查看详细任务列表，如图 7-22 所示。通过右下角的图标，可以进行设置参数、查看仪表、处理数据和思考题等四项操作。

详细任务列表界面如图 7-23 所示，左侧是任务列表，任务名称后边标有已完成任务步骤的数量和任务步骤的总数量，右侧是任务的具体步骤，当某任务步骤完成时，该任务步骤会出现对号表示已经完成，同时已完成任务步骤的数量也会发生变化。

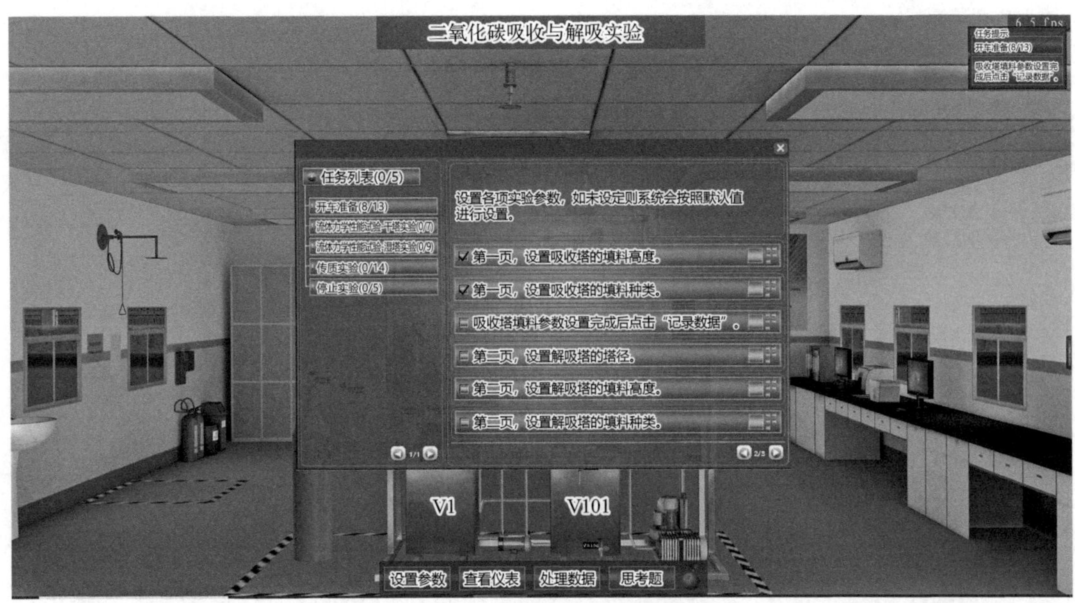

图 7-22　3D 场景仿真系统运行界面 2

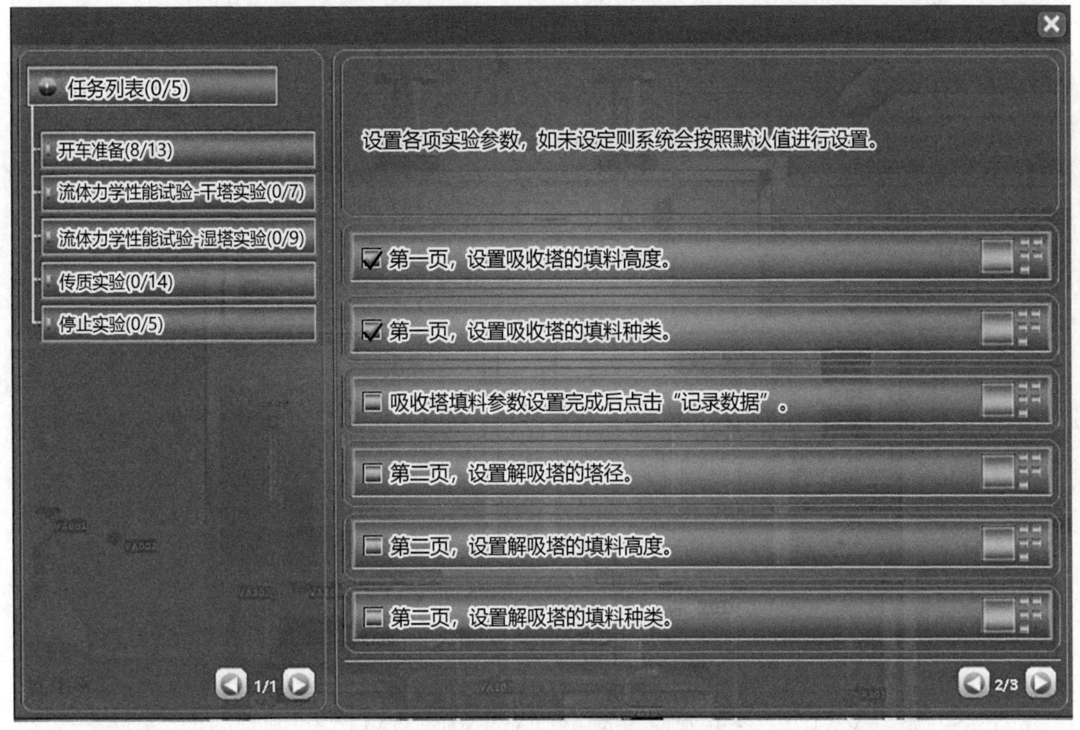

图 7-23　详细任务列表界面

评分界面可以查看实验任务的完成情况（指示灯变绿表示可以进行下一步操作，当对号变成绿色表示已完成该操作）及得分情况，如图 7-24 所示。

图 7-24　操作质量评分系统运行界面

[仿真实验步骤]

1. 开车准备

(1) 点击“设置参数”，第三页，设置环境温度。设置中和用氢氧化钡浓度，设置中和用氢氧化钡体积，设置滴定用盐酸浓度，设置样品体积。

(2) 第一页，设置吸收塔的塔径，设置吸收塔的填料高度，设置吸收塔的填料种类。

(3) 吸收塔填料参数设置完成后点击“记录数据”。

(4) 第二页，设置解吸塔的塔径，设置解吸塔的填料高度，设置解吸塔的填料种类。

(5) 解吸塔填料参数设置完成后点击“记录数据”。

2. 流体力学性能试验——干塔实验

(1) 打开总电源开关，打开风机 P101 开关。

(2) 全开阀门 VA101，全开阀门 VA102，全开阀门 VA110。

(3) 减小阀门 VA101 的开度，在“查看仪表”第二页，记录数据。

(4) 逐步减小阀门 VA101 的开度，调节流量，记录至少 6 组数据。

3. 流体力学性能试验——湿塔实验

(1) 打开加水开关，等待水位到达 50%。

（2）关闭加水开关。

（3）启动水泵 P102，全开阀门 VA101，全开阀门 VA109，调节水的流量到 60L/h。全开阀门 VA105。

（4）减小阀门 VA101 的开度，在“查看仪表”第二页，记录数据。

（5）逐步减小阀门 VA101 的开度，调节流量，记录至少 6 组数据。

4. 吸收传质实验

（1）打开 CO_2 钢瓶阀门 VA001，打开阀门 VA107。

（2）调节减压阀 VA002 的开度，控制 CO_2 流量。

（3）启动水泵 P103，打开阀门 VA108，关闭阀门 VA105。

（4）待稳定后，打开取样阀 VA1 取样分析。

（5）待稳定后，打开取样阀 VA2 取样分析。

（6）待稳定后，打开取样阀 VA3 取样分析。

（7）点击“查看仪表”，第三页，记录数据。

5. 停止实验

（1）关闭 CO_2 钢瓶阀门 VA001。

（2）关停水泵 P102。

（3）关停水泵 P103。

（4）关停风机。

（5）关闭总电源。

实验7 干燥速率曲线测定实验

[仿真实验的目的]

（1）熟悉洞道式干燥器的构造和操作。

（2）测定在恒定干燥条件下的湿物料干燥曲线和干燥速率曲线。

[软件运行界面]

主要的 3D 场景仿真系统运行界面如图 7-25 所示。

点击运行界面右上角的任务提示 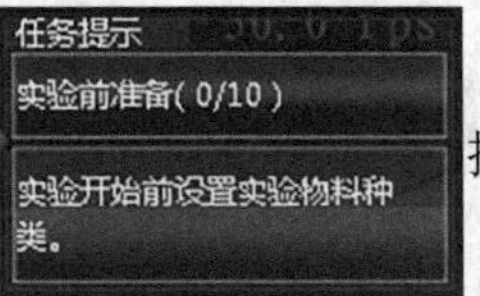

按钮即可打开任务系统，查看详细任务列表，如图 7-26 所示。通过右下角的图标，可以进行设置参数、查看仪表、数据处理和思考题等四项操作。

详细任务列表界面如图 7-27 所示，左侧是任务列表，任务名称后边标有已完成任务步骤的数量和任务步骤的总数量，右侧是任务的具体步骤，当某任务步骤完成时，该任务步骤会出现对号表示已经完成，同时已完成任务步骤的数量也会发生变化。

评分界面可以查看实验任务的完成情况（指示灯变绿表示可以进行下一步操作，当对号变成绿色表示已完成该操作）及得分情况，如图 7-28 所示。

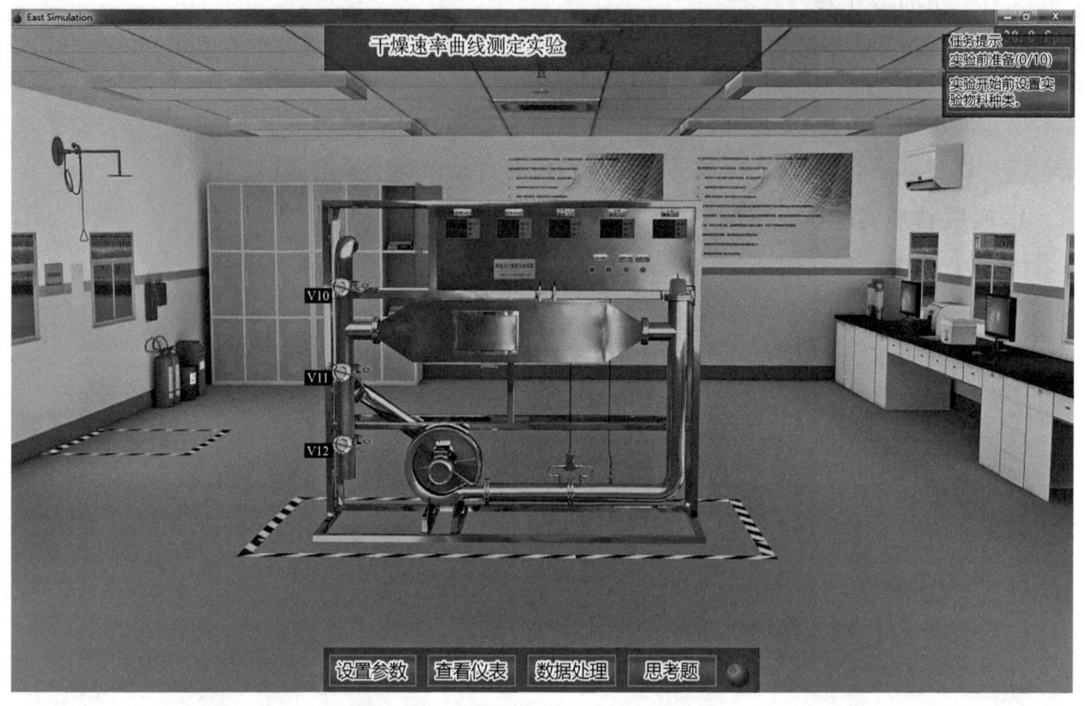

图 7-25　3D 场景仿真系统运行界面 1

图 7-26　3D 场景仿真系统运行界面 2

[仿真实验步骤]

1. 实验前准备

(1) 实验开始前设置实验物料种类。

(2) 记录支架重量，记录干物料重量，记录浸水后的物料重量，记录空气温度，记录环境湿度。

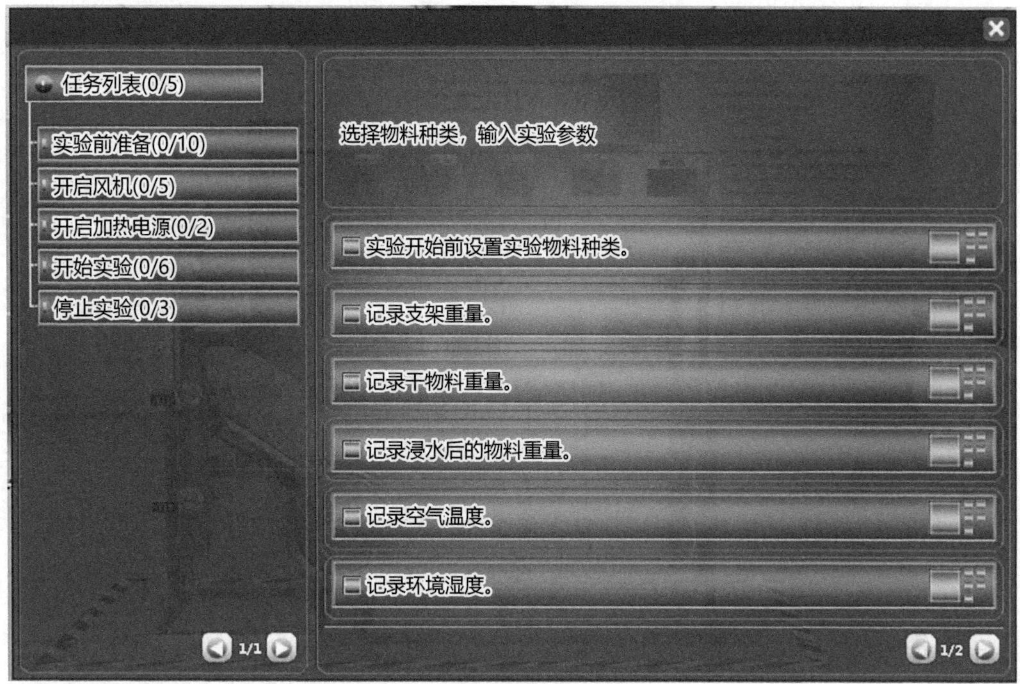

图 7-27　详细任务列表界面

图 7-28　操作质量评分系统运行界面

（3）输入大气压力，输入孔板流量计孔径，输入湿物料面积。

（4）设置参数完成后，记录数据。

2. 开启风机

（1）打开风机进口阀门 V12，打开出口阀门 V10，打开循环阀门 V11。

（2）打开总电源开关。

（3）启动风机。

3. 开启加热电源

（1）启动加热电源。

（2）在“查看仪表”中设定洞道内干球温度，缓慢加热到指定温度。

4. 开始实验

（1）在空气流量和干球温度稳定后，记录实验参数。

（2）双击物料进口，将物料小心放置在托盘内，关闭物料进口门。

（3）记录数据，每 2min 记录一组数据，记录 10 组数据。

（4）当物料重量不再变化时，双击物料进口，停止实验。

（5）重新设定洞道内干球温度，稳定后开始新的实验。

（6）选择其他物料，重复实验。

5. 停止实验

（1）停止实验，关闭加热仪表电源。

（2）待干球温度和进气温度相同时，关闭风机电源。

（3）关闭总电源开关。

实验 8　填料萃取塔实验

［仿真实验的目的］

（1）了解脉冲填料萃取塔的结构。

（2）掌握填料萃取塔的性能测定方法。

（3）掌握萃取塔传质效率的强化方法。

［软件运行界面］

主要的 3D 场景仿真系统运行界面如图 7-29 所示。

点击运行界面右上角的任务提示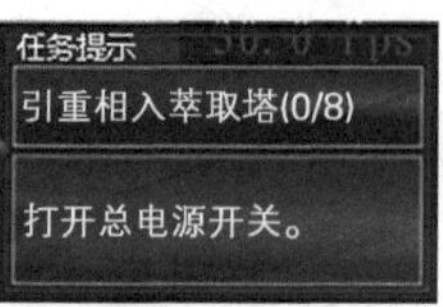

按钮即可打开任务系统，查看详细任务列表，如图 7-30 所示。通过右下角的图标，可以进行组分分析、查看仪表、处理数据和思考题等四项操作。

详细任务列表界面如图 7-31 所示，左侧是任务列表，任务名称后边标有已完成任务步骤的数量和任务步骤的总数量，右侧是任务的具体步骤，当某任务步骤完成时，该任务步骤会出现对号表示已经完成，同时已完成任务步骤的数量也会发生变化。

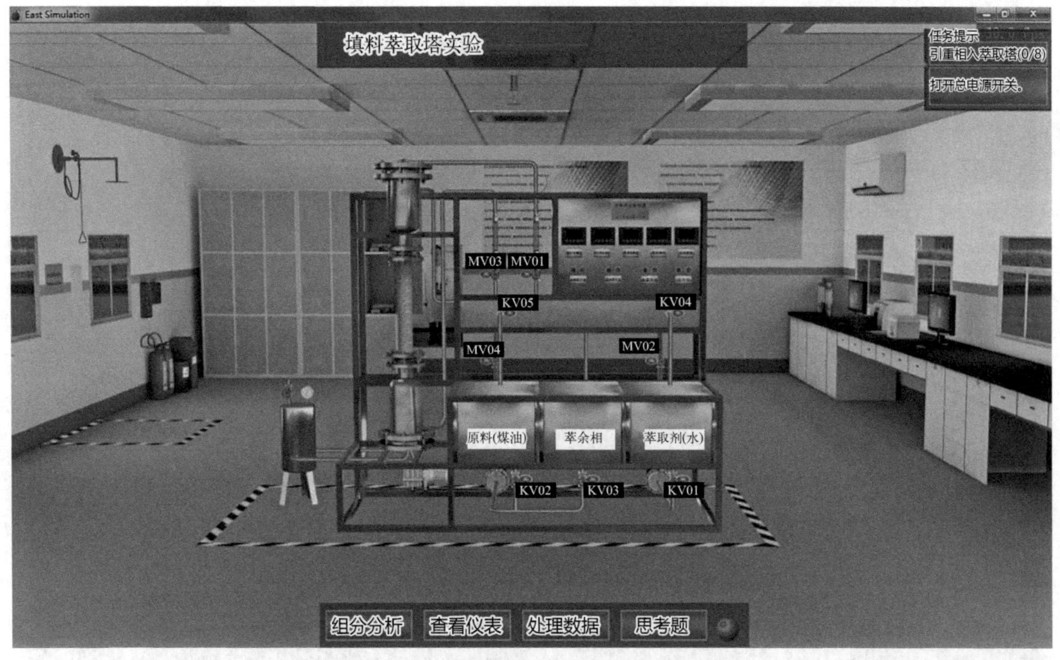

图 7-29　3D 场景仿真系统运行界面 1

图 7-30　3D 场景仿真系统运行界面 2

评分界面可以查看实验任务的完成情况（指示灯变绿表示可以进行下一步操作，当对号变成绿色表示已完成该操作）及得分情况，如图 7-32 所示。

[仿真实验步骤]

1. 引重相入萃取塔

（1）打开总电源开关。

（2）打开重相加料阀 KV04 加料。等待重相液位涨到 75%～90%之间，关闭重相加料阀 KV04。

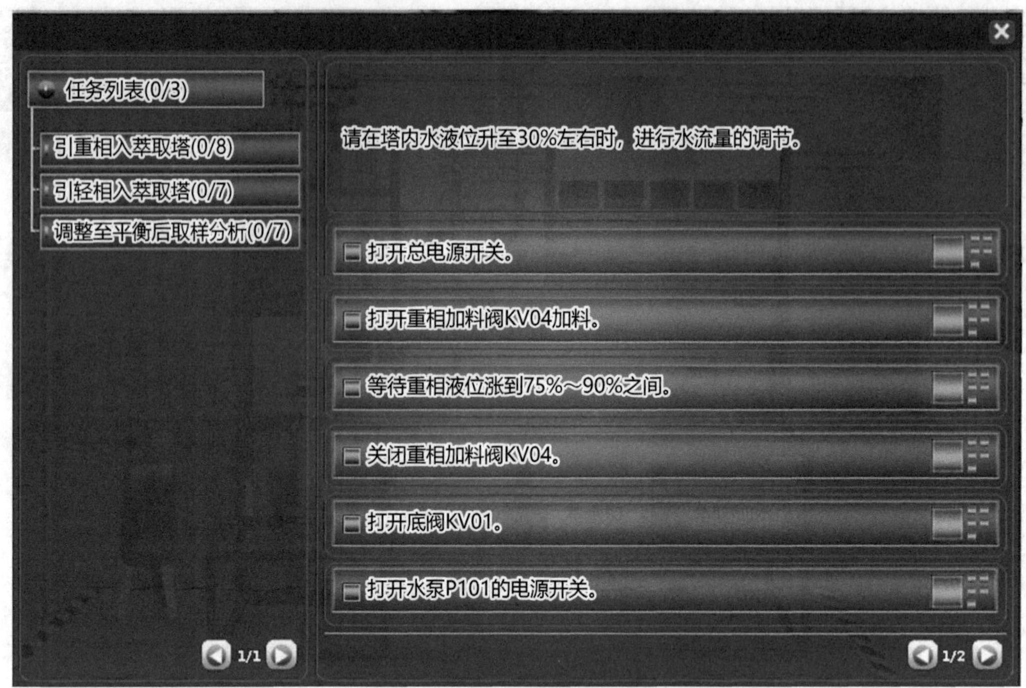

图 7-31 详细任务列表界面

图 7-32 操作质量评分系统运行界面

（3）打开底阀 KV01，打开水泵 P101 的电源开关。

（4）全开水流量调节阀 MV01，以最大流量将重相打入萃取塔。将水流量调节到接近指定值 6L/h。

2. 引轻相入萃取塔

（1）打开轻相加料阀 KV05 加料。等待轻相液位涨到 75%～90%之间，关闭轻相加料阀 KV05。

（2）打开底阀 KV02，打开煤油泵 P102 的电源开关。

（3）打开煤油流量调节阀 MV03，将煤油流量调节到接近 9L/h。

3. 调整至平衡后取样分析

（1）打开压缩机电源开关。

（2）点击查看仪表，在脉冲频率调节器上设定脉冲频率。

（3）待重相和轻相流量稳定、萃取塔上罐界面液位稳定后，在组分分析面板上取样分析。

（4）塔顶重相栏中选择取样体积，点击分析按钮分析 NaOH 的消耗体积和重相进料中的苯甲酸组成。

（5）塔底轻相栏中选择取样体积，点击分析按钮分析 NaOH 的消耗体积和轻相进料中的苯甲酸组成。

（6）塔底重相栏中选择取样体积，点击分析按钮分析 NaOH 的消耗体积和萃取相中的苯甲酸组成。

（7）塔顶轻相栏中选择取样体积，点击分析按钮分析 NaOH 的消耗体积和萃余相中的苯甲酸组成。

4. 停止实验

（1）关闭重相加料阀，关闭重相加料泵。

（2）关闭轻相加料阀，关闭轻相加料泵。

（3）关闭总电源开关。

附　录

化工原理实验常以水、空气等流体进行冷模实验，为方便实验数据的处理，这里摘录了部分常用数据以供参考。

附录 1　水的物理性质

1.1　水的物理性质（1～140℃）

温度 t/℃	饱和蒸气压 /kPa	密度 ρ/(kg/m^3)	定压比热容 c_p/[kJ/(kg·℃)]	热导率 λ/[W/(m·℃)]	黏度 μ/(mPa·s)	普朗特数 Pr
0	0.61	999.9	4.212	0.551	1.789	13.7
10	1.23	999.7	4.191	0.575	1.305	9.52
20	2.33	998.2	4.183	0.599	1.005	7.01
30	4.25	995.7	4.174	0.618	0.801	5.42
40	7.37	992.2	4.174	0.634	0.653	4.30
50	12.3	988.1	4.174	0.648	0.549	3.54
60	19.9	983.2	4.178	0.659	0.470	2.98
70	31.2	977.8	4.187	0.668	0.406	2.53
80	47.4	971.8	4.195	0.675	0.355	2.21
90	70.1	965.3	4.208	0.680	0.315	1.95
100	101.3	958.4	4.220	0.683	0.283	1.75
110	143.3	951.0	4.233	0.685	0.259	1.60
120	198.6	943.1	4.250	0.686	0.237	1.47
130	270.2	934.8	4.266	0.686	0.218	1.35
140	361.4	926.1	4.287	0.685	0.201	1.26

1.2 水的密度（1～30℃）

温度 t/℃	密度 $\rho\times10^{-3}$/(kg/m^3)	温度 t/℃	密度 $\rho\times10^{-3}$/(kg/m^3)	温度 t/℃	密度 $\rho\times10^{-3}$/(kg/m^3)
1	0.99992	11	0.99963	21	0.99801
2	0.99997	12	0.99953	22	0.99779
3	1.00000	13	0.99941	23	0.99757
4	1.00000	14	0.99928	24	0.99733
5	0.99999	15	0.99913	25	0.99707
6	0.99995	16	0.99898	26	0.99680
7	0.99991	17	0.99881	27	0.99653
8	0.99986	18	0.99862	28	0.99626
9	0.99980	19	0.99843	29	0.99596
10	0.99973	20	0.99823	30	0.99567

附录 2 干空气的物理性质（101.3kPa）

温度 t/℃	密度 ρ/(kg/m^3)	定压比热容 c_p/[kJ/(kg·℃)]	热导率 $\lambda\times10^2$/[W/(m·℃)]	黏度 $\mu\times10^5$/(Pa·s)	普朗特数 Pr
−10	1.342	1.009	2.36	1.67	0.714
0	1.293	1.005	2.44	1.72	0.708
10	1.247	1.005	2.51	1.77	0.708
20	1.205	1.005	2.59	1.81	0.686
30	1.165	1.005	2.67	1.86	0.701
40	1.128	1.005	2.76	1.91	0.696
50	1.093	1.005	2.83	1.96	0.697
60	1.060	1.005	2.90	2.01	0.698

附录 3 饱和水蒸气的物理性质

3.1 饱和水蒸气的物理性质（按温度排列）

温度/℃	绝对压力/kPa	蒸汽密度/(kg/m^3)	焓/(kJ/kg)		汽化焓/(kJ/kg)
			液体	蒸汽	
90	70.136	0.4229	371.81	2659.9	2283.1
95	84.556	0.5039	397.75	2668.7	2270.9
100	101.33	0.5970	418.68	2677.0	2258.4
105	120.85	0.7036	440.23	2685.0	2245.4
110	143.31	0.8254	460.97	2693.4	2232.0

续表

温度/℃	绝对压力/kPa	蒸汽密度/(kg/m³)	焓/(kJ/kg)		汽化焓/(kJ/kg)
			液体	蒸汽	
115	169.11	0.9635	482.32	2701.3	2219.0
120	198.64	1.1199	503.67	2708.9	2205.2
125	232.19	1.296	525.02	2716.4	2191.3
130	270.25	1.494	546.38	2723.9	2177.6
135	313.11	1.715	567.73	2731.0	2163.3
140	361.47	1.962	589.58	2737.7	2148.7
145	415.72	2.238	610.85	2744.4	2134.0
150	476.24	2.543	632.21	2750.7	2118.5

3.2 饱和水蒸气的物理性质（按压力排列）

绝对压力/kPa	温度/℃	蒸汽密度/(kg/m³)	焓/(kJ/kg)		汽化焓/(kJ/kg)
			液体	蒸汽	
60.0	85.6	0.3651	358.20	2652.1	2293.9
70.0	89.9	0.4223	376.61	2659.8	2283.2
80.0	93.2	0.4781	390.08	2665.3	2275.3
90.0	96.4	0.5338	403.49	2670.8	2267.4
100.0	99.6	0.5896	416.90	2676.3	2259.5
120.0	104.5	0.6987	437.51	2684.3	2246.8
140.0	109.2	0.8076	457.67	2692.1	2234.4
160.0	113.0	0.8298	473.88	2698.1	2224.2

附录4 乙醇-水溶液的相关性质

4.1 101.325kPa时乙醇-水溶液的平衡数据

液体组成		沸腾温度/℃	蒸气组成		液体组成		沸腾温度/℃	蒸气组成	
液体乙醇的质量分数/%	液体乙醇的摩尔分数/%		乙醇蒸气的质量分数/%	乙醇蒸气的摩尔分数/%	液体乙醇的质量分数/%	液体乙醇的摩尔分数/%		乙醇蒸气的质量分数/%	乙醇蒸气的摩尔分数/%
0.01	0.004	99.9	0.13	0.053	0.70	0.27	99.1	8.1	3.33
0.10	0.04	99.8	1.3	0.51	0.80	0.31	99.0	9.0	3.725
0.15	0.055	99.7	1.95	0.77	0.90	0.35	98.9	9.9	4.12
0.20	0.08	99.6	2.6	1.03	1.00	0.39	98.75	10.1	4.20
0.30	0.12	99.5	3.8	1.57	2.00	0.79	97.65	19.7	8.76
0.40	0.16	99.4	4.9	1.98	3.00	1.19	96.65	27.2	12.75
0.50	0.19	99.3	6.1	2.48	4.00	1.61	95.8	33.3	16.34
0.60	0.23	99.2	7.1	2.90	5.00	2.01	94.95	37.0	18.68

续表

液体组成		沸腾温度/℃	蒸气组成		液体组成		沸腾温度/℃	蒸气组成	
液体乙醇的质量分数/%	液体乙醇的摩尔分数/%		乙醇蒸气的质量分数/%	乙醇蒸气的摩尔分数/%	液体乙醇的质量分数/%	液体乙醇的摩尔分数/%		乙醇蒸气的质量分数/%	乙醇蒸气的摩尔分数/%
6.00	2.43	94.15	41.1	21.45	40.00	20.68	83.1	74.6	53.46
7.00	2.86	93.35	44.6	23.96	41.00	21.38	82.95	74.8	53.76
8.00	3.29	92.6	47.6	26.21	42.00	22.07	82.78	75.1	54.12
9.00	3.73	91.9	50.0	28.12	43.00	22.78	82.65	75.4	54.54
10.00	4.16	91.3	52.2	29.92	44.00	23.51	82.5	75.6	54.80
11.00	4.61	90.8	54.1	31.56	45.00	24.25	82.45	75.9	55.22
12.00	5.07	90.5	55.8	33.06	46.00	25.00	82.35	76.1	55.48
13.00	5.51	89.7	57.4	34.51	47.00	25.75	82.3	76.3	55.74
14.00	5.98	89.2	58.8	35.83	48.00	26.53	82.15	76.5	56.03
15.00	6.46	89.0	60.0	36.93	49.00	27.32	82.0	76.8	56.44
16.00	6.86	88.0	61.1	38.06	50.00	28.12	81.9	77.0	56.71
17.00	7.41	87.9	62.2	39.16	51.00	28.93	81.8	77.3	57.12
18.00	7.95	87.7	63.2	40.18	52.00	29.80	81.7	77.5	57.41
19.00	8.41	87.4	63.3	41.27	53.00	30.61	81.6	77.7	57.70
20.00	8.92	87.0	65.0	42.09	54.00	31.47	81.5	78.0	58.11
21.00	9.42	86.7	65.8	43.94	55.00	32.34	81.4	78.2	58.39
22.00	9.93	86.4	66.6	43.82	56.00	33.24	81.3	78.5	58.78
23.00	10.48	86.2	67.3	44.61	57.00	34.16	81.25	78.7	59.10
24.00	11.00	85.95	68.0	45.41	58.00	35.09	81.2	79.0	59.55
25.00	11.53	85.7	68.6	46.08	59.00	36.02	81.1	79.2	59.84
26.00	12.08	85.4	69.3	46.90	60.00	36.98	81.0	79.5	60.29
27.00	12.04	85.2	69.8	47.49	61.00	37.97	80.95	79.7	60.58
28.00	13.19	85.0	70.3	48.08	62.00	38.95	80.85	80.0	61.02
29.00	13.77	84.8	70.8	48.68	63.00	40.00	80.75	80.3	61.44
30.00	14.36	84.7	71.3	49.30	64.00	41.02	80.66	80.5	61.61
31.00	14.95	84.5	71.7	49.77	65.00	42.09	80.6	80.8	62.22
32.00	15.55	84.3	72.1	50.27	66.00	43.17	80.5	81.0	62.52
33.00	16.15	84.2	72.5	50.78	67.00	44.27	80.45	81.3	62.99
34.00	16.77	83.85	72.9	51.27	68.00	45.41	80.4	81.6	63.43
35.00	17.41	83.75	73.2	51.67	69.00	46.55	80.3	81.9	63.91
36.00	18.03	83.7	73.5	52.04	70.00	47.74	80.2	82.1	64.21
37.00	18.68	83.5	73.8	52.43	71.00	48.92	80.1	82.4	64.70
38.00	19.34	83.4	74.0	52.68	72.00	50.16	80.0	82.8	65.43
39.00	20.00	83.3	74.3	53.09	73.00	51.39	79.95	83.1	65.81

续表

液体组成		沸腾温度/℃	蒸气组成		液体组成		沸腾温度/℃	蒸气组成	
液体乙醇的质量分数/%	液体乙醇的摩尔分数/%		乙醇蒸气的质量分数/%	乙醇蒸气的摩尔分数/%	液体乙醇的质量分数/%	液体乙醇的摩尔分数/%		乙醇蒸气的质量分数/%	乙醇蒸气的摩尔分数/%
74.00	52.68	79.85	83.4	66.28	86.00	70.63	78.85	88.9	75.82
75.00	54.00	79.75	83.8	66.92	87.00	72.63	78.75	89.5	76.93
76.00	55.34	79.72	84.1	67.42	88.00	74.15	78.65	90.1	78.00
77.00	56.71	79.7	84.4	68.07	89.00	75.99	78.6	90.7	79.26
78.00	58.11	79.65	84.5	68.76	90.00	77.88	78.5	91.3	80.42
79.00	59.55	79.55	84.9	69.59	91.00	79.82	78.4	92.0	81.83
80.00	61.02	79.5	85.8	70.29	92.00	81.83	78.3	92.7	83.26
81.00	62.52	79.4	86.0	70.63	93.00	83.87	78.27	93.5	84.91
82.00	64.05	79.3	86.7	71.86	94.00	85.97	78.2	94.2	86.40
83.00	65.64	79.2	87.2	72.71	95.00	88.18	78.17	95.05	88.18
84.00	67.27	79.1	87.7	73.61	95.57	89.41	78.15	95.57	89.41
85.00	68.92	78.95	88.3	74.69					

4.2　101.325kPa 时不同冷凝温度下乙醇-水溶液蒸气的热含量

蒸气中乙醇的质量分数/%	冷凝温度 t/℃	定压比热容 c_p/[kcal/(kg·℃)][①]	液体焓/(kcal/kg)[②]	混合物汽化热 r/(kcal/kg)	蒸气焓/(kcal/kg)
0	100.0	1.1	100.0	539	639.0
5	99.4	1.02	101.4	522	623.4
10	98.4	1.03	101.8	505	606.8
15	98.2	1.03	101.1	488	589.1
20	97.6	1.03	100.5	471	571.5
25	97.0	1.035	100.4	454.5	554.9
30	96.0	1.04	99.8	438	537.5
35	95.3	1.02	97.2	421	518.2
40	94.0	1.01	94.9	404	498.5
45	93.2	0.98	91.3	388	479.3
50	91.9	0.96	88.2	371	459.2
55	90.6	0.94	85.2	354.5	439.7
60	89.0	0.92	81.9	388	419.9
65	87.0	0.89	77.1	321.5	398.6
70	85.1	0.86	73.2	305	378.2
75	82.8	0.82	67.9	289	356.9
80	80.8	0.77	62.1	273	335.1
85	79.6	0.75	59.7	256	315.7

续表

蒸气中乙醇的质量分数/%	冷凝温度 t/℃	定压比热容 c_p/[kcal/(kg・℃)][①]	液体焓/(kcal/kg)[②]	混合物汽化热 r/(kcal/kg)	蒸气焓/(kcal/kg)
90	78.7	0.72	56.7	238	294.7
95	78.2	0.68	53.2	221	274.2
100	78.3	0.64	50.1	204	254.1

① 1kcal/(kg・℃)＝4.1868kJ/(kg・℃)。

② 1kcal/kg＝4.1868kJ/kg。

4.3 20℃时乙醇-水溶液的体积分数、质量分数和相对密度对照表

体积分数/%	质量分数/%	相对密度	体积分数/%	质量分数/%	相对密度	体积分数/%	质量分数/%	相对密度
0	0.00	0.99823	28	22.91	0.96466	56	48.15	0.91790
1	0.79	0.99675	29	23.76	0.96340	57	49.13	0.91576
2	1.59	0.99529	30	24.61	0.96224	58	50.11	0.91358
3	2.38	0.99385	31	25.46	0.96100	59	52.10	0.91138
4	3.18	0.99244	32	26.32	0.95972	60	52.09	0.90916
5	3.98	0.99106	33	27.18	0.9583	61	53.09	0.90691
6	4.78	0.98947	34	28.04	0.95704	62	54.09	0.90462
7	5.59	0.98845	35	28.91	0.95536	63	55.11	0.90231
8	6.40	0.98719	36	29.78	0.95419	64	56.13	0.89999
9	7.20	0.98596	37	30.65	0.95271	65	57.15	0.89764
10	8.01	0.98476	38	31.53	0.95119	66	58.19	0.89526
11	8.83	0.98356	39	32.41	0.94964	67	59.23	0.89286
12	9.64	0.98239	40	33.30	0.94806	68	60.27	0.89044
13	10.46	0.98123	41	34.19	0.94644	69	61.33	0.88799
14	11.27	0.98009	42	35.09	0.94479	70	62.39	0.88551
15	12.09	0.97897	43	35.99	0.94308	71	63.46	0.88302
16	12.91	0.97786	44	36.89	0.94134	72	64.54	0.88051
17	13.74	0.97678	45	37.80	0.93956	73	65.63	0.87796
18	14.56	0.97570	46	38.72	0.93775	74	66.72	0.87538
19	15.39	0.97465	47	39.69	0.93591	75	67.83	0.87277
20	16.21	0.97360	48	40.56	0.93404	76	68.94	0.87515
21	17.04	0.97253	49	41.49	0.93213	77	70.06	0.86749
22	17.88	0.97145	50	42.43	0.93019	78	71.19	0.86480
23	18.71	0.97036	51	43.37	0.92822	79	72.33	0.86207
24	19.54	0.96925	52	44.31	0.92621	80	73.48	0.85932
25	20.38	0.96812	53	45.26	0.92418	81	74.64	0.85652
26	21.22	0.96698	54	46.22	0.92212	82	75.81	0.85369
27	22.06	0.96583	55	47.18	0.92003	83	77.00	0.85082

续表

体积分数/%	质量分数/%	相对密度	体积分数/%	质量分数/%	相对密度	体积分数/%	质量分数/%	相对密度
84	78.19	0.84797	90	85.66	0.82926	96	93.84	0.80743
85	79.40	0.84495	91	86.97	0.82590	97	95.30	0.80334
86	80.62	0.84193	92	88.29	0.82247	98	96.81	0.79897
87	81.86	0.83888	93	89.63	0.81893	99	98.38	0.74931
88	83.11	0.83574	94	91.09	0.81526	100	100	0.78934
89	84.38	0.83254	95	92.41	0.81144			

4.4 不同温度下乙醇-水溶液的质量分数和相对密度对照表

质量分数/%	10℃	15℃	20℃	25℃	30℃	35℃	40℃
0	0.99973	0.99913	0.99823	0.99708	0.99568	0.99406	0.99225
1	785	725	635	520	379	217	034
2	602	542	453	336	194	031	846
3	426	365	275	157	014	0.98849	663
4	258	195	103	0.98984	0.98839	627	485
5	098	032	0.98938	817	670	501	311
6	0.98946	0.98877	708	656	507	335	142
7	801	729	627	500	347	172	0.97975
8	660	584	478	346	189	009	808
9	524	442	331	193	031	0.97846	641
10	393	304	187	043	0.97875	685	475
11	267	171	047	0.97897	723	573	312
12	145	041	0.97910	753	573	371	150
13	026	0.97914	775	611	424	216	0.96969
14	0.97911	790	643	427	278	063	629
15	800	669	514	334	133	0.96911	670
16	692	552	387	199	0.96990	760	512
17	583	433	259	962	844	607	352
18	473	313	129	0.96997	697	452	189
19	363	191	0.96997	782	547	294	023
20	252	068	864	639	395	134	0.95856
21	139	0.96944	729	495	242	0.95973	687
22	024	818	592	348	087	809	516
23	0.96907	689	453	199	0.95929	634	343
24	787	558	312	048	769	476	168
25	665	424	168	0.95895	607	306	0.94991
26	539	287	020	738	442	133	810

续表

质量分数/%	10℃	15℃	20℃	25℃	30℃	35℃	40℃
27	406	144	0.95867	576	272	0.94955	625
28	268	0.95996	710	410	098	774	438
29	125	844	548	241	0.94922	590	248
30	0.95977	686	382	067	741	403	055
31	823	524	212	0.94890	557	214	0.93860
32	665	357	038	709	370	021	662
33	502	136	0.94860	525	180	0.93825	461
34	334	011	679	337	0.93986	626	257
35	162	0.94832	494	146	790	425	051
36	0.94986	650	306	0.93952	591	221	0.92843
37	805	464	114	756	390	016	634
38	620	273	0.93919	556	186	0.92808	422
39	431	079	720	353	0.92979	597	208
40	238	0.93882	518	148	770	385	0.91992
41	042	682	314	0.92940	558	170	774
42	0.93842	478	107	729	344	0.91952	554
43	639	271	0.92897	516	128	733	332
44	435	062	685	301	0.91910	513	106
45	226	0.92852	472	085	692	291	0.90884
46	017	640	257	0.91868	472	069	660
47	0.92806	426	041	649	250	0.90845	434
48	593	211	0.91348	0.90985	0.90580	168	519
49	379	0.91995	604	208	805	396	0.89979
50	126	776	0.91348	985	580	168	750
51	0.91943	555	160	760	353	0.89940	519
52	723	333	0.90936	534	125	710	288
53	502	110	711	307	0.89896	479	056
54	279	0.90885	485	079	667	248	0.88823
55	055	659	258	0.89850	437	016	589
56	0.90831	433	031	621	206	0.86784	356
57	607	207	0.89803	392	0.88975	552	122
58	381	0.89980	574	162	744	319	0.87888
59	154	752	344	0.86931	512	085	653
60	0.89927	523	113	699	278	0.87851	417
61	698	293	0.88882	446	044	615	180
62	468	062	650	233	0.87809	379	0.86943
63	237	0.88830	417	0.87998	574	142	705

续表

质量分数/%	10℃	15℃	20℃	25℃	30℃	35℃	40℃
64	086	597	183	763	337	0.86905	466
65	0.88774	364	0.87948	527	100	667	227
66	541	130	713	291	0.86863	429	0.85987
68	674	660	241	0.86817	387	0.85950	407
69	0.87839	424	004	579	148	710	266
70	602	167	0.86766	340	0.85908	470	025
71	365	0.86949	527	100	667	228	0.84783
72	127	710	287	0.85859	426	0.84986	540
73	0.86888	470	047	618	184	734	297
74	648	229	0.85806	376	0.84941	500	053
75	408	0.85988	564	134	698	257	0.83809
76	168	747	322	0.84891	455	013	564
77	0.85927	505	079	647	211	0.83768	319
78	685	262	0.84835	403	0.83966	523	074
79	442	018	590	158	720	277	0.82827
80	197	0.84772	344	0.83911	473	029	578
81	0.84950	525	096	664	224	0.82780	329
82	702	277	0.83848	415	0.82974	530	079
83	453	028	599	164	724	279	0.81828
84	203	0.83777	348	0.82913	473	027	576
85	0.83951	525	095	660	220	0.81774	322
86	697	271	0.82840	405	0.81965	519	067
87	441	014	583	148	708	262	0.80811
88	181	0.82754	323	0.81888	448	003	352
89	0.82919	492	062	626	186	0.80922	291
90	654	227	0.81797	362	0.80922	478	028
91	386	0.81797	529	094	655	211	0.76761
92	114	688	257	0.80823	384	0.79941	491
93	0.81839	413	0.80983	549	111	669	220
94	561	134	705	272	0.79835	393	0.78947
95	278	0.80852	424	0.79991	555	114	670
96	0.80991	566	138	706	271	0.78831	388
97	698	274	0.79846	415	0.78981	542	100
98	399	0.79975	547	117	684	247	0.77806
99	094	670	243	0.78814	382	0.77946	507
100	0.79784	360	0.78934	506	075	641	203

注：考虑简洁明了，表中参数表达有所省略。例如，第二列第一个数据是 0.99973，第二列第二个数据应是 0.99785，但只给出了数据的不同部分 785。全表余同。

附录 5 丙酮在水与空气中的相平衡数据

5.1 丙酮在水与空气中的平衡溶解度（空气为常压）

x（液相摩尔分数）	空气中丙酮的平衡分压/kPa				
	10℃	20℃	30℃	40℃	50℃
0.01	0.906	1.599	2.706	4.399	7.704
0.02	1.799	3.066	4.998	7.971	12.129
0.03	2.692	4.479	7.131	11.063	16.528
0.04	3.466	5.705	8.997	18.862	20.660
0.05	4.185	6.838	10.796	16.528	24.525
0.06	4.745	7.757	12.263	18.794	27.724
0.07	5.318	8.664	13.596	20.926	30.923
0.08	5.771	9.431	14.928	22.793	33.722
0.09	6.297	10.197	16.128	24.525	36.255
0.10	6.744	10.930	17.061	26.258	38.654

5.2 丙酮在水与空气体系中的相平衡常数（空气为常压）

x（液相摩尔分数）	相平衡常数 $m(m=y/x)$				
	10℃	20℃	30℃	40℃	50℃
0.01	0.894	1.58	2.67	4.34	6.81
0.02	0.888	1.51	2.47	3.93	5.98
0.03	0.886	1.47	2.35	3.64	5.44
0.04	0.855	1.41	2.22	3.42	5.11

参 考 文 献

[1] 陈寅生．化工原理实验及仿真．上海：东华大学出版社，2005.

[2] 史贤林，田恒水，张平．化工原理实验．上海：华东理工大学出版社，2005.

[3] 赵俊廷．化工原理实验．郑州：河南科学技术出版社，2011.

[4] 马江权，等．化工原理实验．上海：华东理工大学出版社，2008.

[5] 林华盛．化工原理实验．北京：化学工业出版社，2011.

[6] 宋长生．化工原理实验．2 版．南京：南京大学出版社，2010.

[7] 夏清，贾绍义．化工原理（上、下册）．天津：天津大学出版社，2005.